JN098597

2021年改正

自治体職員のための
個人情報保護法
解説

宇賀克也 [編著]

宍戸常寿
髙野祥一 [著]

第一法規

は　し　が　き

　本書は、令和3年法律第37号により改正された「個人情報の保護に関する法律」（個人情報保護法）について解説するものである。わが国の個人情報保護法制においては、個人情報保護に関する一般法として、個人情報保護法のほか、「行政機関の保有する個人情報の保護に関する法律」（行政機関個人情報保護法）、「独立行政法人等の保有する個人情報の保護に関する法律」（独立行政法人等個人情報保護法）が存在する。個人情報保護法の1章から3章までは、公的部門と民間部門、国と地方公共団体のいずれにも適用される個人情報の保護に関する基本法としての性格を有するが、同法の4章以下は、民間部門における個人情報保護の一般法としての性格を有する。すなわち、個人情報保護法は、個人情報の保護に関する基本法と民間部門における個人情報保護の一般法とが接合したユニークな構造を有する。これに対して、公的部門における個人情報保護に関する一般法としての法律が、行政機関個人情報保護法と独立行政法人等個人情報保護法である。民間部門における個人情報保護に関する一般法と公的部門における個人情報保護に関する一般法が分かれている点では、カナダなどと同様のセグメント方式が採用されているといえる。公的部門における個人情報保護に関する一般法が、行政機関個人情報保護法と独立行政法人等個人情報保護法に分かれている点は、わが国の個人情報保護法制の特色である。独立行政法人等個人情報保護法の対象法人は、国の行政機関と同様に、政府の一部としての実質を有するが、国とは独立の法人格を有するために、その自主性、自律性を尊重する必要がある場合があり、そのため、両者を完全に同一の規律に服させるのではなく、別個の法律で規律しているのである。

　わが国の個人情報保護法制のもう一つの大きな特色は、地方公共団体および地方独立行政法人が保有する個人情報の保護については、各地方公共団体

の個人情報保護条例が一般法となる分権的個人情報保護法制が採られていることにある。その理由としては、先進的地方公共団体が国に先駆けて個人情報保護条例を制定してきたという歴史的経緯もあるが、地方公共団体が住民の大量の個人情報を保有しており、その保護は、住民に身近であり、住民の声をよく反映できる地方公共団体による地方自治に委ねることが適当であるという認識に基づくものであったと思われる。そして、すべての都道府県、市区町村がすでに個人情報保護条例を制定し、地方独立行政法人を設置した地方公共団体は、一般に、地方独立行政法人を個人情報保護条例の実施機関としていた。

　令和3年法律第37号により、わが国の個人情報保護法制は大きな転換を遂げることになる。行政機関個人情報保護法と独立行政法人等個人情報保護法は廃止されることになり、個人情報保護法5章において公的部門における個人情報保護に関する規律が設けられることになった。これにより、個人情報保護に関する一般法としての法律が一本化されることになる。もっとも、同改正後の個人情報保護法4章が「個人情報取扱事業者等の義務等」、同法5章が「行政機関等の義務等」について定めており、民間部門と公的部門における個人情報保護に関する規律が、まったく同一になるわけではなく、可能な範囲で規律の統一化を図る一方、両部門の性格の相違を考慮して、規律を異にしている部分もある。また、同改正後の同法5章は、地方公共団体の機関および地方独立行政法人にも適用される共通ルールを定めている。地方公共団体は、法令に違反しない範囲で条例を定めることができるが、わが国の分権的個人情報保護法制は基本的に終止符を打たれることになるといえよう。

　本書は、このように、わが国の個人情報保護法制を大きく変革する令和3年の個人情報保護法制の改正について解説するものであるが、その中心部分は、宍戸教授による第1章と髙野准教授による第2章である。宍戸教授は、

この改正の検討のために内閣官房に設けられた「個人情報保護制度の見直しに関するタスクフォース」の下で開催された「個人情報保護制度の見直しに関する検討会」の構成員であり、わが国の個人情報保護法制の展開を概観した後、令和3年の個人情報保護法の改正の内容について全体的に解説を行っている。髙野准教授は、学界に転身する前、約20年にわたり、東京都の職員として、個人情報保護条例の運用や改正作業に携わってきた経験を踏まえて、令和3年の個人情報保護法制の改正が、地方公共団体の実務に与える影響を中心に論じている。両章とも、それぞれの方の文責の下で執筆されたものであり、今回の改正についての評価が必ずしも一致していない面もあるかもしれない。しかし、執筆者の学問の自由が尊重されるべきであり、内容についての調整は行っていない。

　本書が、地方公共団体の職員を始めとして、この改正に関心を有する方にお役に立つことができれば幸いである。

　2021年9月

　　　　　　　　　　　　　　　　　　　　　宇　賀　克　也

法改正に対応すべき実務がわかる！
自治体職員のための2021年改正個人情報保護法解説

はしがき

序章　個人情報保護法制の一元化の意義　　宇賀克也

第1章　個人情報保護法制の展開と令和3年改正の概要　　宍戸常寿

目次

第2章　自治体の実務への影響と
　　　法改正に伴う例規整備のポイント　　　髙野祥一

凡　　　例

1．法令

法令の引用表記においては、以下の略語を用いた。

〔法令名略語〕

整備法	デジタル社会の形成を図るための関係法律の整備に関する法律（令和3年法律第37号）
個人情報保護法	個人情報の保護に関する法律（平成15年法律第57号）
行政機関個人情報保護法	行政機関の保有する個人情報の保護に関する法律（平成15年法律第58号）
独立行政法人等個人情報保護法	独立行政法人等の保有する個人情報の保護に関する法律（平成15年法律第59号）
マイナンバー法	行政手続における特定の個人を識別するための番号の利用等に関する法律（平成25年法律第27号）
行審法	行政不服審査法（平成26年法律第68号）

2．判例

判例の引用は以下の例によった。

〔判例引用例〕

最判平成16年2月13日判例時報1855号96頁	平成16年2月13日最高裁判所第二小法廷判決平成13年（行ヒ）8号判例時報1855号96頁

序　章

個人情報保護法制の
一元化の意義

1 | 従前の法制

　デジタル改革関連法の一環としての「デジタル社会の形成を図るための関係法律の整備に関する法律」（整備法）50条、51条により、わが国の個人情報保護法制に大きな変革が行われた。従前のわが国の個人情報保護法制は、セグメント方式と分権的個人情報保護法制を特色としていた。すなわち、個人情報の保護に関する法律は、その1章から3章までは、公的部門と民間部門の双方を対象とした基本法としての性格を有していたものの、同法4章以下は民間部門の個人情報取扱事業者等が保有する個人情報の取扱いを規律する一般法であり、国の行政機関の保有する個人情報の取扱いについては、行政機関の保有する個人情報の保護に関する法律が一般法であり、独立行政法人等の保有する個人情報の取扱いについては、独立行政法人等の保有する個人情報の保護に関する法律が一般法であった。法律の所管官庁も、個人情報保護法については個人情報保護委員会であり、行政機関個人情報保護法および独立行政法人等個人情報保護法については原則として総務省であり、例外的に非識別加工情報および特定個人情報については個人情報保護委員会が所管していた。すなわち、公的部門と民間部門では、個人情報保護に係る規律を異にするセグメント方式を採用していたのである。同様のセグメント方式を採用する例としてはカナダがあり、カナダの連邦プライバシー法は公的部門に適用され、個人情報保護及び電子文書法（宇賀克也『個人情報保護の理論と実務』（有斐閣、2009年）23頁以下参照）は民間部門に適用される。アメリカの連邦プライバシー法も公的部門にのみ適用され、民間部門では、個人信用情報、医療情報等、分野ごとに必要に応じて個人情報保護に関する法律を制定するセクトラル方式が採られている（ただし、カリフォルニア州のように民間部門の個人情報保護に関する一般法が制定された州もあり、連邦

でも民間部門の個人情報保護に関する一般法の制定が議論されている）。セグメント方式を採用する国の中でも、わが国の特色は、公的部門において、行政機関個人情報保護法と独立行政法人等個人情報保護法という二つの法律が存在する点にあった。公的部門における個人情報保護に関する一般法がこのように分かれたのは、独立行政法人等については、その自律性を尊重するため、行政機関個人情報保護法に係る規律をそのまま適用することが適当でない場合があり、その場合の特例を行政機関個人情報保護法に組み入れるよりも、別個の法律としたほうが分かりやすいという判断によるもので、行政機関の保有する情報の公開に関する法律と別個に独立行政法人等の保有する情報の公開に関する法律が制定されたのと同様の理由に基づく。

　従前のわが国の個人情報保護法制のもう一つの大きな特色は、分権的個人情報保護法制であった。すなわち、地方公共団体の保有する個人情報については、地方公共団体が個人情報保護条例で規律するのが原則であり、例外的に特定個人情報については、行政手続における特定の個人を識別するための番号の利用等に関する法律の規律が及び、また、統計法等の個別法で地方公共団体の保有する個人情報について規律されることがあるにとどまった。そして、都道府県、市区町村に関しては、100パーセント、個人情報保護条例が制定されていた。わが国が分権的個人情報保護法制を採用したのは、国に先駆けて先進的自治体が個人情報保護条例を整備したという経緯による面があるが、それのみではなく、地方公共団体の保有する個人情報の保護について、最も適切に判断できるのは、住民に身近な地方公共団体であるという認識があったと考えられる。

2 | 個人情報保護に関する3法律の一本化

　整備法50条は、行政機関個人情報保護法および独立行政法人等個人情報保護法を廃止して、両法の内容を個人情報保護法に取り込み、個人情報保護に関する一般法の一本化を図った。もっとも、公的部門と民間部門で個人情報保護に関する規律の内容が完全に一元化されたわけではない。すなわち、個人情報保護法4章は民間部門の個人情報取扱事業者等の義務等について定め、同法5章は公的部門の行政機関等の義務等について定めている。個人情報保護法と行政機関個人情報保護法・独立行政法人等個人情報保護法の間で異なっていた個人情報の定義を統一したり、行政機関個人情報保護法・独立行政法人等個人情報保護法の下で個人情報とされた非識別加工情報を非個人情報としての匿名加工情報としたり、民間部門のみの規律として規定されていた漏洩事故の個人情報保護委員会への報告と本人への通知、個人情報の不適正な利用の禁止、外国にある第三者への個人データの提供に係る規律と同様の規律を公的部門にも導入するなど、内容的な統一を図った部分もあるが、公的部門と民間部門の特性に応じて、異なる規律を維持した部分もある。このように、個人情報保護法制一元化作業においては、単純な一元化論に与することなく、セグメント方式の意義にも十分に配慮した制度設計がなされたといえる。

　実際、公的部門と民間部門の個人情報保護に係る一般法を一本化する場合、公的部門の規律に一元化すれば、個人情報取扱事業者は、散在情報についても安全管理措置義務や開示請求等に応ずる義務を負うことになり、個人情報取扱事業者の負担は大幅に増加することになるが、個人情報取扱事業者がかかる負担増加に同意するとは考えがたい。他方、民間部門の規律に一元化すれば、国の行政機関や独立行政法人等が保有する個人情報を外部に提供

4

することについて本人から同意を得ることが原則となり、行政事務や独立行政法人等の事業の円滑な遂行に支障が生ずるおそれがあろう。また、個人情報ファイル簿の作成・公表制度等は、公的部門における個人情報の取扱いの透明性を高める上で重要な役割を果たしており、民間部門と同様の保有個人データに関する事項の公表制度に平仄を合わせれば、公的部門における個人情報保護の水準を低下させ、公的部門における個人情報の取扱いに対する国民の信頼を損ねることになろう。民間部門においては、国民は、個人情報取扱事業者等における個人情報の取扱いも考慮して、契約する個人情報取扱事業者等を選択できるのが一般的であるのに対して、公的部門では、申請や届出を義務づけることにより、公権力を行使して個人情報が取得されることが多いことに鑑みれば、公的部門においては、民間部門以上に個人情報保護への国民の期待は高く、国民の信頼に応えるために、民間部門以上に厳格な個人情報保護が要請される場合が少なくないことも斟酌されるべきである。整備法50条が、公的部門と民間部門の規律の共通化が望ましい局面で統一化を図る一方、両部門の特性に鑑み、異なる規律を設けることが適当と考えられる場合には、安易な統一化を回避したことは、賢明な選択であったと思われる。

3 地方公共団体または地方独立行政法人の保有する個人情報の保護に関する共通ルールの設定

　整備法51条により、地方公共団体の機関および地方独立行政法人の保有する個人情報の取扱いについても、個人情報保護法で共通ルールが定められることになった。その背景にあるのが、地方公共団体ごとに個人情報保護のルールが異なることが、情報の共有の支障になっているという指摘があるこ

とである。確かに、地方公共団体間の個人情報保護条例の内容の相違が、学術研究や医療の分野における個人情報の共有の障壁になることはありうると考えられ、この分野でのルールの統一化は肯定的に評価できると思われる。他方、それ以外の分野で、地方公共団体を超えた個人情報の利用の具体的ニーズがどの程度存在するのかについては、地方公共団体における個人情報保護の実務経験者からは詳細に疑問が提起されている（髙野祥一「個人情報保護制度における個人情報・保有個人情報等の定義について」行政法研究35号179頁以下、同「個人情報保護法制一元化の行方〜条例2000個問題を中心に」『情報公開の実務』『個人情報保護の実務』別冊 IP50号（2021年）11頁以下参照）。学術研究や医療の分野における個人情報の共有の障壁という具体的な問題と、地方公共団体の保有する個人データの利活用の促進による経済の活性化の要請は、切り分けて議論する必要があり（原田大樹「デジタル時代の地方自治の法的課題」地方自治884号（2021年）16頁、巽智彦「令和3年個人情報保護法改正と地方公共団体」地方自治850号（2021年）33頁）、整備法51条による改正が、学術研究や医療以外の分野における地方公共団体の機関および地方独立行政法人の保有する個人情報の利活用に実際にどの程度影響を与えるのかについては定かではなく、今後の動向を注視する必要がある。

　また、普通地方公共団体および特別区は、すべて個人情報保護条例を制定済みであったものの、地方公共団体の組合の中には、未制定のものもあり、さらに、個人情報保護条例を制定していても、利用停止請求権を規定していないものがあるなど、個人情報保護の水準が十分でない例もあったので、個人情報保護法による共通ルールの設定は、ナショナル・ミニマムとしての個人情報保護の水準を全国的に確保する意義を有するといえ、この点も望ましいといえる。

　もっとも、分権的個人情報保護法制が有していた長所が損なわれないよう

な運用が望まれる。分権的個人情報保護法制については、「2000個問題」という言葉の影響からか、最近は、その負の側面が強調される傾向にある。このようなキャッチフレーズは、その発案者の意図を離れて独り歩きするおそれがあるので、その使用に当たっては、十分な注意が必要である。かつて、個人情報保護に対する「過剰反応」という言葉が流行したが、確かに、個人情報の利用が可能な場合にまで、個人情報であることを理由にその利用を拒む事態が一部でみられたので、そのような事態に警鐘を鳴らす意味で、「過剰反応」という言葉が一定の効果を有したことは否めない。しかし、この言葉が、その発案者の意図を離れて独り歩きして、本来、個人情報保護が不十分であった状態を是正する行為まで、「過剰反応」として批判を受ける例もみられた。同様のことが、「2000個問題」というキャッチフレーズについてもいえるように思われる。このキャッチフレーズは、わが国の個人情報保護法制を語る文脈で人口に膾炙し、今次の改革の駆動力として大きな影響力を持った。その功績は、いうまでもなく、セグメント方式と分権型個人情報保護法制の下で、個人情報の有益な共有ないし流通が阻害されうることを、分かりやすく多くの人に訴えることに成功したことである。しかしながら、この言葉の発案者は、セグメント方式と分権型個人情報保護法制が有していた長所も理解しており、それを全否定する趣旨ではなかったと思われるが、発案者の意図を離れてこの言葉が独り歩きし、「問題」という表現が、個人情報保護法制の分立が直ちに弊害であるという印象付けとして作用し、セグメント方式と分権型個人情報保護法制の持つ意義ないし長所から目を背けさせるという副作用をもたらしてしまったように思われる。

　個人情報保護条例の中には、行政機関個人情報保護法以上に個人情報保護に配慮した規定を設けているものが少なくなく（宇賀克也『個人情報保護法制』（有斐閣、2019年）23頁以下参照。同『個人情報保護法の逐条解説［第6版］』（有斐閣、2018年））は、大都市といえない市町村の個人情報保護条

例も含めて、国や他の地方公共団体にとって参考になると思われる条例を紹介している）、それらを参考にして、法律における個人情報保護を拡充すべきと思われる分野も少なくない。整備法は、派遣労働者に対する規制や多段階の委託が行われた場合の規制など、個人情報保護条例における先進的規定を個人情報保護法に取り入れており、この点は大変望ましいことである。しかし、今後、地方公共団体が、個人情報保護法が定める共通ルールを遵守することのみに意を用いて、あるべき個人情報保護法制について検討する意思を放棄してしまうとしたら、それはわが国の個人情報保護法制の発展にとって望ましくない。なぜならば、そもそも国の行政機関が保有する個人情報と地方公共団体が保有する個人情報は異なり、地方公共団体の中でも、都道府県が保有する個人情報と市区町村が保有する個人情報は異なる。そして、地方公共団体は、国よりも住民に身近な団体として多様な個人情報を取り扱うからこそ、個人情報の取扱いに係る諸問題を国よりも先に認知し、対策を講じることが少なくない。これを認知における先導性ということができよう。

　具体例を挙げると、2006年の住民基本台帳法改正までは、不当な目的でなければ何人でも住民基本台帳の一部の写しの閲覧が可能であった。そして、不当な目的か否かを市区町村の窓口で事前に判断することは困難であった。そのため、閲覧請求の大半は営利目的による請求であったし、その閲覧により世帯構成が分かってしまうため、犯罪に利用されかねない独居の高齢者、母子世帯などのプライバシー情報が漏えいしてしまうという問題があった。そして、2005年1月、実際に、住民基本台帳の一部の写しの閲覧制度を利用して母子家庭を調査し、母親が留守中に女児に暴行する事件が発生してしまった。このことが大きな契機になり、2006年の同法改正により、住民基本台帳の一部の写しの閲覧については、主体と目的の双方の要件が大幅に厳格になり、原則自由から原則不許可になった（宇賀克也『個人情報保護の理論

と実務』（有斐閣、2009年）353頁以下、同『自治体のための解説個人情報保護制度―行政機関個人情報保護法から各分野の特別法まで』（第一法規、2018年）221頁以下参照）。しかし、住民基本台帳を保有している市区町村では、法律により届出を義務づけて取得した個人情報が、営利目的で大量閲覧されている現実や、窓口で「不当な目的」か否かを判断することは実際上困難なので、犯罪に利用されかねない世帯情報がこの閲覧制度により漏えいしていることへの危機感が、国が法改正の必要性を認識するよりかなり前から抱かれており、全国連合戸籍事務協議会では、1995年度以降、毎年度、住民基本台帳の一部の写しの閲覧問題について議論がなされていた。

　そして、2004年1月に、同協議会参加団体に、この閲覧問題についてアンケート調査が行われ、それを基に、検討会で議論が重ねられ、同年5月には、同協議会会長から総務大臣あてに「住民基本台帳法第11条の閲覧制度に関する要望書」が提出されていた。そこでは、「住基法第11条に定める閲覧制度、特に大量閲覧への対応については、全国多くの市区町村が苦心し、模索している状態にある。本年1月に当協議会が50地方協議会を通じて実施したアンケート調査（3,100余の団体から回答）によれば、閲覧を原因として自分の情報がダイレクトメール等に使われているとの苦情や、プライバシー侵害の不安に関する申し出を幾度となく受けていることについて、記載がない地方協議会はなかった。」「住基法第11条に規定する、閲覧を拒むことができる『不当な目的』という文言は不確定な要素を含んでおり、事例に即して個々に判断することは難しい。」「住基法に根拠規定があるというだけで閲覧による個人情報の利用を座視することでは、もはや住民への説明責任を果たしきれない。」という現場が抱える深刻な懸念が伝えられ、「閲覧制度は、個人の権利利益に大きく関わる問題、個人情報保護の根本的な問題であり、住基ネットの情報を厳格に取り扱うのと同様、閲覧を原則禁止する、あるいは原則として公共性・公益性のある目的のみ認めるとする法改正が必要であ

り、早急な対応を要請する」と抜本的な法改正が要請されていたのである。このように、法改正を要望する一方、法改正がなされるまで、深刻なプライバシー侵害の現状を座視できないとして、地方公共団体は、住民基本台帳の一部の写しの大量閲覧を防止するために、様々な創意工夫をした条例や要綱で、この問題に対処していった（具体例について、宇賀克也編著『大量閲覧防止の情報セキュリティ』（地域科学研究会、2006年）3頁以下参照）。このように、地方公共団体が国よりはるかに早期に、住民基本台帳の一部の写しの閲覧問題が抱える深刻なプライバシー侵害の問題を認知できたのは、住民基本台帳を保有するのは国ではなく市区町村であり、その一部の写しの大量閲覧の実態を目の当たりにし、プライバシー侵害に関する住民からの批判・苦情の矢面に立たされたのは、市区町村の職員であったからである。

　また、自己情報の開示請求権が与えられていても、開示請求すべき自己情報の存在を認識することができなければ、開示請求権が形骸化しかねないところ、市区町村において、この問題が深刻なプライバシー侵害を惹起していることが認識されたのが、戸籍謄抄本や住民票の写し等の第三者による交付請求である。これらの請求は、2007年の戸籍法、住民基本台帳法改正前は、不当な目的でなければ何人にも認められていたが（前掲・宇賀『個人情報保護の理論と実務』365頁以下、377頁以下、386頁以下、同・自治体のための解説個人情報保護制度230頁以下、245頁以下参照）、実際には、市区町村の窓口で、交付請求が不当な目的か否かを事前に判断することは困難なので、不当な目的による請求を抑止し得ないことを市区町村は国に先駆けて認知していた。そこで、市区町村においては、戸籍謄抄本、住民票の写し等について第三者が交付請求した場合、事前に登録した本人に交付請求があった事実を通知し、第三者による自己の戸籍謄抄本や住民票の写し等の交付請求に係る保有個人情報の開示請求を、個人情報保護条例に基づいて行う機会を保障する本人通知制度が急速に広まっていった（前掲・宇賀『個人情報保護法の

逐条解説［第6版］』470頁以下参照）。

　国と地方公共団体の双方に関連する制度についても、住民との近接性のゆえに、住民からの批判・苦情の矢面に立つことが多い地方公共団体が、改善の必要性を国に先駆けて認知して立法的対応を行うことも稀でなかった。たとえば、公的部門における開示請求等について、法定代理人による代理に限定することの問題点は、国よりも地方公共団体において先に認知され、少なからぬ地方公共団体の個人情報保護条例において、全面的にまたは部分的に任意代理が認められていた（具体例について、前掲・宇賀『個人情報保護法の逐条解説［第6版］』472頁以下参照）。この点については、整備法で対応がなされたが、未成年者と法定代理人の利益が相反する場合に、そもそも法定代理人に開示請求等を代理することを認めてよいのか、義務教育を修了した年齢になれば、未成年であっても、本人の同意なしに親権者が開示請求をすることを認めるべきではないのではないかという問題意識に基づく立法的対応を、すでに個人情報保護条例で行った地方公共団体が存在する（具体例について、前掲・宇賀『個人情報保護法の逐条解説［第6版］』475頁以下参照）。

　以上に挙げたのは若干の例にすぎないが、地方公共団体が保有する個人情報についての地方公共団体の認知面における先導性は一般的にみられるところである。

　従前は、地方公共団体は、その保有する一般の個人情報については、特別法が存在しない限り、自由に条例で規制することができ、創意工夫により法律にはない新機軸を出すことも稀でなかった。そして、それを参考に他の地方公共団体も同様の規定を設けることにより、全国的に個人情報保護の水準を引き上げる発展パターンが存在した。地方公共団体の認知における先導性を活かすためには、個人情報保護委員会は、地方公共団体に対して個人情報保護法が定める共通ルールを遵守するように指導・助言するのみならず、地

方公共団体からの提言・問題提起を真摯に受け止めて、3年ごとの見直しの際にそれを斟酌して、必要に応じて、法改正に反映させていくことが望まれる（全国的な共通ルールが必要であるということから、そのルールが国の行政機関に適用されてきたルールであるべきという結論が演繹されるわけではないことについて、前掲・巽「令和3年個人情報保法改正と地方公共団体」24頁参照）。個人情報保護法の解釈については、同法を所管する個人情報保護委員会が専門性を有するため、同法166条が規定するように、同委員会が地方公共団体を支援することは重要であるが、地方公共団体が保有する個人情報の取扱いであって、住民との近接性を有する地方公共団体が認識する問題については、むしろ個人情報保護委員会が地方公共団体から学ぶ姿勢が重要と思われる。この点について、衆参両院の内閣委員会が、地方公共団体が、その地域の特性に照らし必要な事項について、その機関またはその設立に係る地方独立行政法人が保有する個人情報の適正な取扱いに関して条例を制定する場合には、地方自治の本旨に基づき、最大限尊重し、全国に適用されるべき事項については、個人情報保護法令の見直しを検討することという附帯決議をしたことは、きわめて適切と思われる。そして、この附帯決議に対して、デジタル改革担当大臣から、その趣旨を十分尊重していきたい旨の発言がなされている。個人情報保護委員会は、国会の意思として示された上記の附帯決議と、その趣旨を十分に尊重するというデジタル改革担当大臣の国会での発言を十分に踏まえた運用を行うことが期待される。地方公共団体は、必要に応じて、地方自治法263条の3第2項の規定に基づき、法改正に関する意見書を地方6団体から提出することも検討する必要があろう。

　地方公共団体の機関および地方独立行政法人が保有する個人情報の取扱いについても、個人情報保護委員会が所管することは、同法が定める共通ルールが地方公共団体の機関および地方独立行政法人にも適用される以上当然であるし、職権行使の独立性を保障された第三者機関による監視権限が地方公

共団体の機関および地方独立行政法人にも及ぶことは、個人情報保護の水準を引き上げるという意味で、肯定的に評価できよう。もっとも、実際に、個人情報保護委員会が、すべての地方公共団体の機関および地方独立行政法人の保有する個人情報の取扱いについて、実効的な監視を行うことが、現在の定員・予算の下で可能かという問題がある。整備法による改正で、個人情報保護委員会の所掌事務が大幅に拡大したことを受けて、同委員会の定員・予算も拡充されると思われるし、それを期待したいが、地方公共団体の機関および地方独立行政法人全体について実効的な監視を行いうる程度の定員・予算の拡充が、近い将来において実現しうると考えるのは、おそらく楽観的にすぎるであろう。

　したがって、地方公共団体がこれまで設置してきた個人情報保護に係る審議会（以下「個人情報保護審議会」という）の果たす役割は、なお軽視されるべきではないように思われる。確かに、従前、個人情報保護審議会が個人情報保護条例の解釈・運用について果たしてきた機能の大半については、個人情報保護法の定める共通ルールの解釈・運用の問題として、個人情報保護委員会への照会により代替されることになろう。その限りでは、個人情報保護審議会の役割は縮小することになろう。また、条例の改正に関する諮問に関しても、独自条例の範囲が限定されることになるため、個人情報保護審議会の役割は縮小することになると考えられる。

　しかし、地方公共団体が保有する多種多様な個人情報について、個人情報保護委員会が網羅的かつ具体的なガイドラインを作成することは極めて困難と思われる。また、個人情報保護審議会の役割は、必ずしも上記のような場合に限られるわけではなく、個人情報の個別の取扱いについても、個人情報保護審議会に諮問することとしている個人情報保護条例は少なくない。たとえば、三鷹市個人情報保護条例27条2項は、実施機関は、電子計算組織により個人情報を処理する事務を外部に委託するときは、あらかじめ委託の内容

および条件について三鷹市個人情報保護委員会の意見を聴くとともに、個人情報を保護するために必要な措置を講じなければならないと定めている。オンライン利用を禁止したり制限したりする条例は、令和3年法律第37号により改正された個人情報保護法との抵触が問題になりうるが、同項は、そのような規定とみるべきではなく、電子計算組織により個人情報を処理する事務を外部に委託するときに、第三者機関によるプライバシー影響評価を義務づける規定とみられる。実際、同委員会の委員長を務めていたときの著書の経験でも、電子計算組織により個人情報を処理する事務を外部に委託すること自体を制限したことはなく、かかる委託を行う場合に個人情報保護の観点から留意すべき事項について助言するという運用がなされていた。

　個人情報保護条例において個人情報保護審議会に諮問することとされている場合、事務局は、個人情報保護審議会での質問に備えて慎重に準備するので、個人情報保護審議会に諮問すること自体が、職員間での事前の検討を濃密にする効果を有する。また、個人情報保護審議会は原則公開とされていることが少なくなく、さらに、議事録も公開されるから、個人情報保護審議会での審議は、個人情報保護に係る施策の透明性を確保し、説明責任を履行する機能も担っている（地方公共団体の個人情報保護において、個人情報保護審議会への諮問が、住民の個人情報を適切に保護し、個人情報の取扱いに係る透明性を確保するための基本的で重要な仕組みとなっていることについて、犬塚克「一自治体の現場から見た改正個人情報保護法の課題」（自治実務セミナー711号（2021年）17頁以下参照））。個人情報保護審議会への諮問に時間を要するという批判はあるが、それは、3、4か月に1度程度開催する慣行の個人情報保護審議会を念頭に置いたものと思われる。しかし、そのような慣行の地方公共団体であっても、迅速な対応が必要な政策の場合、ショートノーティスで諮問することは可能であり、とりわけ、最近は、オンライン開催も多くなっているから、審議会開催のハードルは低くなってい

る。そして、著者が東京都や神奈川県の情報公開・個人情報保護審議会の会長を務めたときの経験によれば、合理的内容の政策であれば、１回の審議で承認されると考えられるので、個人情報保護審議会への諮問義務の存在が、個人情報保護の利活用の障壁になっているとは必ずしもいえないように思われる。

　むしろ、個人情報の個別の取扱いに係る個人情報保護審議会への諮問は、EU一般データ保護規則等で定められているプライバシー影響評価を第三者機関が行うものとして評価できる場合が少なくない。整備法により改正された個人情報保護法は、個人情報の保護と利用のバランスを図ったものであるので、同法が認める利用を制限する条例であれば、同法との抵触が問題にならざるをえないが、利用自体を制限するのではなく、利用に当たり、個人情報保護の観点から留意すべき事項について個人情報保護審議会の助言を求めるために、個人情報保護審議会に諮問することは、「個人情報の適正な取扱いを確保するために専門的な知見に基づく意見を聴くことが特に必要であると認めるとき」（個人情報保護法129条）に当たり、可能と思われる。そのような第三者機関によるプライバシー影響評価を、個人情報保護委員会がすべての地方公共団体との関係で担うことが当面は現実的でないことは、マイナンバー法に基づく特定個人情報保護評価について、当初は、地方公共団体が行うものについても、個人情報保護委員会の承認を受けることを義務づけることも検討されたが、それが現実的には困難であることから、個人情報保護委員会の承認を要しないこととし、その代わりに、地方公共団体に対して、第三者機関による審査を受けることを義務づけたことからも明らかと思われる（宇賀克也『番号法の逐条解説［第2版］』（有斐閣、2016年）156頁、同『マイナンバー法と情報セキュリティ』（有斐閣、2020年）76頁以下参照。地方公共団体における特定個人情報保護評価の実例については、宇賀克也監修、髙野祥一・苅田元洋・富山由衣・上村友和・白戸謙一著『完全対応　自

治体職員のための番号法解説［実例編］』（第一法規、2015年）47頁以下［富山由衣執筆］参照）。したがって、個人情報保護委員会の定員・予算が抜本的に改善されて、個人情報保護委員会自らが、地方公共団体の個人情報保護審議会が果たしてきた個人情報の個別の取扱いに係るプライバシー影響評価機能を代替できるようにならない限りは、引き続き、各地方公共団体の個人情報保護審議会がこのような機能を担うことには意義があり、それを否定する必要はないと考えられる。

---

4 学術研究と医療事業に係る個人情報保護

　個人情報保護法制の一元化について特筆すべきは、公的部門と民間部門の規律の相違が最も問題になっていた学術研究と医療の分野で、従前は独立行政法人等個人情報保護法の適用を受けていた独立行政法人等、個人情報保護条例の適用を受けていた公立大学、公立病院、地方独立行政法人について、原則として民間部門の規律を課すこととし、他面において、かかる分野の独立行政法人等、地方公共団体の機関、地方独立行政法人も、実質的に政府または地方公共団体の一部を構成する法人として国民または住民に対する説明責任を負うので、開示、訂正、利用停止に係る規律については公的部門の規律を適用し、また、これらの保有個人情報は国民または住民の共有財産といえることから、行政機関等匿名加工情報の制度を適用していることである。学術研究や医療については、いかなる主体によって実施されるかによって個人情報保護に係る規律を異にする必要は原則としてなく、逆に、これらの分野では、実施主体の相違を超えて情報を共有することが、学術研究の発展や適切な医療のために必要なことが少なくないので、個人情報保護に係る規律を基本的に統一することは有意義である。このように、規律内容の統一化の

必要性が広く認識されている分野にフォーカスして規律の内容の統一化を図り、規律の内容の統一を要請する立法事実が乏しい分野についてまで、性急に統一化を図らなかったことも適切であると思われる。

5	学術研究目的での個人情報の取扱いに係る適用除外の見直し

　整備法による改正前の個人情報保護法においては、大学その他の学術研究を目的とする機関もしくは団体またはそれらに属する者が学術研究の用に供する目的で行う個人情報等の取扱いについては、学問の自由に配慮して、個人情報取扱事業者等としての義務が全部適用除外とされ、また、個人情報取扱事業者等が学術研究を目的とする機関もしくは団体またはそれらに属する者（学術研究の用に供する目的で個人情報等を取り扱う場合に限る）に対して個人情報等を提供する行為について、個人情報保護委員会はその権限を行使しないこととされていた。

　しかし、学術研究機関等が学術研究目的で個人情報等を取り扱う場合であっても、個人情報取扱事業者等としての義務を全面的に免除することに対しては、かねてより疑問が提起されていた。とりわけ、行政機関個人情報保護法および独立行政法人等個人情報保護法には、学術研究機関等が学術研究目的で個人情報等を取り扱う場合であっても、個人情報等の取扱いに係る義務を免除する規定が置かれていないこととの不均衡を合理的に説明することは困難であった。そこで、個人情報保護法制の一元化を機に、学術研究機関等が学術研究目的で行う個人情報等の取扱いについて個人情報取扱事業者等の義務を適用除外にする規定を削除し、他方において、学術研究への支障を避けるために、利用目的による制限（18条）、適正な取得（20条）、第三者提

供の制限（27条）についての規制を緩和している。この点も肯定的に評価できると思われる。

6 | 十分性認定との関係

　従前は、非識別加工情報と特定個人情報を除き、国の行政機関や独立行政法人等の保有する個人情報について、職権行使の独立性を保障された第三者機関による監視権限がなかったため、EU による十分性認定の対象から公的部門が除外されていたが、公的部門における個人情報保護に関する事務ついても個人情報保護委員会が一元的に所掌するようになるため、EU による十分性認定を公的部門における個人情報保護についても得るための交渉の基盤が整備されたといえよう（日本と EU の間の十分性認定については、公法学の観点から論ずべき重要な論点があるが、それについては、巽智彦「公法学から見た日 EU 間相互十分性認定―個人情報保護法制の公法上の課題」成蹊法学92号288頁以下およびそこで引用された文献参照）。最大判昭和48年12月12日民集27巻11号1536頁（三菱樹脂事件）によれば、自由権的基本権は、国または公共団体の統治活動に対して個人の基本的な自由と平等を保障する目的に出たもので、もっぱら国または公共団体と個人の関係を規律するものであり、私人相互の関係を直接規律することを予定するものではないとされており、この判例を前提にすれば、独立した第三者機関の必要性は、公的部門において、より大きいともいえる。したがって、整備法が、公的部門における個人情報保護委員会の監視権限を個人情報一般について認めたことは、EU による十分性認定の問題を度外視しても、肯定的に評価されよう。

　また、民間部門においても、学術研究機関等が学術研究目的で個人情報等を取り扱う場合には、個人情報取扱事業者等の義務規定の適用が除外されて

いたため、EU による十分性認定の対象から除外されており、EU との学術
研究交流の支障になっているという指摘がなされていた。この点について
も、整備法による改正により、EU による十分性認定を得るための交渉の前
提条件が整備されたといえよう。

第 1 章

個人情報保護法制の展開と
令和 3 年改正の概要

1 | はじめに

　「デジタル社会の形成を図るための関係法律の整備に関する法律」は2021（令和３）年５月12日の国会において成立し、同年５月19日に公布された。整備法は、デジタル社会形成基本法・デジタル庁設置法等とともに、デジタル改革関連法の一つであるとともに、それ自体として多岐にわたる内容を含んでいるが、同法の50条及び51条は個人情報保護制度を次のように変革するものである（95頁図表12参照）^{（1）}。

① 「個人情報の保護に関する法律」、「行政機関の保有する個人情報の保護に関する法律」、「独立行政法人等の保有する個人情報の保護に関する法律」の３本の法律を１本の法律に統合するとともに、地方公共団体の個人情報保護制度についても統合後の法律において全国的な共通ルールを規定し、全体の所管を個人情報保護委員会に一元化する

② 医療分野・学術分野の規制を統一するため、国公立の病院、大学等には原則として民間の病院、大学等と同等の規律を適用する

③ 学術研究分野を含めた GDPR の十分性認定への対応を目指し、学術研究に係る適用除外規定について、一律の適用除外ではなく、義務ごとの例外規定として精緻化する

④ 個人情報の定義等を国・民間・地方で統一するとともに、行政機関等での匿名加工情報の取扱いに関する規律を明確化する

　整備法の50条（行政機関及び独立行政法人等に関する規律の規定や学術研

（1）　個人情報保護委員会「概要資料」 https://www.ppc.go.jp/files/pdf/seibihou_gaiyou.pdf

究機関等に対する適用除外規定の見直し等）は2022（令和 4 ）年 4 月 1 日に施行される予定であり、これに伴い、行政機関個人情報保護法・独立行政法人等個人情報保護法は廃止されて個人情報保護法に集約される。さらに整備法の公布の日から起算して 2 年を超えない範囲内において政令で定める日に同法51条（地方公共団体に関する規律の規定）が施行されることで、個人情報保護法は全 8 章185条と附則から構成されることになる。

　以下では、整備法51条による改正後の個人情報保護法を「令和 3 年改正法」と呼ぶこととして、個人情報保護法（以下「平成15年法」という）が2003（平成15）年に成立してから2015（平成27）年及び2020（令和 2 ）年に改正されるに至る経緯（それぞれ改正後の個人情報護法を、「平成27年改正法」、「令和 2 年改正法」という）を確認するとともに（→ **2** ）、令和 3 年改正の背景・経緯やその内容を概観し、地方公共団体における個人情報保護の規律について整理することにしたい（→ **3** ）。

2　令和 3 年改正以前の個人情報保護法制

（1）プライバシー保護の要請の高まりと地方公共団体による先行

　20世紀中盤以降、情報化の進展に伴ってコンピュータの利用が拡大し、データ処理が効率化されると同時にプライバシー侵害の危険が増大したことを背景に、世界各国で個人データ保護の法制化の動きやプライバシー権の理論的捉え直しが進むようになった[2]。1980年には「プライバシー保護と個人データの国際流通についてのガイドラインに関する OECD 理事会勧告」

---

[2]　以下、本節の記述については、宇賀克也『個人情報保護法の逐条解説［第 6 版］』（有斐閣、2018年）、特に「序論　立法の経緯と個人情報保護法制の体系」を参照。

年月	個人情報保護法制の	
	（民間部門）	（公的部門）

年月	（民間部門）	（公的部門）
1973年6月		
1975年3月		地方公共団体における個人情報保護の法制化が国に先行
1980年9月		
1985年7月		
1988年12月		「行政機関の保有する電子計算機処理に係る個人情報の保護に関する法律」公布
1990年3月		
1995年10月		
2000年10月	個人情報保護法制化専門委員会「個人情報保護基本法制に関する大綱」	
2003年5月	「個人情報の保護に関する法律」等5法公布	
2009年12月		
2013年5月		
2013年6月		
2013年7月		
2013年12月	IT総合戦略本部「パーソナルデータの利活用に関する制度見直し方針」	
2014年6月	IT総合戦略本部「パーソナルデータの利活用に関する制度改正大綱」	

動　き （地方公共団体）	データ利活用・デジタル化	国際的動向
徳島県徳島市「電子計算組織運営審議会条例」制定 東京都国立市「電子計算組織の運営に関する条例」制定		
		プライバシー保護と個人データの国際流通についてのガイドラインに関するOECD理事会勧告（1980年）
福岡県春日市「春日市個人情報保護条例」制定		
「神奈川県個人情報保護条例」制定		
		EUデータ保護指令採択
		EUリスボン条約発効 ※EU基本権憲章がEU基本条約と同等の地位を有することに
	「行政手続における特定の個人を識別するための番号の利用等に関する法律」（番号法）公布 「世界最先端IT国家創造宣言」	
		プライバシー保護と個人データの国際流通についてのガイドラインに関するOECD理事会勧告（2013年）

年月	個人情報保護法制の	
	（民間部門）	（公的部門）
2014年7月		総務省「行政機関等が保有するパーソナルデータに関する研究会」（〜2016年3月）
2015年9月	「個人情報の保護に関する法律及び行政手続における特定の個人を識別するための番号の利用等に関する法律の一部を改正する法律」公布 ※以下、同法による改正後の個人情報保護法を平成27年改正法という	
2016年1月	平成27年改正法一部施行 ※個人情報保護法の所管が個人情報保護委員会に	
2016年5月		「行政機関等の保有する個人情報の適正かつ効果的な活用による新たな産業の創出並びに活力ある経済社会及び豊かな国民生活の実現に資するための関係法律の整備に関する法律」公布 ※以下、同法による改正後の行政機関個人情報保護法を平成28年改正法という
2016年9月		
2016年12月		
2017年5月		
2017年5月		
2017年5月	平成27年改正法全面施行 ※個人情報取扱事業者等の監督権限が個人情報保護委員会に一元化	平成28年改正法施行
2017年7月		
2018年5月		

動　き （地方公共団体）	データ利活用・デジタル化	国際的動向
総務省「地方公共団体が保有するパーソナルデータに関する検討会」（～2017年3月）	「官民データ活用推進基本法」公布 「医療分野の研究開発に資するための匿名加工医療情報に関する法律」（次世代医療基盤法）公布	
総務省「個人情報保護条例の見直し等について」（平成29年5月19日地域力創造審議官通知）		
総務省「地方公共団体が保有するパーソナルデータの効果的な活用のための仕組みの在り方に関する検討会」（～2018年3月）		
		EU一般データ保護規則（GDPR）、刑事司法指令発効

27

年月	個 人 情 報 保 護 法 制 の	
	（民間部門）	（公的部門）
2019年1月		
2019年4月	個人情報保護委員会「個人情報保護法 いわゆる3年ごと見直しに係る検討の中間整理」	
2019年5月		
2019年12月		
2019年12月	個人情報保護委員会「個人情報保護法 いわゆる3年ごと見直し　制度改正大綱」（12/13）	
2019年12月		内閣官房「個人情報保護制度の見直しに関する（〜2020年12月）（12/25）※以下、タスクフォースという
2020年1月		
2020年2月		
2020年3月		タスクフォース「個人情報保護制度の見直しに（〜2020年12月）
2020年5月		
2020年6月	「個人情報の保護に関する法律等の一部を改正する法律」公布 ※以下、同法による改正後の個人情報保護法を令和2年改正法という	
2020年6月		
2020年8月		タスクフォース「個人情報保護制度の見直しに向けた中間整理」※3法（個情法、行個法、独個法）の統合と所管の一元化、医療分野・学術分野における規制の統一等

動　き （地方公共団体）	データ利活用・デジタル化	国際的動向
		日EU間の越境データ移転枠組発効
	「デジタル手続法」（行政手続オンライン法の改正）公布	
個人情報保護委員会「地方公共団体の個人情報保護制度に関する懇談会」開催（〜2020年7月）（12/2）		
タスクフォース」		
		米国カリフォルニア州消費者プライバシー法（CCPA）施行
個人情報保護委員会「個人情報保護条例に係る実態調査」		
関する検討会」		
	内閣府政策統括官（科学技術・イノベーション担当）・総務省行政管理局長・文部科学省研究振興局長「研究活動における保有個人情報の取扱いについて」	
	第32次地方制度調査会「2040年頃から逆算し顕在化する諸課題に対応するために必要な地方行政体制のあり方等に関する答申」（6/26）	

年月	個人情報保護法制の
	(民間部門) (公的部門)

年月	(民間部門)	(公的部門)
2020年11月		
2020年12月		タスクフォース「個人情報保護制度の見直しに関する ※地方公共団体の個人情報保護制度の
2020年12月		
2021年2月		「デジタル社会の形成を図るための関係法律の整備に関する ※以下、同法を整備法という
2021年3月	令和2年改正法関係政令・規則公布	
2021年5月		整備法公布 ※同法による改正後の個人情報保護法を
2021年6月		
2021年6月		個人情報保護委員会「公的部門（国の行政機関等・地方公共団等）における個人情報保護の規律の考え方（令和3年個人情報「学術研究分野における個人情報保護の規律の考え方（令和3改正関係）」(6/23)
2021年8月	令和2年改正法関係 ガイドライン告示	
2021年8月	令和3年改正法関係政令・規則・ガイド ライン意見募集開始	
2021年9月		
2022年4月	令和2年改正法全面施行	
2022年4月	令和3年改正法一部施行（整備法50条による改正部分） ※行政機関及び独立行政法人等に関する規律の規定や学術研究機関等に対する適用除外規定の見直し等	
～2023年 6月		令和3年改正法全面施行（整備法51条による改正部分）

動　　き （地方公共団体）	データ利活用・デジタル化	国際的動向
総務省「地方公共団体の個人情報保護制度の在り方検討に関する調査結果」		
最終報告」（12/23）在り方等		
	「デジタル社会の実現に向けた改革の基本方針」決定、「デジタル・ガバメント実行計画」改定（12/25）	
法律案」閣議決定	「デジタル社会形成基本法案」「デジタル庁設置法案」等閣議決定	
令和3年改正法という		
	「デジタル社会の実現に向けた重点計画」決定（6/18）	
体等）における個保護法改正関係）」年個人情報保護法		
	デジタル庁創設	

が採択された。同勧告の付属文書では、①収集制限の原則、②データ内容の原則、③目的明確化の原則、④利用制限の原則、⑤安全保護の原則、⑥公開の原則、⑦個人参加の原則、⑧責任の原則という個人情報保護の基本原則（OECD 8原則）が示された。

　日本でも1970年代に入ると、住民に身近な行政サービスを実施し、多くの情報を保有する地方公共団体において、個人情報保護のための措置が検討されるようになり、例えば1975年には東京都国立市が「電子計算組織の運営に関する条例」を制定している。

　このように地方公共団体での個人情報保護が先行する中で、国においても1988年には「行政機関の保有する電子計算機処理に係る個人情報の保護に関する法律」（以下「旧電算処理行政機関個人情報保護法」という）が成立した。同法は、公的部門のみを対象とし、個人情報の利用・提供の制限や開示請求の規定を設ける一方で、総務庁長官への個人情報ファイルの保有の事前通知等を規定するものであった。他方、民間部門での個人情報保護については立法ではなく、各省庁によるガイドラインや業界の自主規制による対応が図られてきた。

（2）平成15年法

（ア）平成15年法制定に至る経緯

（ⅰ）民間部門における個人情報保護の状況

　1995年にEUが採択した「個人データ処理に係る個人の保護及び当該データの自由な移動に関する欧州議会及び理事会の指令」（EUデータ保護指令）は、公的部門と民間部門の双方を規律の対象とし（オムニバス方式）、加盟国に対して、個人データの第三国への移転を、当該第三国が十分なレベルの保護措置を確保していると認められる場合（十分性認定）等に限定する規定を含むものであった。このため、同指令は、EU加盟国以

外の国々にも、個人情報保護法制の国際的調和を促すことになった。

　こうした潮流も受けて、通商産業省が1997年に「民間部門における電子計算機処理に係る個人情報保護に関するガイドライン」を、郵政省が1998年に「電気通信事業における個人情報保護に関するガイドライン」をそれぞれ告示し、また、財団法人日本情報処理開発協会（現在は一般財団法人日本情報経済社会推進協会（JIPDEC））がプライバシーマーク制度を創設して1998年より運用を開始する等、日本国内でも民間部門における個人情報保護の必要性が意識されるようになった。

（ⅱ）平成11年住民基本台帳法改正と個人情報保護の法制化

　住民基本台帳ネットワーク導入に係る住民基本台帳改正法案の審議の過程では、大規模な個人情報の漏えい・流出の事件が問題となった。衆議院での修正により、「法律の施行に当たっては、政府は、個人情報の保護に万全を期するため、速やかに、所要の措置を講ずるものとする」との規定（附則 1 条 2 項）が設けられた上で同法案は1999年 8 月に成立し、政府も民間部門での個人情報保護のための法制を整備する方向性を示した。

　1999年 4 月には、高度情報通信社会推進本部に個人情報保護検討部会が設置され、同部会は同年11月、「我が国における個人情報保護システムの在り方について（中間報告）」を取りまとめた。2000年 1 月には個人情報保護法制化専門委員会が高度情報通信社会推進本部に設置され、同専門委員会は10月に「個人情報保護基本法制に関する大綱」を取りまとめた。

　政府は同大綱を踏まえて2001年に「個人情報の保護に関する法律案」（旧個人情報保護法案）を提出したが、同法案は継続審査となった。他方、同法案は国の行政機関、独立行政法人及び特殊法人について個人情報の適正な取扱いが確保されるよう法制上の措置等を講ずるものとしていたことから、総務省は行政機関等個人情報保護法制研究会の報告を受けて、旧電算処理行政機関個人情報保護法を改正して個人情報保護を拡充すると

ともに、独立行政法人等についても国の行政機関に準じた個人情報保護法制を整備することとした。

　政府は2002年、旧個人情報保護法案に加えて、「行政機関の保有する個人情報の保護に関する法律案」、「独立行政法人等の保有する個人情報の保護に関する法律案」、「情報公開・個人情報保護審査会設置法案」、「行政機関の保有する個人情報の保護に関する法律等の施行に伴う関係法律の整備等に関する法律案」を提出したが、「メディア規制法案」である等の批判もあり、通常国会では継続審査となった上、臨時国会で廃案となった。

　政府は2003年、基本理念（3条）を「第1章　総則」に移した上で、利用目的による制限（4条）、適正な取得（5条）、正確性の確保（6条）、安全性の確保（7条）、透明性の確保（8条）を定めた「第2章　基本原則」を削除する等の修正を旧個人情報保護法案に施した「個人情報の保護に関する法律案」等の個人情報保護関連5法案を国会に提出し、同法案は同年5月に国会で成立し、公布された。平成15年法は1章から3章までは公布の日から、4章から6章は2005年4月1日から施行された。

（イ）平成15年法の下での個人情報保護法制の概要

　平成15年法の1章から3章は国・地方公共団体の責務等について定める等、個人情報保護法制の基本法に当たる部分である一方、4章以降は民間部門における個人情報保護の一般法に当たる部分である。このような平成15年法の下での個人情報保護法制は、OECD8原則に対応する内容をもつとともに、次のような特徴を有していた（図表1参照）。

①　公的部門と民間部門の縦割りの法体系

　民間部門は個人情報保護法が、国の行政機関は行政機関個人情報保護法が、独立行政法人等は独立行政法人等個人情報保護法がそれぞれ規律する（セグメント方式）。

②　公的部門と民間部門での規律内容の違い

　行政機関個人情報保護法・独立行政法人等個人情報保護法における個人情報の定義は照合可能なものまで含む一方、民間部門の個人情報の定義は、容易照合可能性を条件とする。

　また、民間部門では取扱いの対象が個人情報、個人データ、保有個人データであるかに応じて、異なる個人情報取扱事業者の義務が定められるとともに、保有個人データについては本人の開示請求権等が認められている（図表2参照）。これに対して行政機関個人情報保護法・独立行政法人等個人情報保護法は、散在情報を含む保有個人情報についても本人の開示請求権等を認める。さらに、行政機関個人情報保護法は、行政機関が個人情報ファイルを保有しようとするときには、行政機関の長はあらかじめ総務大臣に所定の事項を通知しなければならない、行政機関の長は個人情報

【図表1】平成15年法の下での個人情報保護法制の基本イメージ

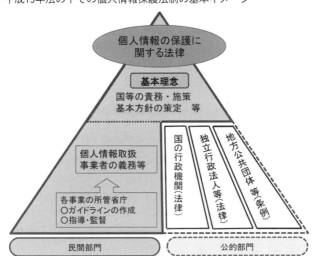

（出典）総務省「個人情報保護条例の見直しに関する検討の背景」https://www.soumu.go.jp/main_content/000440722.pdf

ファイル簿を作成・公表しなければならない等の規律を置いていた。

③　民間部門における主務大臣制と公的部門における規律の確保

　平成15年法の下での民間部門の個人情報取扱事業者に対する監督は、各事業分野を所管する大臣（主務大臣）が行うこととされていた（主務大臣制）。なお平成15年法の所管は内閣府であったが、2009年に消費者庁が創設されて以降は同庁に移管された。他方、行政機関個人情報保護法・独立行政法人等個人情報保護法は総務大臣の所管とされていた。行政機関個人情報保護法は、先述の個人情報ファイルに関する通知に加えて、総務大臣への施行状況の報告・総務大臣による概要の公表、さらに総務大臣による行政機関への資料提出・説明要求、意見陳述の権限を認めていたが、それ以上の行政機関に対する監視・監督の仕組みを備えていなかった。独立行政法人等個人情報保護法は、独立行政法人等の自主性に配慮して総務大臣への施行状況の報告・総務大臣による概要の公表を定めるのみであり、独立行政法人等を所管する大臣の一般的な監督の中で同法の規律の確保が図られていたといえる。

④　分権的な個人情報保護法制

　1975年に東京都国立市が「電子計算組織の運営に関する条例」を、1984年に福岡県春日市が個人情報保護条例を制定する等、先駆的な地方公共団体は旧電算処理行政機関個人情報保護法に先立ち、個人情報保護施策に取り組んでいた。1999年に国が個人情報保護システムの在り方についての検討を開始する時点において、既に都道府県の48.9％、市区町村の46.1％が個人情報保護に関する条例を制定していた[3]。

（3）　総務省「個人情報保護条例の現状と総務省の取組」　https://www8.cao.go.jp/kisei-kaikaku/suishin/meeting/wg/toushi/20161121/161121toushi01.pdf
なお平成15年法が全面施行された2005年には、全ての都道府県、98.0％の市区町村が個人情報保護条例を制定済みであった。

【図表2】平成15年法における個人情報取扱事業者の義務

義務			個人情報	個人データ	保有個人データ
データ取得等	利用目的の特定(§15)	取得データの利用目的を特定	義務あり	義務あり	義務なし
	適正な取得(§17)	適正に取得			
	取得時 (§18)	利用目的の通知または公表			
	書面での取得	利用目的の明示			
	利用目的の公表(§24)	利用目的を公表	義務なし		
取扱い	取得時の利用目的を変更(§16)	利用目的内	本人へ通知または公表	義務あり	
		利用目的外	本人から同意取得		
	取扱い (§19-22)	正確性の確保	データ内容を正確かつ最新の内容に保つ		
		安全管理	安全管理・従業者の監督・委託先の監督		
第三者への提供 (§23)		本人から同意取得	義務なし		
	オプトアウト	あらかじめ、第三者提供を利用目的とする			
	共同利用	あらかじめ、共同利用を利用目的とする			
本人からの求め	利用目的(§24)	求めに応じて通知			
	開示請求(§25-27)	求めに応じて開示			

(出典) パーソナルデータに関する検討会事務局「「個人情報」等の定義と「個人情報取扱事業者」等の義務について（事務局案）〈概要編〉」 http://www.kantei.go.jp/jp/singi/it2/pd/dai7/siryou1-1.pdf

　このような経緯を踏まえて、平成15年法は、「地方公共団体は、この法律の趣旨にのっとり、その地方公共団体の区域の特性に応じて、個人情報の適正な取扱いを確保するために必要な施策を策定し、及びこれを実施する責務を有する。」（5条）、「地方公共団体は、その保有する個人情報の性質、当該個人情報を保有する目的等を勘案し、その保有する個人情報の適正な取扱いが確保されるよう必要な措置を講ずることに努めなければならない。」（11条1項）等と定め、行政機関個人情報保護法等の定めを画一的に地方公共団体にも適用するのではなく、地方公共団体が平成15年法の下で条例等により地域の特色に応じた個人情報保護施策を実施することを認めていた。

（3）平成27年改正法

（ア）平成27年改正法制定に至る経緯

（ⅰ）国際的な潮流

　平成15年法制定後しばらくすると、インターネットの発展やビッグデータの利活用に対する期待が高まり、個人情報の保護と利活用のバランスをどのように実現するかが、国内外で課題とされるようになっていった。2013年に新たに採択された「プライバシー保護と個人データの国際流通についてのガイドラインに関するOECD理事会勧告」は、OECD 8 原則を変更するものではないが、データ管理者にプライバシーマネジメントプログラムを構築する責任があることを強調するとともに、プライバシー執行機関を設立・維持すること、国内のプライバシー保護方針を発展させること等を加盟国に明示的に求めている[4]。

　さらにEUではデータ保護指令に代わるものとして、2011年以降、個人データ保護規則案の検討が進められ、2016年 5 月には一般データ保護規則（GDPR）が刑事司法分野における個人データ保護指令等とともに採択された。この間、2009年には私的生活及び家族生活の尊重（第Ⅱ-67［Ⅱ-7］条）と並んで、独立機関による統制の要請を含む個人情報の保護（第Ⅱ-68［Ⅱ-8］条）を基本的権利とするEU基本権憲章がEU基本条約と同等の地位を認められるようになっている。EU司法裁判所が、「忘れられる権利」に基づく検索結果の削除を認めた決定（2014年）や合衆国・EU間のセーフハーバー協定を無効とする決定（2015年）において、基本権適合的にEUデータ保護指令を解釈して、個人情報の保護を強化してき

（4）　堀部政男・新保史生・JIPDEC（野村至）仮訳「プライバシー保護と個人データの国際流通についてのガイドラインに関する理事会勧告（2013）」 https://www.jipdec.or.jp/library/archives/oecd_guideline.html

たことも注目される。

（ii）マイナンバー法と特定個人情報保護委員会の設置

2009年に成立した民主党中心の連立政権の下で、税と社会保障の共通番号制度の検討が開始され、2011年 6 月に政府・与党社会保障改革検討本部は「社会保障・税番号大綱」を策定した。同大綱は、住基ネット事件最高裁判決（最判平成20年 3 月 6 日民集62巻 3 号665頁）を踏まえつつ、国家管理への懸念、個人情報の追跡・突合に対する懸念、財産その他の被害への懸念に対応するために講ずべき個人情報保護措置の一つとして、第三者機関による監視を掲げていた。同大綱を受けて「行政手続における特定の個人を識別するための番号の利用等に関する法律案」（マイナンバー法案）が2012年に国会に提出されたが、廃案となった。

2012年の政権交代により成立した自民党・公明党の連立政権の下で修正された法案は、2013年 5 月に国会で成立し、公布された。マイナンバー法は、個人情報保護法・行政機関個人情報保護法・独立行政法人等個人情報保護法及び地方公共団体の個人情報保護条例を一般法として、個人番号及び特定個人情報（個人番号を含む個人情報）について一般の個人情報よりも厳格な保護措置を規定するとともに、特定個人情報保護委員会（現在は個人情報保護委員会）をいわゆる独立行政委員会として設置し、行政機関や事業者等、特定個人情報の取扱者に対して、指導・助言や報告徴収・立入検査を行い、法令違反があった場合に勧告・命令等を行う権限を認めた。

2014年 1 月には特定個人情報保護委員会が創設された。

（iii）パーソナルデータの利活用に関する制度改正大綱と平成27年改正法の成立

政府は2013年 6 月、経済産業省や総務省での検討を基礎に、「世界最先端 IT 国家創造宣言」を閣議決定し、高度情報通信ネットワーク社会推進

戦略本部（IT 総合戦略本部）の下に新たな検討組織を設置し、個人情報やプライバシー保護に配慮したパーソナルデータの利活用のルールを明確化した上で、個人情報保護ガイドラインの見直し等の取組を早期に着手するほか、新たな検討組織が、第三者機関の設置を含む、新たな法的措置も視野に入れた制度見直し方針（ロードマップを含む）を年内に策定すべきものとした。

　これを受けた「パーソナルデータに関する検討会」での検討を経て、IT 総合戦略本部は2013年12月には「パーソナルデータの利活用に関する制度見直し方針」を、2014年 6 月には「パーソナルデータの利活用に関する制度改正大綱」を決定した。同大綱は、個人情報保護法制について、①個人情報の範囲についての曖昧さ等の「グレーゾーン」を解消するとともに、個人の権利利益を侵害するような事業者の行為を未然に防止することで、パーソナルデータの「利活用の壁」を取り払う、②機動的な対応を可能とする、③確実な法執行を行う、④国際的に調和の取れた制度を整備するといった課題を掲げた上で、次のような制度改正内容を提言した。

・本人の同意がなくてもデータの利活用を可能とする枠組みの導入等
・個人情報の範囲の明確化、技術の進展に迅速に対応できる基本的な制度の枠組みと、これを補完するマルチステークホルダープロセス等の民間の自主的な取組の活用
・第三者機関の体制整備等による実効性ある制度執行の確保

　2015年 3 月には、「個人情報の保護に関する法律及び行政手続における特定の個人を識別するための番号の利用等に関する法律の一部を改正する法律案」が閣議決定され、国会に提出された。この時期には、JR 東日本の Suica 利用履歴の提供が批判されて中止に追い込まれた事件（2013年）、ベネッセコーポレーションからの大量の顧客情報が流出した事件（2014年）が起きたため、制度改正大綱の検討や法案準備に影響を及ぼしてい

た。さらに、法案の国会審議中には、日本年金機構からのサイバー攻撃による個人情報流出事件（2015年）が発覚したことから、法案中のマイナンバー法を改正する部分について参議院で修正が加えられた。法案は2015年 9 月に国会で成立し、公布された。

（イ）平成27年改正法の概要

平成27年改正法の概要は次のとおりである。

（i）個人情報の定義の明確化

個人情報保護法における個人情報に該当するかは、その情報を取り扱う者が特定の個人を識別できるかどうかによる。換言すれば、同一の情報であっても、取り扱う者ごとに、個人情報に該当したりしなかったりする場合があることになる。また、民間部門で個人情報の定義に含まれている容易照合可能性は、従来、通常の作業範囲において、データベース等にアクセスし照合可能な状態をいう、と説明されてきた。

しかし、情報処理技術の発展により、情報の照合により特定の個人を識別することが可能になっている。そこで平成27年改正法により、生存する個人に関する情報であって個人識別符号が含まれるものも、個人情報に含まれることが明確化された（個人情報保護法 2 条 1 項 2 号）。個人識別符号（個人情報保護法 2 条 2 項）とは、当該情報単体から特定の個人を識別できるものとして個人情報保護法施行令に定められた文字、番号、記号その他の符号をいう。具体的にはゲノムデータや顔認識データ、旅券番号、基礎年金番号、免許証番号、住民票コード等が定められている一方、携帯電話番号や端末 ID は個人識別符号とされていない。

また、平成15年法は、個人情報の中でセンシティヴ情報を定義して厳格な規制を加えるということはしていなかったが、各省庁のガイドラインの中には取得制限等を定めるものもあった。平成27年改正法は、「本人の人

種、信条、社会的身分、病歴、犯罪の経歴、犯罪により害を被った事実その他本人に対する不当な差別、偏見その他の不利益が生じないようにその取扱いに特に配慮を要するものとして政令で定める記述等が含まれる個人情報」を要配慮個人情報と定義し（個人情報保護法2条3項）、その取得や第三者提供には、原則として本人の同意が必要であるとして、オプトアウトによる第三者提供を認めないこととした（個人情報保護法17条2項、23条2項）。

　個人情報保護法で列挙されている情報に加えて、個人情報保護法施行令は、個人情報保護委員会規則（以下「委員会規則」という）で定める心身の機能の障害があることや本人を被疑者又は被告人として、逮捕その他の刑事事件に関する手続が行われたこと等を、要配慮個人情報として定めている。さらに、EU及び英国域内から十分性認定により移転を受けた個人データに性生活、性的指向又は労働組合に関する情報が含まれる場合も、個人情報取扱事業者は当該情報を要配慮個人情報と同様に取り扱うこととされている[5]。

（ⅱ）適切な規律の下で個人情報等の有用性を確保

　提供元において個人データに該当するのであれば、提供先において個人データに該当しない場合であっても、当該提供は個人データの第三者提供として個人情報保護法の規律を受けることになる（いわゆる提供元基準）。例えば、顧客データを外部に提供するに際して、氏名・住所等の記述を削除して識別符号に置き換えたとしても、元のデータとの対応表が提供元に残っているのであれば、容易照合性は失われず、原則として本人同意が必要であることになる。そこで、米国FTCが公表したFTCスタッフレポート「急速な変化の時代における消費者プライバシーの保護」を参考に、消

（5）　個人情報保護委員会「個人情報の保護に関する法律に係るEU及び英国域内から十分性認定により移転を受けた個人データの取扱いに関する補足的ルール」

費者も安心できるような適切な規律の下で、パーソナルデータをビッグデータとして流通・利活用することを促進する観点から、平成27年改正法は匿名加工情報制度を設けたのである[6]。

　匿名加工情報とは、個人情報に含まれる記述の一部又は個人識別符号を削除ないし置換して、特定の個人を識別できないように個人情報を加工して得られたものであって、個人情報を復元できないようにしたものをいう（個人情報保護法2条9項）。個人情報取扱事業者が匿名加工情報を作成するときは、委員会規則で定める基準に従って個人情報を加工し、安全管理措置を取り、匿名加工情報の項目を公表する義務を負う。個人情報取扱事業者が匿名加工情報を第三者に提供するときは、本人同意が不要である一方、提供される匿名加工情報に含まれる個人に関する情報の項目及びその提供の方法を公表し、当該第三者に対して匿名加工情報である旨を明示しなければならない（36条）。匿名加工情報の提供を受けた匿名加工情報取扱事業者が、匿名加工情報を第三者に提供するときも、提供される匿名加工情報に含まれる個人に関する情報の項目及びその提供の方法を公表し、当該第三者に対して匿名加工情報である旨を明示しなければならない（37条）。匿名加工情報取扱事業者は、匿名加工情報の作成に用いられた個人情報に係る本人を識別するために、加工の方法に関する情報を取得し、または、匿名加工情報を他の情報と照合してはならない（38条）。

　平成15年法の下での認定個人情報保護団体は、事業者の個人情報の取扱いについての苦情処理を業務とするほか、個人情報保護指針を作成公表し、対象事業者に遵守のための必要な措置をとるよう努めるものとされて

（6）　個人情報保護委員会「個人情報の保護に関する法律についてのガイドライン（匿名加工情報編）」参照。匿名加工情報の加工基準等については、個人情報保護委員会事務局レポート「匿名加工情報『パーソナルデータの利活用促進と消費者の信頼性確保の両立に向けて』」を参照。

いた。マルチステークホルダープロセスを活用する観点から、平成27年改正法は、「匿名加工情報に係る作成の方法、その情報の安全管理のための措置」を個人情報保護指針の事項に加えるとともに、指針の作成に際して消費者代表者その他の関係者の意見を聴く努力義務を認定個人情報保護団体に課した。作成された個人情報保護指針は個人情報保護委員会に届出され、公表される。また、認定個人情報保護団体は、事業者に対し、指針を遵守させるため必要な指導、勧告等の措置をとらなければならない（個人情報保護法53条）。

（iii）個人情報の保護を強化（名簿屋対策）

　先述のベネッセコーポレーションからの顧客情報流出事件を踏まえて、平成27年改正法は、名簿屋対策として、トレーサビリティの確保の仕組みを設けるとともに、個人情報データベース等提供罪を定めた。

　まず、個人情報取扱事業者は、個人データを第三者に提供したときは、委員会規則で定めるところにより、当該個人データを提供した年月日、当該第三者の氏名又は名称その他の委員会規則で定める事項に関する記録を作成しなければならない（個人情報保護法25条１項）。また、個人情報取扱事業者は、第三者から個人データの提供を受けるに際して、委員会規則で定めるところにより、当該第三者の氏名又は名称及び住所等、当該第三者による当該個人データの取得の経緯を確認し、記録を作成しなければならない。提供元は、提供先に対して、当該確認に係る事項を偽ってはならない（個人情報保護法26条）。違反した場合には過料による制裁がある（個人情報保護法88条１号）。個人情報保護委員会の「個人情報の保護に関する法律についてのガイドライン（第三者提供時の確認・記録義務編）」は、確認・記録義務の詳細や適用除外等について規定している。

　次に、個人情報取扱事業者若しくはその従業者又はこれらであった者が、業務に関して取り扱った個人情報データベース等を自己若しくは第三

者の不正な利益を図る目的で提供又は盗用したときは、刑事罰（ 1 年以下の懲役又は50万円以下の罰金）が科される（個人情報保護法83条）。これに対して、個人情報や個人データを提供した場合、個人情報データベース等を不正な利益を図る目的でなく提供した場合には同条の適用はないが、従来どおり営業秘密侵害罪（不正競争防止法21条）等により処罰の対象となり得る。

（ⅳ）個人情報保護委員会の新設及びその権限

　前述のとおり、平成15年法は民間部門における個人情報の取扱いの監督について主務大臣制を採っていたが、パーソナルデータの流通・利活用が進む中で、専門的知見の集中された機関による分野横断的かつ迅速・適切な法執行の確保が求められるようになった。また、後述のとおり（→（ 4 ）（ア）（ⅰ））十分性認定による個人データの域外移転を日本と EU の間で可能にするためにも、各国のデータ保護機関ないしプライバシー・コミッショナーに相当する、独立性の高い第三者機関による実効的な制度執行の確保が求められた。

　2014年に創設された特定個人情報保護委員会は、番号制度の運用の監視・監督を一元的に担う独立行政委員会であって、公的部門・民間部門ともに勧告・命令、立入検査等の強力な権限を与えられたほか、特定個人情報とともに管理されている個人情報の取扱いについても指導・助言をなし得るものとされていた。平成27年改正法により、特定個人情報保護委員会は個人情報保護委員会（以下この項目で「委員会」という）に改組され、委員会が、番号法に併せて個人情報保護法を所管するとともに、民間部門に対する個人情報の取扱いを一元的に監督するものとした。

　委員会は内閣府設置法49条 3 項に基づき設置され、内閣総理大臣の所轄に属する（個人情報保護法59条）。委員長及び委員は独立してその職権を行う（個人情報保護法62条）。委員会の議事は多数決による（個人情報保

護法68条）。

　委員会の任務は、個人情報の適正かつ効果的な活用が新たな産業の創出並びに活力ある経済社会及び豊かな国民生活の実現に資するものであることその他の個人情報の有用性に配慮しつつ、個人の権利利益を保護するため、個人情報の適正な取扱いの確保を図ることである（個人情報保護法60条）。この委員会の任務規定は、個人情報保護法の目的規定（１条）の「個人情報の有用性に配慮しつつ」という部分について、国会提出前の与党修正により、「適正かつ効果的な活用が新たな産業の創出並びに活力ある経済社会及び豊かな国民生活の実現に資するものであること」が例示として加えられたことに対応するものである。

　委員会の所掌事務は次のとおりとされた（個人情報保護法61条）。

①基本方針の策定及び推進に関すること

②個人情報及び匿名加工情報の取扱いに関する監督並びに苦情の申出についての必要なあっせん及びその処理を行う事業者への協力に関すること

③認定個人情報保護団体に関すること

④特定個人情報の取扱いに関する監視又は監督並びに苦情の申出についての必要なあっせん及びその処理を行う事業者への協力に関すること

⑤特定個人情報保護評価に関すること

⑥個人情報の保護及び適正かつ効果的な活用についての広報及び啓発に関すること

⑦前各号に掲げる事務を行うために必要な調査及び研究に関すること

⑧所掌事務に係る国際協力に関すること

⑨前各号に掲げるもののほか、法律に基づき委員会に属させられた事務

　このうち特定個人情報保護委員会の所掌事務にはなく、新たに委員会の所掌事務に加えられた事務は①②③であり、さらに⑥については特定個人

情報から個人情報一般に広げられたものである。①は消費者庁から委員会に移管された事務であり、内閣総理大臣は委員会が作成した基本方針の案について閣議の決定を求めることとなり（個人情報保護法 7 条 3 項）、委員会が個人情報保護法制全般の司令塔としての機能を有することが明確化された。

　次に、委員会の組織の概要は次のとおりである。委員会は、委員長及び委員 8 人（4 人は非常勤）をもって組織される。委員長及び委員はいわゆる両院同意人事であるが、次の者が含まれるべきこととされている（個人情報保護法63条）。

　①個人情報の保護及び適正かつ効果的な活用に関する学識経験のある者
　②消費者の保護に関して十分な知識と経験を有する者
　③情報処理技術に関する学識経験のある者
　④特定個人情報が利用される行政分野に関する学識経験のある者
　⑤民間企業の実務に関して十分な知識と経験を有する者
　⑥地方公共団体の連合組織の推薦する者

　委員長及び委員の任期は 5 年であり（個人情報保護法64条）、原則として任期中罷免されない（個人情報保護法65条）。他方、委員長及び委員は、在任中の政治運動が禁止され、原則として報酬を得て他の職務に従事すること等が禁止されるとともに（個人情報保護法71条）、秘密保持義務を負い、その違反には罰則が科せられる（個人情報保護法72条、82条）。

　委員会の権限の概要は、次のとおりである。まず、委員会は、平成15年法の下で主務大臣が個人情報取扱事業者に対して有していた報告の徴収、助言、勧告・命令の権限に加えて、立入検査及び指導の権限を有する。これらの監督権限は、匿名加工情報取扱事業者にも及ぶ（個人情報保護法40条〜42条）。立入検査の検査忌避は罰金刑の対象となる（個人情報保護法85条）。

ただし、委員会は、従来の主務大臣と同じく、権限行使に当たって、表現の自由、学問の自由、信教の自由及び政治活動の自由を妨げてはならない（個人情報保護法43条1項）。また、報道機関（報道の用に供する目的）、著述を業として行う者（著述の用に供する目的）、大学その他の研究機関等（学術研究の用に供する目的）、宗教団体（宗教活動の用に供する目的）、政治団体（政治活動の用に供する目的）には個人情報取扱事業者の義務等の規定の適用が除外されるとされた（個人情報保護法76条1項）。さらに、一般の事業者がこれらの者に対して個人情報等を提供する行為に対しても、委員会は権限を行使しない（個人情報保護法43条2項）。

　委員会は、改正前の主務大臣が認定個人情報保護団体に対して有していた認定、報告徴収、命令及び認定取消しの権限を有するが、立入検査及び指導の権限は有しない（個人情報保護法47条、56条〜58条）。

　委員会は所掌事務について委員会規則を制定できる（74条）。委員会は毎年、所掌事務の処理状況について国会に対して報告し、概要を公表しなければならない（個人情報保護法79条）。

（ⅴ）個人情報の取扱いのグローバル化

　平成27年改正法は、個人情報の取扱いのグローバル化に対応する観点から、次のような規定を定めた。

　第1に、法制上の措置等に関して、国際的な枠組みへの協力を通じて、各国政府と共同して国際的に整合のとれた個人情報に係る制度を構築することが掲げられた（個人情報保護法6条）。附則で求められる3年ごとの見直しにおいても、個人情報の保護に関する国際的動向への配慮が求められている（附則（平成27年法律65号）12条3項）。

　第2に、平成27年改正法は、日本国内の個人情報を取得した外国の事業者に対しても原則として法の適用があることを明記しつつ、事業者の存在する外国の主権への配慮から、個人情報保護委員会の報告・立入検査・命

令権については適用除外とした（個人情報保護法75条）。また、執行協力の実効性の観点から、個人情報保護委員会から外国執行当局への情報提供の仕組みを定めた（個人情報保護法78条）。

第3に、個人情報取扱事業者が外国にある第三者に個人データを提供できるのは、①あらかじめ外国にある第三者への提供を認める旨の本人の同意がある場合、②個人の権利利益を保護する上で我が国と同等の水準にあると認められる個人情報の保護に関する制度を有している外国として委員会規則で定める国にある第三者に提供する場合、③個人情報取扱事業者が講ずべきこととされている措置に相当する措置を継続的に講ずるために必要なものとして委員会規則で定める基準に適合する体制を整備している第三者に提供する場合に制限された（個人情報保護法24条）[7]。

この規定を受けて、個人情報保護委員会は2016年以降、欧州委員会との間で対話を進め、2019年1月に、個人情報保護法24条及び委員会規則11条1項に基づき、EU各国を指定すると同時に、欧州委員会も日本に対してGDPR第45条に基づく十分性認定を行った。また、英国が2020年2月にEUを離脱した後も、日EU間と同じく、日英間の個人データ移転が確保されている[8]。

（vi）その他改正事項

その他の平成27年改正法における主な改正事項は次のとおりである。

第1に、平成15年法は、個人データの第三者提供について、本人の事前同意（オプトイン）のほか、オプトアウト方式によることも認めていた。これに対して平成27年法は、事業者が本人に通知等すべき事項に「本人の

（7）　詳細は個人情報保護委員会「個人情報の保護に関する法律についてのガイドライン（外国にある第三者への提供編）」を参照。

（8）　個人情報保護委員会ホームページ「日EU間・日英間のデータ越境移転について」　https://www.ppc.go.jp/enforcement/cooperation/cooperation/sougoninshou/

求めを受け付ける方法」を追加するとともに、これらの事項及びその変更について個人情報保護委員会に届け出なければならないこと、同委員会は当該届出に係る事項を公表すべきこと等、オプトアウトの手続を厳格化した（個人情報保護法23条）。

　第2に、個人情報取得後の個人情報取扱事業者による利用目的の変更について、平成15年法は、「変更前の利用目的と相当の関連性を有すると合理的に認められる範囲」を超えてはならないという限界を設けていたが、平成27年法は、「相当の」という文言を削除し、本人が通常予期し得る範囲であれば利用目的の変更を可能にした（個人情報保護法15条2項）。

　第3に、平成15年法の下での個人情報取扱事業者は、同法施行令により、利用する個人情報データベースの規模が5,000人を超える事業者に限られていた。しかし小規模取扱事業者であっても個人の権利利益を侵害するおそれもあることから、平成27年改正法はこのような制限を廃止した（個人情報保護法2条5項）。これに関連して、利用方法からみて個人の権利利益を害するおそれが少ないものとして政令で定めるものは、個人情報データベース等から除かれることになった（個人情報保護法2条4項）。なお、平成27年個人情報保護法改正に当たっては新たに個人情報取扱事業者となる中小規模事業者への配慮が求められたことから（附則（平成27年法律65号）11条参照）、例えば「個人情報の保護に関する法律についてのガイドライン（通則編）」は、取り扱う個人データの数量及び個人データを取り扱う従業者数が一定程度にとどまること等を踏まえ、中小規模事業者が取るべき安全管理措置について手法を例示している[9]。

（9）　従業員の数が100人以下の個人情報取扱事業者をいう。ただし、①その事業の用に供する個人情報データベース等を構成する個人情報によって識別される特定の個人の数の合計が過去6か月以内のいずれかの日において5,000を超える者、②委託を受けて個人データを取り扱う者を除く。

（ウ）行政機関個人情報保護法等平成28年改正

（i）検討の経緯

　　パーソナルデータに関する検討会での検討の直接の対象は、個人情報保護法制のうち民間部門であった。しかし先述のとおり（→（ア）（iii））、パーソナルデータのビッグデータとしての流通・利活用の促進と国際的な制度調和が検討の主な狙いであったところ、しかもEUにおけるデータ保護制度は公的部門をも対象とするオムニバス方式を採用しており、データ保護機関の監督権限が公的部門にも及び得るものであることから、公的部門における規律の見直しの必要は意識されていた。「パーソナルデータの利活用に関する制度見直し方針」では、「行政機関、独立行政法人等及び地方公共団体が保有する個人情報の取扱い」と題して、「行政機関、独立行政法人等及び地方公共団体における個人情報の定義や取扱いがそれぞれ異なっていることを踏まえ、それらの機関が保有する個人情報の取扱いについて、第三者機関の機能・権限等に関する国際的な整合性、我が国の個人情報保護法制の趣旨等にも配慮しながら、必要な分野について優先順位を付けつつその対応の方向性について検討する。」とされた。さらに「パーソナルデータの利活用に関する制度改正大綱」は、「行政機関及び独立行政法人等が保有するパーソナルデータについては、その特質を踏まえ、当該データの所管府省等との協議や関係方面からの意見聴取を幅広く行うなど、利活用可能となり得るデータの範囲、類型化及び取扱いの在り方に関し調査・検討を行う。」「今回の制度改正に合わせ、国から地方公共団体に対し、必要な情報提供を行うことを検討する。」「行政機関及び独立行政法人等が保有するパーソナルデータに関する調査・検討等を踏まえ、総務大臣の権限・機能等と第三者機関の関係について検討する。」ことが明記された。

　　こうした経緯を踏まえ、総務省に2014年7月に設置された「行政機関等

が保有するパーソナルデータに関する研究会」は、「中間的な整理」（2014年11月）、「中間的な整理」その2（2015年1月）、そして「行政機関個人情報保護法・独法等個人情報保護法の改正に向けた考え方」（2016年3月）を公表した。このうち「中間的な整理」は、行政機関・独立行政法人等が保有するパーソナルデータに関して民間部門における匿名加工情報に相当する制度の導入を検討したものであり、「中間的な整理」その2は、同制度の運用について第三者機関と総務大臣による重層的な監督の体制を検討するものであった。しかしその後、平成27年改正法が国会で成立し、個人情報保護委員会が創設されたこと等も踏まえ、最終的な「考え方」においては、個人情報保護委員会が、公的部門における匿名加工情報の在り方を直接に監視・監督すべきものとされた。

「考え方」は、行政機関等が保有するデータの特質を踏まえたパーソナルデータの利活用を推進すべきとの立場から、次のような行政機関個人情報保護法・独立行政法人等個人情報保護法の改正を提言した。

①匿名加工情報の提供が新たな産業の創出等に寄与することについて、従来の法目的との対立のないよう、目的規定の中で個人情報の有用性への配慮に言及する

②平成27年改正法と同じく個人識別符号について定め、個人情報の定義を明確化する

③要配慮個人情報について平成27年改正法と同じ定義を採用し、要配慮個人情報が含まれる場合には個人情報ファイル簿にその旨を記載する

④公的部門の匿名加工情報については、定義や規律、加工基準については平成27年改正法と同様とする一方で、行政の適正かつ円滑な運営にも配慮し、公的部門における個人情報については取得プロセスの権力性・義務性や本人にとっての秘匿性にも関わることから、情報公開法において不開示情報とされているものは基本的に提供の対象としない

⑤個人情報保護委員会が匿名加工情報については公的部門・民間部門を併せて監視・監督するが、対象が行政機関であることを踏まえ、必要かつ適切な権限規定とする

⑥独立行政法人等個人情報保護法にも上記の行政機関個人情報保護法改正と同様の改正を行うが、その際、独立行政法人等が手数料の額を定めるものとする

　このような「考え方」を踏まえて、2016年3月には「行政機関等の保有する個人情報の適正かつ効果的な活用による新たな産業の創出並びに活力ある経済社会及び豊かな国民生活の実現に資するための関係法律の整備に関する法律案」が閣議決定され、同年5月に成立し、公布された。

（ⅱ）行政機関個人情報保護法等平成28年改正の概要

　「行政機関等の保有する個人情報の適正かつ効果的な活用による新たな産業の創出並びに活力ある経済社会及び豊かな国民生活の実現に資するための関係法律の整備に関する法律」による行政機関個人情報保護法・独立行政法人等個人情報保護法の改正内容はほぼ共通しており、以下ではその概要を行政機関個人情報保護法に即して紹介する。

①個人情報の定義の明確化

　平成27年改正法と同じく、生存する個人に関する情報であって個人識別符号が含まれるものも、個人情報に含まれることが明確になった（行政機関個人情報保護法2条2項2号・3項）。

②要配慮個人情報

　平成27年改正法と同一の要配慮個人情報の定義が採用される一方（行政機関個人情報保護法2条4項）、行政機関等による要配慮個人情報の取得や第三者提供については、平成27年改正法のように本人同意を原則必要とする規定は置かれなかった。これは、行政機関が個人情報を保有するに当たっては法令の定める所掌事務を遂行するため必要な場合に限り、かつ、

その利用の目的をできる限り特定しなければならず、また、特定された利用の目的の達成に必要な範囲を超えて個人情報を保有してはならないこと（行政機関個人情報保護法3条）から、行政機関が所掌事務の遂行に不要な要配慮個人情報を取得することは認められておらず、また、行政機関等には個人情報一般についてオプトアウトによる第三者提供が認められていないためである。

③非識別加工情報制度

　民間部門の匿名加工情報制度に相当する、公的部門の非識別加工情報制度の概要は、次のとおりである（図表3参照）[10]。

　非識別加工情報は、基本的には個人情報保護法2条9項の匿名加工情報の定義と同様、個人情報に含まれる記述の一部又は個人識別符号を削除ないし置換して、特定の個人を識別することができないように加工して得られる個人に関する情報であって、当該個人情報を復元して特定の個人を再識別することができないようにしたものをいう（行政機関個人情報保護法2条8項）。なお、民間部門における匿名加工情報は、同情報を作成した個人情報取扱事業者に照合禁止義務が課せられていることから（個人情報保護法36条5項）、同情報は容易照合可能性がなく、個人情報に該当しないと説明されている。他方、行政機関には照合禁止義務が定められていないことから、非識別加工情報はその作成に用いた情報を含む個人情報との照合によって特定の個人を識別し得るため、個人情報に該当し得る点に注意が必要である。

　行政機関非識別加工情報とは、次のいずれにも該当する個人情報ファイルを構成する保有個人情報の全部又は一部を加工して得られる非識別加工

---

(10)　詳細は、個人情報保護委員会「行政機関の保有する個人情報の保護に関する法律についてのガイドライン（行政機関非識別加工情報編）」「独立行政法人等の保有する個人情報の保護に関する法律についてのガイドライン（独立行政法人等非識別加工情報編）」を参照。

情報をいう。ただし、行政機関非識別加工情報は、個人の権利利益の保護に支障がない範囲で保有個人情報を加工するものであるため、情報公開法 5 条 1 号以外の不開示情報が含まれる場合に、これを加工して提供することは、個人の権利利益以外の保護法益を害するおそれがあるため、当該不開示情報に該当する部分は加工対象から除外される（行政機関個人情報保護法 2 条 9 項）。

・行政機関個人情報保護法11条 2 項各号のいずれかに該当するもの又は同条 3 項の規定により同条 1 項に規定する個人情報ファイル簿に掲載しないこととされるものでないこと

・情報公開法 3 条に規定する行政機関の長に対し、当該個人情報ファイルを構成する保有個人情報が記録されている行政文書の同条の規定による開示の請求があったとしたならば、当該行政機関の長が次のいずれかを行うこととなるものであること

【図表 3 】非識別加工情報の作成・提供のしくみ

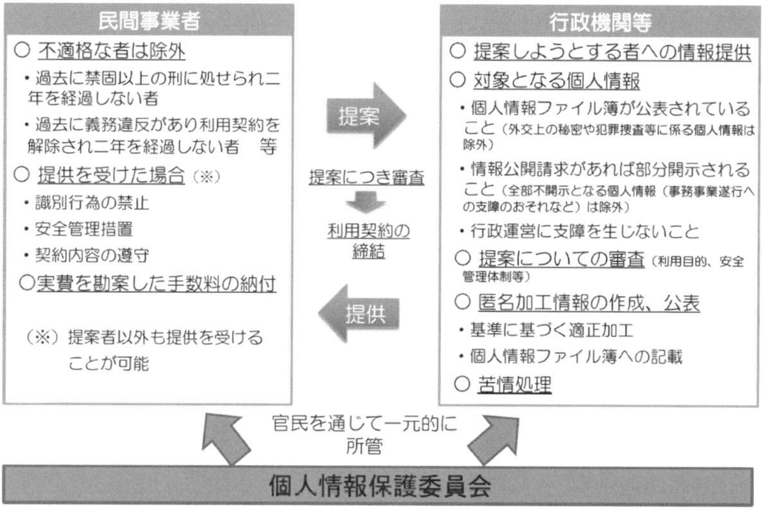

（出典）総務省「地方公共団体が保有するパーソナルデータに関する検討会報告書」

イ　当該行政文書に記録されている保有個人情報の全部又は一部を開
　　　示する旨の決定をすること
　　ロ　情報公開法13条１項又は２項の規定により意見書の提出の機会を
　　　与えること
　・行政の適正かつ円滑な運営に支障のない範囲内で、行政機関個人情報
　　保護法44条の10第１項の基準に従い、当該個人情報ファイルを構成す
　　る保有個人情報を加工して非識別加工情報を作成することができるも
　　のであること

　この規定はかなり複雑であるが、例えば、国の重大な利益に関する事項
を記録する情報や犯罪捜査・犯則事件の調査等のために作成・取得する情
報等は、個人情報ファイル簿に掲載されないものであることから、加工対
象にならない。また、情報公開請求があった場合に保有個人情報の一部開
示すらできないものも、加工対象にならない。

　行政機関非識別加工情報の作成、提供の流れは、①提案対象となる個人
情報ファイルの選定、②民間事業者等からの提案の募集、③提案の審査、
提案者への通知及び契約の締結、④行政機関非識別加工情報の作成及び提
供の実施の４段階に区分できる。

　①行政機関の長は、行政機関非識別加工情報の提案対象となる個人情報
ファイルについて、提案の募集をする旨等を個人情報ファイル簿に記載す
る（行政機関個人情報保護法44条の３）。

　②行政機関の長は、定期的に、当該行政機関が保有する個人ファイルに
ついて提案を募集する（行政機関個人情報保護法44条の４）。

　③行政機関非識別加工情報をその事業の用に供する行政機関非識別加工
情報取扱事業者になろうとする者は、提案書等を提出する（行政機関個人
情報保護法44条の５）。行政機関の長は提案を審査し、欠格事由（行政機
関個人情報保護法44条の６）に該当しないこと、加工基準に適合するこ

と、安全管理措置等が適切であること等の基準に適合すると認めるとき
は、契約の締結の申出ができる旨を通知する（行政機関個人情報保護法44
条の 7 ）。ただし、情報公開法13条 1 項または 2 項の規定を準用して意見
書の提出の機会が与えられる個人情報ファイルを対象とする提案について
は、意見書提出の機会を付与し、反対の意見書を提出した者を本人とする
保有個人情報を除いて取り扱うことになる（行政機関個人情報保護法44条
の 8 ）。契約締結の申出ができる旨の通知を受けた提案者は、行政機関の
長との間で行政機関識別加工情報の利用に関する契約を締結することがで
きる（行政機関個人情報保護法44条の 9 ）。同契約を締結する者は、実費
を勘案して政令で定める額の手数料を納めなければならない（行政機関個
人情報保護法44条の13）。

　④行政機関の長が行政機関非識別加工情報を作成するときは、委員会規
則で定める基準に従い、適正な加工を行わなければならない（行政機関個
人情報保護法44条の10第 1 項）。また、同情報を作成したときは、委員会
規則で定める基準に従い、適切な管理のために必要な措置を講じなければ
ならない（行政機関個人情報保護法44条の15第 1 項）。行政機関から作成
や取扱いの委託を受けた者が受託した業務を行う場合にも、これらの規定
が準用される（行政機関個人情報保護法44条の10第 2 項、44条の15第 2
項）。さらに、行政機関の長は、行政機関非識別加工情報を作成したとき
は、その概要等を個人情報ファイル簿に記載しなければならない（行政機
関個人情報保護法44条の11）。

　行政機関非識別加工情報が事業者に提供されると、当該情報は匿名加工
情報となり、当該事業者は匿名加工情報取扱事業者となる。このため、当
該事業者は行政機関による非識別加工の方法に関する情報を取得し、また
は、当該匿名加工情報を他の情報と照合してはならず（個人情報保護法38
条）、また、安全管理の措置を講じ公表する努力義務を負う（個人情報保

護法39条）。このように、行政機関非識別加工情報の提供を受けた事業者には、個人情報保護法により匿名加工情報取扱事業者としての規律が及び、立入検査や勧告・命令を含む個人情報保護委員会の監督権限に服することになる。これに対して非識別加工情報制度の運用については、行政機関個人情報保護法が、行政機関の長に対する報告要求、資料提出要求・実地調査、指導・助言、勧告の権限を、個人情報保護委員会に認めている（行政機関個人情報保護法51条の3から51条の7）。

（4）令和2年改正法

（ア）令和2年改正法制定に至る経緯

（i）平成27年改正法の施行と個人情報保護委員会の活動

　平成27年改正法により、2016年1月より個人情報保護委員会が設置され、2017年5月に同法が全面施行されるとともに、民間部門の個人情報の取扱いに関する主務大臣の権限が委員会に一元化された。全面施行に先立ち、施行令・委員会規則が整備されたほか、2016年10月には「個人情報の保護に関する基本方針」が変更された。さらに「事業者等が講ずべき措置の適切かつ有効な実施を図るための指針」（個人情報保護法8条）として、全面施行前に主務大臣制の下では30分野で41のガイドラインが存在していたが、原則として個人情報保護委員会が策定する汎用的なガイドラインに統一された。

　個人情報保護委員会は、先述したとおり2019年1月にEUとの間で相互の十分性認定を実現したが、その効力は委員会の監督権限が及ぶ民間部門に限られている。なお、日EU間の交渉においては、民間事業者が保有する個人情報の公的機関による取得（いわゆるパブリックアクセス、ガバメントアクセス）について法律による規律が不十分であり透明性に欠けるのではないかという問題がEU側から提起された。この点は、GDPRが公

的部門を対象としていることに加えて、米国での民間部門での個人データ
保護が、情報機関による安全保障目的でのガバメントアクセスの仕組み・
実態からすれば、十分なレベルの保護措置が取られているとはいえないと
して、EU 司法裁判所が2015年に米 EU 間のセーフハーバー協定を EU 基
本権憲章に違反することを理由に無効と決定していたことをも、踏まえる
必要があろう[11]。こうした問題提起を受けて政府は、「法執行及び国家安
全保障目的の日本の公的機関による個人情報の収集及び使用（2018年 9 月
14日）」を EU 側に発出し、捜査関係事項照会の運用等について詳しく説
明している[12]。また、民間部門で学術研究機関等が学術研究の用に供す
る目的で個人情報を取り扱う場合も個人情報保護法の義務規定が適用除外

【図表 4 】個人情報保護委員会による監督等の実績

	平成29年度	平成30年度	令和元年度	令和 2 年度
個人データの漏えい等事案の報告の受付件数	694	1216	1066	1027
報告徴収	305	391	294	354
立入検査			6	2
勧告			5	
指導・助言	270	238	131	198
命令				2
あっせん申出受付件数	35	31	38	28
事務局定員（年度末）	103	119	131	139

（出典）個人情報保護委員会ホームページ「年次報告・上半期報告」 https://www.ppc.go.jp/aboutus/report/ から筆者作成

[11]　さらに EU 司法裁判所は、米国と EU が個人データの域外移転のために新たに締結したプラ
イバシーシールドについても、ガバメントアクセスが法律の根拠によらず比例原則に違反し
ており、独立した第三者機関による監督を欠いていることを理由に、EU 基本権憲章違反と
判断していることにも留意が必要である（2020年）。
[12]　個人情報保護委員会ホームページ https://www.ppc.go.jp/files/pdf/kariyaku_government_access.pdf

とされていることから（個人情報保護法76条１項）、この場合にも十分性認定による個人データの移転は認められないこととなった。

　平成27年改正法に基づく、個人情報保護委員会による民間部門の監督等（図表４参照）の主な事例としては、①「いいね！」ボタンが設置されているウェブサイトを閲覧した場合にボタンを押さなくてもアクセス履歴等がフェイスブック社に送信されていた件についての行政指導（2018年）、②リクナビが登録会員の閲覧履歴等をもとに内定辞退率を算出し、本人の同意を得ずに企業に提供していた件に対する行政指導及び勧告(2020年)、③破産者の個人情報をウェブサイトに違法に掲載している事業者に対する勧告及び停止命令（2020年）、④ LINE アプリの利用者の個人情報に外国の委託先事業者がアクセスできた件についての立入検査及び行政指導（2021年）等がある[13]。

　個人情報保護委員会の事務局定員も、特定個人情報保護委員会発足時の2013年３月は２名であったが、2021年３月時点では139名にまで拡大している[14]。

（ⅱ）官民データ利活用とプラットフォーム事業者への対応

　平成27年改正法により導入された匿名加工情報制度については、2020年３月現在で、501社が匿名加工情報を作成または第三者提供している旨の公表をしていることが確認されている[15]。また、平成28年行政機関個人情報保護法改正による附則（平成28年法律51号）４条により、民間事業者、国の機関・地方公共団体等のいずれが保有するかを問わず「個人情報

---

(13)　個人情報保護委員会の活動については、堀部政男・宍戸常寿「第１期個人情報保護委員会を振りかえる」ジュリスト1534号（2019年）ⅱ頁以下も参照。

(14)　個人情報保護委員会ホームページ「年次報告・上半期報告」 https://www.ppc.go.jp/aboutus/report/　等を参照。

(15)　株式会社野村総合研究所「パーソナルデータの適正な利活用の在り方に関する実態調査（令和元年度）報告書」 https://www.ppc.go.jp/files/pdf/personal_date_report2019.pdf

が一体的に利用されることが公共の利益の増進及び豊かな国民生活の実現に特に資すると考えられる分野における個人情報の一体的な利用の促進のための措置」を講ずることが政府に求められたことも受けて、医療分野におけるビッグデータの利活用を推進するために、次世代医療基盤法が2017年に成立し、2018年に施行された。同法は、医療機関等があらかじめ本人に通知したときは、医療情報を匿名加工する事業者で認定を受けた者（認定匿名加工医療情報作成事業者）に対して、オプトアウト方式で医療情報を提供することができること等を定めたものである[16]。

　さらに2016年12月には官民データ活用推進基本法が公布、施行された。同法は、官民データの適正かつ効果的な活用の推進に関し基本理念を定めること等を目的とするもので（ 1 条）、官民データ活用の推進は個人情報保護法等による施策と相まって、個人及び法人の権利利益を保護しつつ情報の円滑な流通の確保を図ることを旨として行われるべきこと（ 3 条 1 項）、多様な主体が個人に関する官民データを当該個人の関与の下で適正に活用することができるようにするための基盤の整備その他の必要な措置を講ずべきこと（12条）等を定めている。政府のデジタル戦略は、同法の下で2017年から2020年まで、「世界最先端デジタル国家創造宣言・官民データ活用推進基本計画」を決定・改定する形式を取りながら進められてきたところである。

　さらに日本政府は、2019年以降、国内外に新しい経済社会の理念として"Data Free Flow with Trust"を発信・提唱している。2019年の G20大阪首脳宣言においては、「データ、情報、アイデア及び知識の越境流通は、生産性の向上、イノベーションの増大及びより良い持続的開発をもたらす一方で、プライバシー、データ保護、知的財産権及びセキュリティに関する

---

(16)　同法については、宇賀克也『次世代医療基盤法の逐条解説』（有斐閣、2019年）を参照。

課題を提起する。これらの課題に引き続き対処することにより、我々は、データの自由な流通を更に促進し、消費者及びビジネスの信頼を強化することができる。この点において、国内的及び国際的な法的枠組みの双方が尊重されるべきことが必要である。このようなデータ・フリー・フロー・ウィズ・トラスト（信頼性のある自由なデータ流通）は、デジタル経済の機会を活かすものである。」との文章が盛り込まれた。

このような Data Free Flow with Trust は、データ一般の自由な流通を重視するものであるが、個人情報についていえば、権威的な国家による個人情報の管理とは逆に、基本的人権としてのプライバシー権ないしデータ保護の権利の尊重を基礎にしている。このような動きと並行して、個人情報の集積によりデジタル空間において競争上優位に立っているデジタルプラットフォーム事業者に対しては、EU 及び加盟各国では競争法や GDPR の執行を通じた規制が強化され、アメリカでもカリフォルニア州消費者プライバシー法（CCPA）が2020年1月に施行された。

日本でも、経済産業省、公正取引委員会及び総務省が設置した「デジタル・プラットフォーマーを巡る取引環境整備に関する検討会」が、2018年12月、各府省の法執行や政策立案を下支えするための多様かつ高度な知見を有する専門組織等の創設や、一定の重要なルールや取引条件を開示・明示する等の透明性及び公正性確保の観点からの規律の導入を検討すべきとの考えを公表した[17]。さらに公正取引委員会は2019年12月、デジタルプラットフォーム事業者が利用目的を消費者に知らせずに個人情報を取得すること、利用目的の達成に必要な範囲を超えて消費者の意に反して個人情報を取得・利用すること、個人データの安全管理のために必要かつ適切な措置を講じずに個人情報を取得・利用することは、優越的地位の濫用（独

---

(17) 経済産業省・公正取引委員会・総務省「プラットフォーマー型ビジネスの台頭に対応したルール整備の基本原則について」

占禁止法2条9項5号）に該当し得るとの解釈を示している⁽¹⁸⁾。

　このような検討を経て、「特定デジタルプラットフォームの透明性及び公正性の向上に関する法律」が2020年5月に成立し、2021年2月に施行された。また2019年9月には内閣にデジタル市場競争本部が設置され、デジタル広告市場の特性と課題について検討が進められた。その中で、ターゲティング広告に利用されるパーソナルデータの取得・利用に係る懸念も取り上げられており、総務省の「電気通信事業における個人情報保護に関するガイドライン」の改定により、透明性や同意のコントロールの実効性の確保に向けた取組が進められることになっている⁽¹⁹⁾。

（iii）個人情報保護法の3年ごと見直し

　平成27年改正法の附則12条3項（令和2年法律44号による改正前のもの）は、「この法律の施行後3年ごとに、個人情報の保護に関する国際的動向、情報通信技術の進展、それに伴う個人情報を活用した新たな産業の創出及び発展の状況等を勘案し、新個人情報保護法の施行の状況について検討を加え、必要があると認めるときは、その結果に基づいて所要の措置を講ずるものとする」と定めていた。先述した平成27年改正法の運用やデータ利活用の進展、デジタルプラットフォーム事業者への規制を含む国際的潮流を背景に、個人情報保護委員会は2018年12月から個人情報保護法改正のための検討を進め、関係団体・有識者からのヒアリング等を経て、2019年4月には「個人情報保護法　いわゆる3年ごと見直しに係る検討の中間整理」を、同年12月には「個人情報保護法　いわゆる3年ごと見直し　制度改正大綱」を公表した。

---

(18)　公正取引委員会「デジタル・プラットフォーム事業者と個人情報等を提供する消費者との取引における優越的地位の濫用に関する独占禁止法上の考え方」https://www.jftc.go.jp/dk/guideline/unyoukijun/dpfgl.html

(19)　内閣官房デジタル市場競争本部事務局「デジタル広告市場の競争評価　最終報告（案）」

制度改正大綱は、①自身の個人情報に対する意識の高まり、②技術革新を踏まえた保護と利用のバランス、③越境データの流通増大に伴う新たなリスクへの対応等を、共通の視点として掲げた上で、次の個人情報保護法の改正事項を掲げた。

・個人データに関する個人の権利の在り方については、①保有個人データの利用停止、消去、第三者提供の停止の請求に係る要件を緩和すること、②デジタル手続法の成立も踏まえ、保有個人データの開示について、本人が電磁的記録の提供を開示方法として指示した場合には個人情報取扱事業者は原則としてその方法により開示する義務を負うこと、③開示等の対象となる保有個人データについて保存期間による限定を廃止すること、④オプトアウトによる個人データの第三者提供に関する規制を強化すること

・事業者の守るべき責務の在り方については、①漏えい等の個人情報保護委員会への報告及び本人への通知を義務化すること、②適正な利用義務を明確化すること

・事業者における自主的な取組を促す仕組みの在り方については、事業者による個人情報の取扱い全般を対象にする現行制度に加えて、特定の事業活動に限定した活動を行う個人情報保護団体を認定できるようにすること

・データ利活用に関する施策の在り方については、①一定の安全性を確保しつつ、イノベーションを促進する観点から、他の情報と照合しなければ特定の個人を識別することができないように加工された個人情報の類型として「仮名化情報（仮称）」を導入し、その規律を他の個人情報よりも緩和すること、②DMPの中に、クッキー等の識別子に紐付く個人情報ではないユーザーデータが、提供先において他の情報と照合することにより個人情報とされることを知りながら、同データ

を提供する事業形態が出現していることを踏まえて、提供元では個人データに該当しないものの、提供先において個人データになることが明らかな情報について、個人データの第三者提供を制限する規律を適用すること

・ペナルティの在り方については、①課徴金制度の導入については引き続き検討を行う一方で、②法人処罰規定に係る重科の導入を含めた法定刑の見直しを行うこと

・法の域外適用の在り方及び国際的制度調和への取組と越境移転の在り方については、①日本国内にある者に係る個人情報又は匿名加工情報を取り扱う外国事業者を、罰則によって担保された報告徴収及び命令の対象とすること、事業者が命令に従わなかった場合にはその旨を委員会が公表できること、個人情報保護委員会委員会による外国事業者に対する立入検査を可能とすること、②個人データの域外移転について移転元である個人情報取扱事業者に対して本人への情報提供の充実を求めること

　制度改正大綱を受けて、「個人情報の保護に関する法律等の一部を改正する法律案」が2020年 3 月に閣議決定され、同法案は同年 6 月に国会で成立し、公布された。

（イ）令和 2 年改正法の概要

　令和 2 年改正法のうち、法定刑の引き上げ（個人情報保護法83条〜87条）については2020年12月より施行済みであり、個人情報保護法23条 2 項により個人データを第三者に提供しようとする際の経過措置は2021年10月より施行される。令和 2 年改正法の全面施行の期日は2022年 4 月 1 日とされている。また、令和 2 年改正法関係の施行令・委員会規則が2021年 3 月に公布されている。令和 2 年改正法の概要は次のとおりである[20]。

（ⅰ）個人の権利の在り方

　令和 2 年改正法は、以下の 5 点で、個人情報に関する本人の権利を強化した。

　第 1 に、令和 2 年改正前の個人情報保護法は、目的外利用（個人情報保護法16条）・不正取得（個人情報保護法17条）を理由とする保有個人データの利用停止または消去の請求権（個人情報保護法30条 1 項）、及び、第三者提供の制限（個人情報保護法23条 1 項・24条）に反して本人の同意なく第三者提供されていることを理由とする保有個人データの第三者提供の停止の請求権（個人情報保護法30条 3 項）を認めていた。令和 2 年改正法は、後述する不適正利用（改正後の個人情報保護法16条の 2 ）を理由とする場合にも利用停止または消去の請求権を認めるとともに（改正後の個人情報保護法30条 1 項）、利用する必要がなくなった場合、後述する委員会報告が義務付けられる漏えい等の事態（改正後の22条の 2 第 1 項本文）が生じた場合、当該本人の権利又は正当な利益が害されるおそれがある場合の 3 つの場合にも、利用停止、消去または第三者提供の停止の請求権を認めた（改正後の個人情報保護法30条 5 項）。

　第 2 に、令和 2 年改正前の個人情報保護法の下での保有個人データの開示は原則として書面の交付による方法とされていたが（令和 3 年改正前の施行令 9 条）、令和 2 年改正法は、電磁的記録の提供による方法その他の委員会規則で定める方法による開示を請求することができることとし、個人情報取扱事業者は原則として本人が請求した方法で開示すべきことを定めた（改正後の個人情報保護法28条 1 項 2 項）。

---

(20)　令和 2 年改正後の個人情報保護法については、石井夏生利・曽我部真裕・森亮二編著『個人情報保護法コンメンタール』（勁草書房、2021年）を参照。令和 2 年改正法の概要については、藤原靜雄・宍戸常寿「2020年個人情報保護法改正の背景と今後」ジュリスト1551号（2020年）14頁以下も参照。

　第 3 に、令和 2 年改正法は、本人に、第三者提供記録（個人データの第三者提供に係る個人情報保護法25条 1 項・26条 3 項の記録のうち、その存否が明らかになることにより公益その他の利益が害されるものとして政令で定めるものを除いたもの）の開示の請求権を認めた（改正後の個人情報保護法28条 5 項）。

　第 4 に、令和 2 年改正法は、6 か月以内に消去することになる個人データは保有個人データに該当しないとする期間制限（改正前の個人情報保護法 2 条 7 項、令和 3 年改正前の施行令 5 条）を廃止し（改正後の個人情報保護法 2 条 7 項）、これらの個人データも開示、利用停止等の対象となった。

　第 5 に、令和 2 年改正法は、オプトアウトにより第三者提供できる個人データの範囲から、不正取得されたもの及びオプトアウトにより提供されたものを除いた（改正後の個人情報保護法23条 2 項ただし書）。

（ⅱ）事業者が守るべき責務の在り方

　令和 2 年改正法は、漏えい等が発生し、個人の権利利益を害するおそれがある場合に、個人情報保護委員会への報告及び本人への通知を義務化するとともに、不適正な方法により個人情報を利用してはならない旨を明確化した。

　まず、個人情報取扱事業者は、その取り扱う個人データの漏えい、滅失、毀損その他の個人データの安全の確保に係る事態（報告対象事態）であって個人の権利利益を害するおそれが大きいものとして委員会規則で定めるものが生じたときは、委員会規則で定めるところにより、当該事態が生じた旨を個人情報保護委員会に報告しなければならないとされた（改正後の個人情報保護法22条の 2 第 1 項本文）。委員会規則は報告対象事態として、①要配慮個人情報が含まれる個人データの漏えい等、②不正利用により財産的被害が生じるおそれがある個人データの漏えい等、③不正の目

的をもって行われたおそれがある個人データの漏えい等、④個人データに係る本人の数が1,000人を超える漏えい等の４つを定めている（令和３年改正後の委員会規則６条の２）。

　次に、個人情報取扱事業者は、違法又は不当な行為を助長し、又は誘発するおそれがある方法により個人情報を利用してはならないとされた（不適正利用の禁止、改正後の個人情報保護法16条の２）。「違法又は不当な行為」とは、個人情報保護法その他の法令に違反する行為、及び直ちに違法とはいえないものの、個人情報保護法その他の法令の制度趣旨又は公序良俗に反する等、社会通念上適正とは認められない行為をいい、また、「おそれ」の有無は個人情報取扱事業者による個人情報の利用が、違法又は不当な行為を助長又は誘発することについて、社会通念上蓋然性が認められるか否かにより判断されるが、その判断に当たっては情報の利用時点における事業者の認識及び予見可能性も踏まえる必要がある[(21)]。

（ⅲ）事業者による自主的な取組を促す仕組みの在り方

　令和２年改正前における認定個人情報保護団体制度は、対象事業者の全ての分野（部門）を対象とする団体を認定するものであったが（個人情報保護法47条１項）、令和２年改正法により、認定は対象とする個人情報取扱事業者等の事業の種類その他の業務の範囲を限定して行うことができるとされた（改正後の個人情報保護法47条２項）。これにより、個人情報保護委員会は、企業の特定分野（部門）を対象とする団体も認定できるようになった[(22)]。

---

(21)　「個人情報の保護に関する法律についてのガイドライン（通則編）」（令和３年８月２日改正、未施行）の「３-２　不適正利用の禁止」参照。

(22)　令和２年改正法の施行準備に伴い、個人情報保護委員会は、「個人情報保護に関する法律についてのガイドライン（認定個人情報保護団体編）」（未施行）を定めている。

【図表 5 】仮名加工情報と匿名加工情報の定義・加工基準の差異

	仮名加工情報	（参考）匿名加工情報
定　義	**他の情報と照合しない限り**特定の個人を識別することができないように加工された個人に関する情報	特定の個人を識別することができず、加工元の個人情報を**復元することができない**ように加工された個人に関する情報
加工基準	**特定の個人を識別することができる記述等の**全部又は一部の**削除又は置換**	**特定の個人を識別することができる記述等の**全部又は一部の**削除又は置換**（規則第19条第 1 号）
	個人識別符号の全部の**削除又は置換**	**個人識別符号の**全部の**削除又は置換**（規則第19条第 2 号）
	－	個人情報と当該個人情報に措置を講じて得られる情報を**連結する符号の削除又は置換**（規則第19条第 3 号）
	－	**特異な記述等の削除又は置換**（規則第19条第 4 号）
		その他の個人情報データベース等の性質を勘案した**適切な措置**（規則第19条第 5 号）
	不正利用されることにより、財産的被害が生じるおそれのある記述等の削除又は置換	－ ※クレジットカード番号は、通常、1 号又は 5 号の基準に基づき削除されると考えられる。

↑
（令和 3 年改正後の委員会規則18条の 7 第 3 号）

（出典）個人情報保護委員会「改正法に関連する政令・規則等の整備に向けた論点について（仮名加工情報）」（令和 2 年11月27日）　https://www.ppc.go.jp/files/pdf/201127_kameikakou.pdf

（ⅳ）データ利活用に関する施策の在り方

　令和 2 年改正法は「仮名加工情報」と「個人関連情報」という新たな情報の類型を創設し、それぞれに新たな規律を導入した。

　まず、仮名加工情報とは、個人情報に含まれる記述等の一部又は個人識別符号を削除ないし置換して、他の情報と照合しない限り特定の個人を識別することができないように加工して得られる個人に関する情報をいう（改正後の個人情報保護法 2 条 9 項）[23]。匿名加工情報との定義及び加工基準の相違からも分かるとおり（図表 5 参照）、仮名加工情報を作成した個人情報取扱事業者にとって、当該仮名加工情報は個人情報に該当し得

---

(23)　以下の記述については、詳細は「個人情報の保護に関する法律についてのガイドライン（仮名加工情報・匿名加工情報編）」（令和 3 年 8 月 2 日改正。未施行）を参照。

る。さらに、仮名加工情報の提供を受けた仮名加工情報取扱事業者においても、作成の元になった個人情報や、個人情報から削除された記述等や加工の方法に関する情報（削除情報等）を保有している等しているために容易照合可能性がある場合にも、当該仮名加工情報は個人情報に該当し得る。

　そこで令和2年改正法の下での仮名加工情報に関する規律は、①仮名加工情報を作成する個人情報取扱事業者が遵守すべき義務等、②個人情報取扱事業者である仮名加工情報取扱事業者が遵守する個人情報である仮名加工情報の取扱いに関する義務等、③仮名加工情報取扱事業者が遵守する個人情報でない仮名加工情報の取扱い等に関する義務等に大別されることになる[(24)]。①については、他の情報と照合しない限り特定の個人を識別することができないようにするために必要なものとして委員会規則で定める基準に従い加工しなければならず（改正後の個人情報保護法35条の2第1項）、また、削除等情報の安全管理措置を講じなければならない（改正後の個人情報保護法35条の2第2項）。

　②については、仮名加工情報の取扱いについて利用目的による制限（改正後の個人情報保護法35条の2第3項）、仮名加工情報を取得した時の利用目的の公表（改正後の個人情報保護法35条の2第4項）、利用する必要がなくなった場合の仮名加工情報である個人データ及び削除情報等の消去（改正後の個人情報保護法35条の2第5項）、仮名加工情報である個人データの第三者提供の禁止（改正後の個人情報保護法35条の2第6項）、元の個人情報に係る本人を識別する目的での他の情報との照合の禁止（改正後の個人情報保護法35条の2第7項）、元の個人情報に係る本人への連絡等

---

(24)　③は具体的には、仮名加工情報を作成した後に元となった個人情報や削除情報等を削除したために容易照合可能性が失われた場合、第三者が仮名加工情報のみを取得した場合、仮名加工情報が委託または共同利用に伴って提供された場合が想定される。

を行う目的での仮名加工情報に含まれる連絡先等の利用の禁止（改正後の個人情報保護法35条の 2 第 8 項）等の義務が課される。

　③については、仮名加工情報の第三者提供の禁止（改正後の個人情報保護法35条の 3 第 1 項・第 2 項）などの義務が課される。

　仮名加工情報制度の実益は、利用目的の変更の制限（15条 2 項）、漏えい時の委員会への報告及び本人への通知義務（22条の 2 ）、保有個人データの開示等の請求に対応する義務（27条〜34条）の適用が除外されていることにある（改正後の個人情報保護法35条の 2 第 9 項）。

　次に個人関連情報とは、生存する個人に関する情報であって、個人情報、仮名加工情報及び匿名加工情報のいずれにも該当しないものをいう（改正後の個人情報保護法26条の 2 第 1 項）。例えば、クッキー等の端末識別子を通じて収集されたある個人のウェブサイトの閲覧履歴等で個人情報ではないものである。

【図表 6 】個人関連情報の第三者提供に係る規制

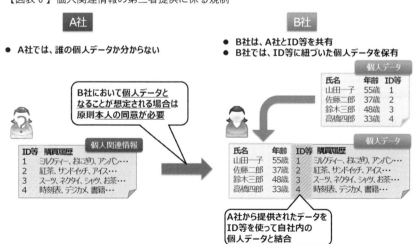

（出典）個人情報保護委員会「改正法に関連する政令・規則等の整備に向けた論点について（個人関連情報）」（令和 2 年11月20日）　https://www.ppc.go.jp/files/pdf/201120_kozinkanren.pdf

提供元である個人関連情報取扱事業者は、提供先の第三者が個人関連情報を個人データとして取得することが想定されるときは、原則としてあらかじめ当該個人関連情報に係る本人の同意が得られていること等を確認しないで、当該個人関連情報を提供してはならない（改正後の個人情報保護法26条の2第1項）（図表6参照）。個人関連情報取扱事業者は、確認を行った場合は、その記録を作成・保存しなければならない（改正後の個人情報保護法26条の2第3項）。

　提供先の第三者は個人情報取扱事業者が確認を行う場合において、確認に係る事項を偽ってはならない（改正後の個人情報保護法26条の2第3項）。提供先は個人データとして提供を受けるのであるから、平成27年改正法により導入された確認・記録義務の適用を受ける（個人情報保護法26条）。

（ⅴ）ペナルティの在り方

　令和2年改正法は、個人情報保護委員会委員会の命令への違反・委員会に対する虚偽報告等の法定刑を引き上げるとともに、データベース等不正提供罪、委員会の命令への違反への罰金については、法人等と個人の資力

【図表7】令和2年改正前後の法定刑の比較

		懲役刑		罰金刑	
		改正前	改正後	改正前	改正後
個人情報保護委員会からの命令への違反	行為者	6月以下	1年以下	30万円以下	100万円以下
	法人等	－	－	30万円以下	1億円以下
個人情報データベース等の不正提供等	行為者	1年以下	1年以下	50万円以下	50万円以下
	法人等	－	－	50万円以下	1億円以下
個人情報保護委員会への虚偽報告等	行為者	－	－	30万円以下	50万円以下
	法人等	－	－	30万円以下	50万円以下

（出典）個人情報保護委員会ホームページ「令和2年　改正個人情報保護法について」 https://www.ppc.go.jp/personalinfo/legal/kaiseihogohou/

格差等を勘案して、法人に対しては行為者よりも罰金刑を引き上げた（法人重科）（改正後の個人情報保護法83条～87条）（図表 7 参照）。

（vi）法の域外適用・越境移転の在り方

　先述のとおり（→（3）（イ）（v））、平成27年改正法は、日本国内の個人情報を取得した外国の事業者に対する個人情報保護法の域外適用について、個人情報保護委員会の報告・立入検査・命令権限を適用除外とした（改正前の個人情報保護法75条）。これに対して令和 2 年改正法は、外国にある個人情報取扱事業者等が外国において個人情報、個人関連情報、仮名加工情報及び匿名加工情報を取り扱う場合には、個人情報保護法を適用することとした（改正後の個人情報保護法75条）。これにより、個人情報保護委員会は国外事業者に対しても報告・立入検査・命令権限を行使し得ることになり、また、委員会による命令に違反したり、委員会に対して虚偽報告等をしたりした国外事業者は刑罰の対象とされることになった。

---

3 ｜ 令和 3 年改正以後の個人情報保護法制

（1）令和 3 年改正法の検討に至る経緯

（ア）行政機関個人情報保護法・独立行政法人等個人情報保護法と個人情報保護法の一元化の要請の高まり

　既に述べたとおり、個人情報保護法制は公的部門と民間部門との間で縦割りとなっており、規律内容及び規律確保の枠組みもともに異なっていた（→ 2 （2）（イ））。これは、平成15年法等の制定の検討において、「個人情報の取扱いに伴う個人の権利利益の保護の必要性は、公的部門と民間部門とで異なるものではないが、その取扱いについて、政府と国民との間において

は、行政に対する国民の信頼を一層確保することが求められており、また、法律による行政の下に国民一般の利益との調整が重要であるのに対し、私人間においては、企業活動における営業の自由等との調整が問題となるものであることなどから、その取扱いについての具体的な規律内容は異ならざるを得ない」と考えられたことによるものであった[25]。

しかし2010年代に入ると、データの利活用が進展する中で、行政機関個人情報保護法・独立行政法人等個人情報保護法と個人情報保護法の規律及び監視監督体制の一元化を求める意見が強まっていった。その理由としては、医療分野や学術分野において顕著であるように、公的部門と民間部門での規制の不均衡・不整合や法の所管が分かれていたことがデータ利活用の障害とされたことは確かである。しかし、そうしたデータ利活用の促進だけが上記の一元化を求める理由ではないことにも、注意する必要がある。むしろ、公的部門における個人情報の保護水準についても国際的な制度調和を図る必要があるという認識、及び、2013年の OECD ガイドラインや EU 基本権憲章・GDPR 等において重視されているように、個人の権利利益の保護のためにも専門的な独立の第三者機関に、民間部門に加えて公的部門における個人情報の取扱いの監視を委ねるべきであるという認識が、平成27年個人情報保護法改正のための議論（→**2**（3）（ア））を契機に、政府や経済界にも広がり始めたことが、大きいように思われる。

こうした経緯を踏まえ、平成27年改正個人情報保護法の附則12条6項は、「政府は、新個人情報保護法の施行の状況、第一項の措置の実施の状況その他の状況を踏まえ、新個人情報保護法第二条第一項に規定する個人情報及び行政機関等保有個人情報の保護に関する規定を集約し、一体的に規定することを含め、個人情報の保護に関する法制の在り方について検討するものとす

---

(25) 高度情報通信社会推進本部個人情報保護法制化専門委員会「個人情報保護基本法制に関する大綱」

る。」と定めた。平成28年の行政機関個人情報保護法等の改正による非識別
加工情報制度の導入及び個人情報保護委員会によるその規律の確保（→ **2**
（3）（ウ））は、上記のような行政機関個人情報保護法・独立行政法人等個人
情報保護法と個人情報保護法の規律及び監視監督体制の一元化に一歩を進め
るものであったが、2019年の EU との十分性相互認定の交渉過程は、公的部
門において個人情報保護委員会による監視監督体制が整備されていないこと
の限界を、改めて顕在化させることになった（→ **2（4）（ア）**）。

　さらに令和 2 年改正個人情報保護法は直接には民間部門における規律を見
直すにとどまるものであったが、個人情報保護委員会が2019年12月に公表し
た制度改正大綱（→ **2（4）（ア）**）においては、「行政機関、独立行政法人等
に係る法制と民間部門に係る法制との一元化」という項目で、「行政機関、
独立行政法人等に係る個人情報保護制度に関し、規定や所管が異なることに
より支障が生じているとの指摘を踏まえ、民間、行政機関、独立行政法人等
に係る個人情報の保護に関する規定を集約・一体化し、これらの制度を委員
会が一元的に所管する方向で、政府としての具体的な検討において、スケ
ジュール感をもって主体的かつ積極的に取り組む。」と明記されていた。

（イ）個人情報保護法制の変容の地方公共団体等に対する影響

　平成27年個人情報保護法改正に始まる国の個人情報保護法制の見直しの議
論は、地方公共団体にも影響を与えるものであった。特に民間病院・国立病
院・国立大学法人の病院に対する個人情報保護法・行政機関個人情報保護
法・独立行政法人等個人情報保護法による規律や所管が異なるだけでなく、
地方公共団体・地方独立行政法人の病院についてはそれぞれ個人情報保護条
例が適用され規律が異なることが連携医療を進める上での支障となっている
こと等を例に挙げて、地方公共団体の個人情報保護法制が分権的にすぎるこ
とがデータ利活用の障害になっている点が指摘されてきた（いわゆる「2000

個問題」[(26)]）。

　国の行政機関、独立行政法人等について非識別加工情報制度を導入する平成28年改正行政機関個人情報保護法等は2017年5月に施行されたが[(27)]、それに先立つ2016年10月には個人情報の保護に関する基本方針が変更された。そのうち、「地方公共団体が講ずべき個人情報の保護のための措置に関する基本的な事項」においては、条例の制定又は見直しに当たって、「特に、行政機関個人情報保護法を参考としつつ、個人情報の定義の明確化、要配慮個人情報の取扱い、非識別加工情報を提供するための仕組みの整備等の事項について留意することが求められる。」と定められるとともに、そのための国の地方公共団体に対する協力が明記された。

　これを受けて総務省は2016年5月より「地方公共団体が保有するパーソナルデータに関する検討会」を設置し、同検討会は2017年3月、平成27年個人情報保護法改正、平成28年行政機関個人情報保護法等改正及び官民データ活用推進基本法の趣旨等を踏まえ、地方公共団体において個人情報の適正な取扱いを確保するため、個人情報保護条例の見直しに取り組むことが必要であるとして、個人情報の定義の明確化、要配慮個人情報の取扱い、非識別加工情報の仕組みの導入について考え方を整理した報告書を公表した。これを踏まえて総務省は2017年5月、「個人情報保護条例の見直し等について（通知）」（平成29年5月19日地域力創造審議官通知）を発出し、条例改正のイメージを参考資料として添付しつつ、地方公共団体に対する情報提供を行った。

　さらに総務省は2017年7月には「地方公共団体が保有するパーソナルデー

---

(26)　例えば第190回国会衆議院総務委員会第14号（平成28年4月19日）における鈴木正朝参考人発言。この問題設定についてはさらに宇賀克也「【巻頭言】個人情報保護法制の一元化」行政法研究39号（2021年）37頁以下も参照。

(27)　個人情報保護委員会「行政機関の保有する個人情報の保護に関する法律についてのガイドライン（行政機関非識別加工情報編）」「独立行政法人等の保有する個人情報の保護に関する法律についてのガイドライン（独立行政法人等非識別加工情報編）」を参照。

タの効果的な活用のための仕組みの在り方に関する検討会」を設置した。同検討会は2018年 4 月、地方公共団体の非識別加工情報の活用事例の把握等を踏まえて、引き続き個人情報保護条例の見直し等を進める必要があることに加えて、民間事業者が簡便に地方公共団体のデータにアクセスできる環境を整備するとともに、これに伴う地方公共団体の負担軽減を図るため、①共同受託、②作成組織について検討を進める必要があるとの報告書を公表した。

（ウ）デジタル化の推進と地方公共団体の個人情報保護法制の見直し

この間、個人情報保護法制の文脈を超えて、地方行政のデジタル化が大きな論点となっていったことも、看過されてはならない[28]。例えば2016年12月に施行された官民データ活用推進基本法は、都道府県に「都道府県官民データ活用推進計画」の策定を義務付け、また、市区町村には、市区町村官民データ活用推進計画の策定を努力義務とした。「デジタル・ガバメント実行計画」（2018年 1 月16日、e ガバメント閣僚会議決定）は官民データ活用推進計画の策定に加えて、行政手続のオンライン利用の推進、クラウド利用の推進、オープンデータの推進、適正な情報セキュリティの確保を、地方公共団体に求めている。さらに2019年 5 月に成立、公布された改正デジタル手続法は、国の行政手続（申請及び申請に基づく処分通知）についてオンライン化実施を原則とするとともに、地方公共団体等に対しても、条例又は規則に基づく手続のオンライン化の努力義務を課した。

また、地方行政のデジタル化は、2018年 7 月に設置された第32次地方制度調査会でも重要な論点となった。同調査会はもともと、「人口減少が深刻化し高齢者人口がピークを迎える2040年頃から逆算し顕在化する諸課題に対応する観点から、圏域における地方公共団体の協力関係、公・共・私のベスト

---

[28]　分権的な個人情報保護制度が見直された背景については、板垣勝彦「地方公共団体における個人情報保護の仕組みのあり方と国の関係」ジュリスト1561号（2021年）52頁以下も参照。

ミックスその他の必要な地方行政体制のあり方について、調査審議を求める。」との諮問を受けていたが、約2年に及ぶ調査審議を通じて、また2020年2月以降の新型コロナウイルス感染症拡大の経験を踏まえて、地方行政のデジタル化の重要性がクローズアップされることになったのである。同調査会の「2040年頃から逆算し顕在化する諸課題に対応するために必要な地方行政体制のあり方等に関する答申」（2020年6月）は、地方行政のデジタル化に国が果たすべき役割が大きいことを認めるとともに、国が地方公共団体の事務の標準化・統一化の必要性や地方公共団体の創意工夫に応じて適切な手法をとるべきであるとの方針を採った上で、国・地方を通じた行政のデジタル化、地方公共団体のシステムの標準化、AI等の活用等について方向性を示している。個人情報保護法制については、「各地方公共団体が制定している個人情報保護条例においては、個人情報の定義や制度内容に差異が存在するほか、独自の規制を設けている場合もあり、官民や官同士での円滑なデータ流通の妨げとなっていると指摘されている。一方で、個人情報保護に関して地方公共団体が果たしてきた役割にも留意する必要がある。そこで、地方公共団体における個人情報保護に関する規律や国・地方の役割分担のあり方を検討するに当たっては、地方公共団体の意見を聞きつつ、データ利活用の円滑化に資する方策について積極的に議論が進められることが期待される。」と記載されたところである[29]。

このような中、個人情報保護委員会は2019年12月、令和2年個人情報保護法改正に至る「3年ごと見直し」の検討に関し、地方公共団体の個人情報保護制度の中長期的な在り方についての意見交換を通じ、個人情報保護条例の法による一元化を含めた規律の在り方、国・地方の役割分担の在り方につい

---

[29]　第32次地方制度調査会と地方行政のデジタル化・個人情報保護の関係については、宍戸常寿「地方行政のデジタル化に関する論点」自治実務セミナー2020年9月号6頁以下、宍戸常寿「地方行政のデジタル化と個人情報保護」月刊地方自治876号（2020年）2頁以下も参照。

て検討するため、「地方公共団体の個人情報保護制度に関する懇談会」を開催した。同懇談会は、地方公共団体及び全国知事会・全国市長会・全国町村会の代表者と個人情報保護委員会事務局から構成され、2020年 2 月から 3 月にかけて実施された個人情報保護条例に係る実態調査を踏まえつつ⁽³⁰⁾、地方公共団体の個人情報保護制度の中長期的な在り方について実務的な意見交換を行った。そして個人情報保護委員会が決定した「地方公共団体の個人情報保護制度に関する懇談会における実務的論点の整理に向けて」が2020年 6 月の第 4 回会合で提示されたが、同文書が懇談会として取りまとめたものではないことを確認した上で、同懇談会は終了となった。

（2）官民を通じた個人情報保護法制の見直し

（ア）「個人情報保護制度の見直しに関する検討会」の設置

　2019年12月、平成27年改正個人情報保護法の附則12条 6 項を踏まえ、民間部門、行政機関、独立行政法人等に係る個人情報の保護に関する規定を集約し、一体的に規定すること及び事務処理体制の在り方について検討するために、内閣官房に「個人情報保護制度の見直しに関するタスクフォース」（以下「タスクフォース」という）が設置された⁽³¹⁾。タスクフォースは第 1 回会合（2012年12月）で、個人情報保護委員会が決定した「3 年ごと見直し」に係る制度改正大綱、総務省行政管理局及び文部科学省研究振興局が開催する「研究活動における保有個人情報の取扱いに関する研究会」について報告を受けるとともに、有識者により構成される「個人情報保護制度の見直しに

---

(30)　実態調査結果については、個人情報保護委員会ホームページ（https://www.ppc.go.jp/personalinfo/kondankai/20200525/）を参照。

(31)　以下の記述については、髙橋滋・小川康則・佐脇紀代志・冨安泰一郎・水野靖久「【座談会】個人情報保護法の改正——官民データ流通の促進と公的部門の規律の統合」ジュリスト1561号（2021年）14頁以下参照。

関する検討会」（以下「検討会」という）を設置して、民間部門、行政機関、独立行政法人等に係る法制の一元化（規定の集約・一体化）の在り方及び一元化後の事務処理体制の在り方について専門的な検討を行い、2020年末に最終報告の提出を受けて、2021年通常国会に改正法案を提出するとのスケジュールを示した。

　検討会は2020年3月に開催されたが、その時点で事務局からは、次のような「検討の進め方【案】」が示された⁽³²⁾。

○　個人情報保護法、行政機関個人情報保護法、独立行政法人等個人情報保護法の3本を統合して1本の法律とし、個人情報保護委員会に一元的に所管させることを前提に、具体的な制度設計のあり方についてご議論いただきたい。

○　その際、来年の通常国会に改正法案を提出する前提で、現行法制の縦割りに起因する不均衡や不整合を可能な限り是正することを目指し、ご議論いただきたい。

＜不均衡・不整合の例＞

・民間部門と公的部門で「個人情報」の定義が異なる。

・国立病院、民間病院、自治体病院で、データ流通に関する法律上のルールが異なる。

・国立大学と私立大学で学術研究に係る例外規定のあり方が異なる。

○　先行して政府内で開催している「個人情報保護制度の見直しに関するタスクフォース」での検討を基に、次回以降、事務局において具体的な案を提示させていただくので、それを叩き台として、ご議論いただきたい。

---

(32)　内閣官房ホームページ（https://www.cas.go.jp/jp/seisaku/kojinjyoho_hogo/kentoukai/dai1/gijisidai.html）

　検討会設置の時点では、個人情報保護委員会が先述した「地方公共団体の個人情報保護制度に関する懇談会」を開催していたことから（→（1）（ウ））、検討会において地方の個人情報保護法制の見直しまで取り上げるかどうかは流動的な情勢であったと思われる[33]。

（イ）中間整理と地方公共団体の個人情報保護法制の検討

　検討会は 6 回の審議を経て[34]、2020年 8 月に「個人情報保護制度の見直しに向けた中間整理案」を了承し、同月タスクフォースにより確定された（以下「中間整理」という）[35]。

　中間整理の構成は「1　総論的整理事項」「2　定義等の統一」「3　監視監督・事務処理体制」「4　その他の整理事項」となっており、その概要は（ウ）で詳述するとおり、個人情報保護法・行政機関個人情報保護法・独立行政法人等個人情報保護法を 1 本の法律に統合して所管を個人情報保護委員会に一元化するとともに、医療分野・学術分野における規制を原則民間事業者に寄せる形で統一しつつ、学術研究に係る適用除外規定を見直す、個人情報の定義や匿名加工情報制度等の規律を整理するというものであった。

　このように国レベルでの個人情報保護法制の一元化という方向性を固める一方で、中間報告は、「個人情報保護法令和 2 年改正の公的部門への反映の在り方」と並ぶ「その他の整理事項」の一つとして、検討会において、地方

---

[33]　検討会第 1 回会合では、地方の個人情報保護法制に検討のスコープが及ぶのか、及ぶべきではないかという趣旨の発言が多くの構成員からあった。検討会第 1 回議事録（https://www.cas.go.jp/jp/seisaku/kojinjyoho_hogo/kentoukai/dai 1 /gijiroku.pdf）参照。

[34]　2020年 2 月以降の新型コロナウイルス感染症の感染が拡大した状況を踏まえて、検討会の第 2 回・第 5 回・第 6 回会合は書面審議であったが、そのうち第 2 回及び第 5 回会合については事務局が事前に委員の意見を個別に聴取しており、その意見の要旨が議事録に代わるものとして公表されている。

[35]　成原慧「個人情報保護法制の官民一元化に向けた検討状況と課題」法政研究87巻 3 号（2020年）241頁以下参照。

公共団体の意見を十分聞きながら、個人情報保護委員会が開催していた懇談会における意見交換の内容も参考としつつ、地方公共団体の個人情報保護制度の在り方について具体的な検討を行うこととし、国及び民間の個人情報保護制度に関する検討と歩調をあわせ、2020年内を目途にその結果をタスクフォースに報告させることとした。

このように、地方公共団体の個人情報保護法制の見直しが具体的な検討の俎上に上ったのは、先述したことに加えて（→（1）（ウ））、新型コロナウイルス感染症への対応を契機に、災害対応や公衆衛生等の課題に適切かつ迅速に対応するためには、社会全体のデジタル化と個人情報保護法制の共通化を進める必要があるとの認識が、急速に高まったことが大きいものと思われる(36)。

中間整理は、「①　個人情報保護の水準、保護と活用のバランス、我が国全体の制度の整合性の確保等のため、どのような検討が必要か。」「②　①の要請を満たしつつ、各地域における独自の保護・活用の要請に配慮するとともに、制度の安定性を確保するため、どのような制度が考えられるか。」を、今後の検討の主な論点として掲げた。これを踏まえて、総務省は第8回会合（2020年10月）において、「地方公共団体の個人情報保護制度の検討」という文書を提示した(37)。そこで示された検討の方向性は次の3点であり、これが以後の検討会での検討の基礎となったものである。

---

(36)　例えば、新型コロナウイルス接触確認アプリ（COCOA）や新型コロナウイルス感染者等情報把握・管理支援システム（HER-SYS）について、地方公共団体を含む公的部門に対する監視監督体制が存在していないことや国と地方の個人情報保護法制の相違が、実効的なデータガバナンスの構築や、それを前提とした安全で信頼性の高いデータの取扱いの障害となった。この点については、宍戸常寿「パンデミック下における情報の流れの法的規律」論究ジュリスト35号（2020年）63頁以下参照。

(37)　内閣官房ホームページ
（https://www.cas.go.jp/jp/seisaku/kojinjyoho_hogo/kentoukai/dai8/siryou1.pdf）

・「個人情報保護」と「データ流通」の両立に必要な全国的な共通ルール
　を法律で設定
・法律の的確な運用を確保するため、国がガイドラインを策定
・その上で、法律の範囲内で、必要最小限の独自の保護措置を許容
　例）・「要配慮個人情報」として保護する独自の情報を追加
　　　・保護のため、必要な場合に限り審議会等からの意見聴取手続きを
　　　　規定

　検討会はさらに第9回会合（2020年10月）で総務省が示した「地方公共団体の個人情報保護制度に関する法制化について（素案）」[38] について議論し、第10回会合（11月）において、地方三団体（全国知事会、全国市長会、全国町村会）からのヒアリングを行うとともに、総務省の実施した「地方公共団体の個人情報保護制度の在り方検討に関する調査結果」[39] の報告を受けた。調査結果の概要は、法律による共通ルールの設定については概ね賛同が得られた上で、新たな仕組みの運用について、いくつか不安や懸念の声（例えばガイドラインによる適正な取扱いの担保についての不安や、匿名加工情報の提案制度の運用についての懸念など）があったとのことであり、これを受けた今後の対応として、「地方公共団体の懸念等に対しては、制度の企画立案、国会における審議、制度制定後の準備の各段階を通じて引き続き地方公共団体に丁寧に説明し、理解の醸成に努めていく。」「これを制度上担保するため、施行準備に関する地方公共団体への国の支援を法律附則に規定。また、ガイドラインは、地方公共団体の懸念等に応えるものとなるよう配慮。」という点が明記された。併せて第10回会合で議論された「地方公共団体の個

(38)　内閣官房ホームページ
　　　(https://www.cas.go.jp/jp/seisaku/kojinjyoho_hogo/kentoukai/dai9/siryou1.pdf)
(39)　内閣官房ホームページ
　　　(https://www.cas.go.jp/jp/seisaku/kojinjyoho_hogo/kentoukai/dai10/siryou3.pdf)

人情報保護制度の在り方（とりまとめ案イメージ）」をもとに作成された「個人情報保護制度の見直しに関する最終報告案」は、2020年12月、検討会の第11回会合を経て、タスクフォースにより決定された。

（ウ）最終報告の概要

　最終報告の構成は「1　総論的事項」「2　個人情報の定義等の統一等」「3　監視監督・事務処理体制」「4　地方公共団体等の個人情報保護制度の在り方」「5　個人情報保護法令和2年改正の公的部門への反映の在り方」となっている。最終報告の1番目から3番目の項目は中間整理を踏襲したものであり、中間整理における「4　その他の整理事項」が、最終報告ではそれぞれ独立して4番目と5番目の項目となっている点が特徴である。最終報告の概要は次のとおりである。

（ⅰ）総論的事項

　第1に、個人情報保護法、行政機関個人情報保護法、独立行政法人等個

【図表8】医療分野・学術分野における規制の統一（改正の考え方）

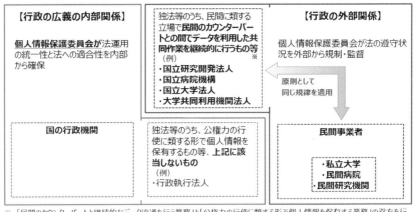

※　「民間のカウンターパートと継続的なデータ流通を行う業務」と「公権力の行使に類する形で個人情報を保有する業務」の双方を行う独法等については、後者の業務を行う部門に対しては例外的に行政機関と同様の規律を適用する。

（出典）個人情報保護制度の見直しに関するタスクフォース「個人情報保護制度の見直しに関する最終報告（概要）」

人情報保護法を統合して 1 本の法律とするとともに、地方公共団体等の個人情報保護制度についても統合後の法律の中で全国的な共通ルールを設定し、独立規制機関である個人情報保護委員会が、民間事業者、国の行政機関、独立行政法人等、地方公共団体等の 4 者における個人情報の取扱いを一元的に監視監督する体制を構築する。統合後の法律は、現行の個人情報保護法をベースとして構成し、行政機関等の特性に応じた規律を追加する。全国的な共通ルールの内容は、現行の行政機関個人情報保護法の内容をベースとする。

　第 2 に、医療分野・学術分野の業務を行う組織について、公的部門に属するものであっても、本人から見て官民で個人情報の取扱いに差を設ける必要性の乏しい国立大学法人等（規律移行法人）には、原則として民間部門と同様の規律を適用する。他方、行政機関に準ずる立場で個人情報を取得・保有する行政執行法人、日本年金機構等については、行政機関と同様の規律を適用する。ただし開示等請求や非識別加工情報制度については、規律移行法人を、引き続き行政機関に準じて扱う（図表 8 参照）。

　第 3 に、学術研究に係る適用除外規定（令和 3 年改正前の個人情報保護法76条 1 項 3 号）を削除した上で、①利用目的による制限（16条）、要配慮個人情報の取得（17条 2 項）、個人データの第三者提供制限（23条）については学問の自由（憲法23条）の観点からの例外規定を置く、②その他の個人情報取扱事業者等の義務規定については、例外規定を置かず他の事業者と同じく適用があるものとするが、学術研究機関等に対して、個人情報を利用した研究の適正な実施のための自主規範を単独で又は共同して策定・公表することを求め、当該機関等による個人情報の取扱いが当該自主規範に則っているときは個人情報保護委員会が原則として監督権限を行使しないものとするというように、規制の精緻化を図る（図表 9 参照）。

【図表 9】学術研究に係る適用除外規定の見直し（精緻化）

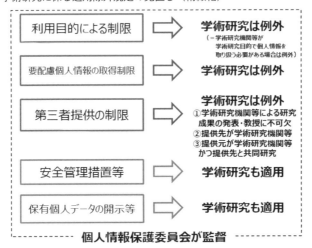

（出典）個人情報保護制度の見直しに関するタスクフォース「個人情報保護制度の見直しに関する
最終報告（概要）」

（ⅱ）個人情報の定義等の統一等

　個人情報の定義について容易照合可能性を要件とする現行の個人情報保護法を公的部門にも採用する。これにより現在の公的部門と比べて、「照合可能性はあるが容易照合可能性のない情報」が個人情報から外れるが、匿名加工情報・仮名加工情報としての規律が公的部門にも導入され、その規律でカバーされないものは具体的には想定されないことから、実質的な影響は生じない。また、個人情報の定義の統一により、非識別加工情報も非個人情報となって匿名加工情報と用語上区別すべき理由はなくなることから、両者の名称を「匿名加工情報」に統一する。

　行政機関等による匿名加工情報の作成・取得を認めつつ、識別行為禁止義務及び安全管理措置義務を課すこととする。他方、行政機関等による匿名加工情報の提供については、行政機関個人情報保護法等における提案募集から契約締結に至る一連の手続に従うことを原則とする。ただし、情報

公開法 5 条 2 号ただし書に規定する情報も他の不開示情報と同様に加工元情報からあらかじめ削除することとした上で、第三者への意見聴取は全て任意とする。

（iii）監視監督・事務処理体制

　行政機関・独立行政法人等における個人情報の取扱い全般についての監視権限（①法の施行状況について報告を求める権限、②資料の提出及び説明を求め、その職員に実地調査をさせる権限、③指導及び助言を行う権限、④勧告を行う権限）を個人情報保護委員会に付与する。なお規律移行法人は、個人情報保護委員会が個人情報取扱事業者等に対して有する監督権限に服することになる。

　行政機関等への開示決定等への不服申立てについては、現行の情報公開・個人情報保護審査会の機能を基本的に維持しつつ、個別の開示決定等の当否についても、個人情報保護委員会の判断が及ぶようにするため、委員会が特に必要と認める場合には、開示決定等の当否について、行政機関等に対して勧告を行い得ることとする。

（iv）地方公共団体等の個人情報保護制度の在り方

　全ての地方公共団体等に適用される全国的な共通ルールを法律で規定し、その上で、国が地方公共団体等に対し、個人情報の取扱いについて、一般的に、あるいは感染症対策等の全国統一的な運用が求められる行政分野ごとにガイドライン等を示すことにより、地方公共団体等の的確な運用を確保する（図表10参照）。

　規律の具体的内容は次のとおりである。

①総論

・地方公共団体の機関及び地方独立行政法人を対象とし、国と同じ規律を適用する。

・個人情報の定義（容易照合可能性、個人識別符号、要配慮個人情報等）、

【図表10】地方公共団体の個人情報保護制度の在り方（改正の方向性）

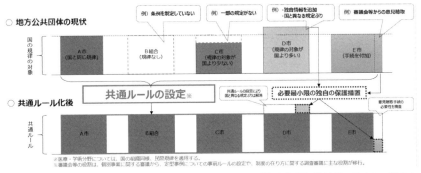

(出典) 個人情報保護制度の見直しに関するタスクフォース「個人情報保護制度の見直しに関する
最終報告（概要）」

　　個人情報の取扱い（保有の制限、安全確保措置、利用及び提供の制限
　等）、個人情報ファイル簿の作成・公表について、国と同じ規律を適用
　する。
・病院、診療所及び大学には、原則として民間部門と同じ規律を適用す
　る。
・個人情報保護委員会が、地方公共団体における個人情報の取扱い等に関
　し、国の行政機関に対する監視に準じた措置を行う。地方公共団体が、
　個人情報の取扱い等に関し、個人情報保護委員会に対し、助言その他の
　必要な支援を求めることを可能とする。
②個人情報の取扱い
・現在は、行政機関個人情報保護法にはない要配慮個人情報の取得制限の
　規定を置く条例、行政機関個人情報保護法よりも具体的に個人情報の目
　的外利用・提供が可能な場合を規定する条例が存在するが、地方公共団
　体等にも行政機関個人情報保護法と同等の保有制限規定を定める、第三
　者提供に係る「相当な理由」「特別の理由」をガイドライン等に基づい
　て運用する等により、従前と同水準の個人情報の保護を図ることが可能

である。

・多くの条例に見られるオンライン結合による個人情報の提供に関する制限規定については、現在では合理性を欠くことや安全確保措置が義務付けられること等から、共通ルールに設けない。

③開示、訂正及び利用停止の請求

・自己情報の開示請求等の請求権・要件。手続の主要な部分は法律により、地方公共団体等の情報公開制度における開示に係る規定との整合を図る部分・手数料・処理期間等は、法律で一定の枠付けをした上で条例により規定することを可能とする。

④匿名加工情報の提供制度の導入

・匿名加工情報の提供制度について国と同じ規律を適用するが、経過措置として、当分の間、都道府県及び指定都市について適用することとし、他の地方公共団体は任意で提案募集を実施することを可能とする。

⑤条例で定める独自の保護措置

・共通ルールよりも保護の水準を下げる規定を条例で定めることは、法律の趣旨に反し認められない。

・地方公共団体が条例で独自の保護措置を規定できるのは特にそのような措置を講ずる必要がある場合に限られる。例えば、LGBT に関する事項、生活保護の受給、一定の地域の出身である事実のように地方公共団体等が施策に際して保有することが想定される情報で、その取扱いに特に配慮が必要と考えられる個人情報については、条例により「要配慮個人情報」に追加できることとする。

・共通ルールに関する国のガイドライン及び地方公共団体等の運用ルールの策定により、地方公共団体が個別の個人情報の取扱いの判断に際して審議会等の意見を聴く必要性は減少する。審議会の役割は、事前の運用ルールの検討も含めた地方公共団体等における個人情報保護制度の運用

やその在り方についての調査審議に重点が移行する。

・独自の保護措置を条例で規定しようとする地方公共団体は、個人情報保護委員会に対し、その内容を事前に確認し、情報の提供、助言等の必要な支援を求めることができることとする。地方公共団体が条例を定めたときは委員会に届け出ることとし、委員会は必要に応じ助言等の適切な監視を行う。

・地方公共団体において、個人情報とは別のものとして、死者に関する情報の保護についての規定を設け、必要な保護を図ることは考えられる。

⑥施行期日等

　施行期日は、地方公共団体の準備等に要する期間を十分に確保して設定する。国は、地方公共団体の準備等についてガイドラインの作成や条例例の提示等必要な支援を行う。

（ⅴ）個人情報保護法令和2年改正の公的部門への反映の在り方

　令和2年改正個人情報保護法の改正内容のうち、公的部門に対しても反映することが適当な事項について、次のような措置を講ずる。

・公的部門にも、漏えい等発生時の委員会報告等の義務化、個人情報の不適正利用の禁止の規定を置く（併せて、国の行政機関、地方公共団体等についても、不適正取得禁止を定める）。関連して、不適正取得・利用された個人情報の利用停止に係る規定を置く。

・外国にある第三者への個人データ提供時の本人への情報提供の充実、仮名加工情報制度について、民間部門に準じた一定の規律を置く。

・個人関連情報の第三者提供については、当否を含めて法制化作業の中で精査する。

・保有個人データの開示方法の指示については、法律上の措置は不要であるが、政府全体として開示実施のデジタル化対応を計画的に推進していく。

（3）個人情報保護法令和3年改正

（ア）デジタル改革と個人情報保護法改正

　2020年9月に発足した菅内閣は直ちにデジタル改革に着手し[(40)]、デジタル・ガバメント閣僚会議の下に置かれたデジタル改革関連法案ワーキンググループでの検討を踏まえて、同年12月には、「デジタル社会の実現に向けた改革の基本方針」が閣議決定された。同基本方針は、①オープン・透明、②公平・倫理、③安全・安心、④継続・安定・強靱、⑤社会課題の解決、⑥迅速・柔軟、⑦包摂・多様性、⑧浸透、⑨新たな価値の創造、⑩飛躍・国際貢

【図表11】デジタル改革関連法案の全体像

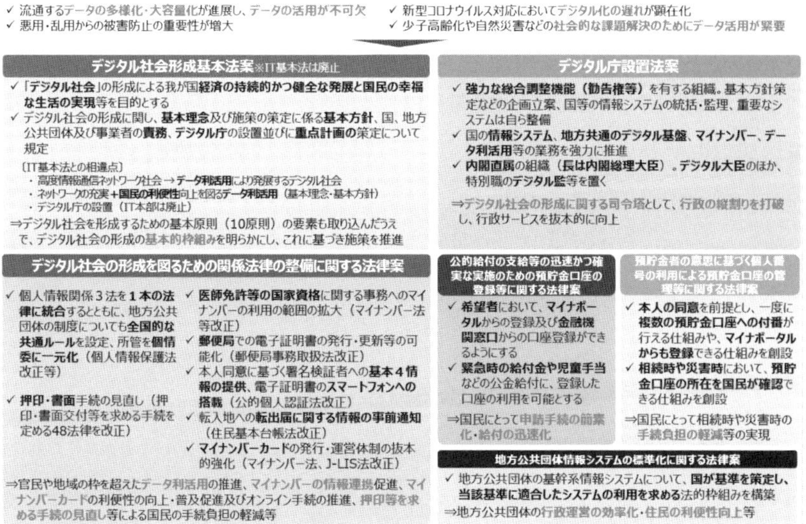

（出典）首相官邸ホームページ　（https://www.kantei.go.jp/jp/singi/it2/senmon_bunka/dejigaba/dai14/siryou1.pdf）

---

(40)　デジタル改革関係閣僚会議（2020年9月23日）議事録における菅首相発言参照。首相官邸ホームページ（http://www.kantei.go.jp/jp/singi/digital_kaikaku/dai1/gijiroku.pdf）
　　　さらに寺田麻佑『「デジタル庁」と個人情報の利活用をめぐる監督体制』法律時報93巻5号（2021年）64頁以下も参照。

献というデジタル社会形成の基本原則を抱えつつ、IT基本法の見直し、デジタル庁の設置についての考え方を示すものであった。さらにデジタル・ガバメント実行計画が改定され、タスクフォース最終報告（→（2）（ウ））の内容のとおり個人情報保護法制を変更するための法律案を次期通常国会に提出することも明記された。

　2021年2月9日、デジタル社会形成基本法案、デジタル庁設置法案、デジタル社会の形成を図るための関係法律の整備に関する法律案（以下「整備法案」という）、公的給付の支給等の迅速かつ確実な実施のための預貯金口座の登録等に関する法律案、預貯金者の意思に基づく個人番号の利用による預貯金口座の管理等に関する法律案、地方公共団体情報システムの標準化に関する法律案（以下、この6つの法案をまとめて「デジタル改革関連法案」という）が閣議決定され、国会に提出された（図表11参照）[41]。

　整備法案のうち50条が行政機関及び独立行政法人等に関する規律の規定や学術研究機関等に対する適用除外規定の見直し等に関する規定であり、51条が地方公共団体に関する規律の規定であった。このように官民を通じた個人情報保護法制の見直しは、デジタル改革関連法案の一部として位置付けられることになった。

（イ）デジタル改革関連法案の国会審議と成立

　デジタル改革関連法案については、2021年3月9日に衆議院本会議で趣旨説明が行われ、地方公共団体情報システムの標準化に関する法律案は総務委員会で、その他の5法案は内閣委員会での質疑を経て、デジタル社会形成基本法案は修正の上で、その他の法案は原案のとおり、4月6日に衆議院で可決された。続いて同月14日には参議院本会議で趣旨説明が行われ、同じく内

---

(41)　デジタル改革関連法の全体像については、長島寛人・松井章「デジタル改革関連法に関する解説（1）」NBL1198号（2021年）33頁以下も参照。

閣委員会及び総務委員会での質疑を経て、5月12日に参議院で可決され、デジタル改革関連法が成立し、同月19日に公布された。

　法案提出から国会審議においては、IT総合戦略室が作成した、デジタル庁設置法案及び整備法案の要綱・新旧対照表・参照条文の一部に誤りがあり、修正されるという経緯があった。また、デジタル改革関連法案、あるいは整備法案が様々な法改正を含む、いわゆる「束ね法案」であり分かりにくいとか、政府による個人情報集中管理をもたらす「デジタル監視法案」であるといった批判も示されたところである。この最後の点に関連して、衆参両院の内閣委員会では、整備法案のうち個人情報保護法制に関する50条・51条に関する質疑が相当の割合を占めている。

　整備法に対する衆議院内閣委員会の附帯決議（2021年4月2日）のうち、個人情報保護法制に関する項目は次のとおりである。

1　個人の権利利益の保護を図るため、自己に関する情報の取扱いについて自ら決定できること、本人の意思に基づいて自己の個人データの移動を円滑に行うこと、個人データが個人の意図しない目的で利用される場合等に当該個人データの削除を求めること及び本人の同意なしに個人データを自動的に分析又は予測されないことの確保の在り方について検討を加え、必要な措置を講ずること。

2　地方公共団体が、その地域の特性に照らし必要な事項について、その機関又はその設立に係る地方独立行政法人が保有する個人情報の適正な取扱いに関して条例を制定する場合には、地方自治の本旨に基づき、最大限尊重すること。また、全国に適用されるべき事項については、個人情報保護法令の見直しを検討すること。

3　行政機関等が保有する個人情報の目的外での利用又は第三者への提供については、その要件である「相当の理由」及び「特別の理由」の認定

を、厳格に行うこととし、行政機関等が行った判断の適否を、個人情報保護委員会が監視すること。

4　行政機関等が個人情報を利用する際、個人が自己の情報の利用状況を把握できる仕組みについて、情報通信技術の進展を踏まえた見直しを検討すること。

5　個人情報保護委員会による行政機関等の監視に当たっては、資料の提出及び実地調査を躊躇なく行うとともに、必要があれば勧告や報告の要求を遅滞なく行うことにより、監視の実効性を確保すること。

6　大量に個人情報を保有している事業者が我が国の個人情報に関する法令を遵守するよう徹底するとともに、必要な場合には立入検査、報告徴収等の権限を躊躇なく行使し、遵守状況について監視すること。

7　個人情報保護委員会が民間部門と公的部門における個人情報保護に関する業務を所掌することに鑑み、個人情報保護委員会の体制強化を図ること。

8　学術研究目的における個人情報の取扱いについては、個人の権利利益を不当に侵害する場合は個人情報の取扱いに係る制限の適用除外とならないことに鑑み、要配慮個人情報を含む個人情報の適正な取得や提供等の保護の取組を強化すること。

　参議院内閣委員会の附帯決議（2021年5月11日）もほぼ同一であるが、特に項目の7は、「個人情報保護委員会が民間部門と公的部門における個人情報保護に関する業務を所掌することにより業務量が増大すると見込まれることに鑑み、その任務を果たすことができるよう、必要な人材の確保を含め体制強化を図ること。また、個人情報保護委員会は、地方公共団体から必要な情報の提供又は技術的な助言を求められた場合には、迅速に対応すること。」とされている。

（4）令和 3 年改正法の内容

（ア）新たな個人情報保護法制の全体構造

　令和 3 年改正法の概要は 1 で述べたとおりである（図表12参照）。

　整備法50条の施行に伴い行政機関個人情報保護法・独立行政法人等個人情報保護法は廃止されて個人情報保護法に集約され、さらに整備法51条が施行されると、個人情報保護法は次のとおり、全 8 章185条と附則から構成されることになる（以下、令和 3 年改正法の条数として挙げるのは、整備法51条施行後のものである）。

　第一章　総則（第一条─第三条）

　第二章　国及び地方公共団体の責務等（第四条─第六条）

【図表12】個人情報保護制度見直しの全体像

① 個人情報保護法、行政機関個人情報保護法、独立行政法人等個人情報保護法の**3本の法律を1本の法律に統合**するとともに、**地方公共団体の個人情報保護制度**についても統合後の法律において**全国的な共通ルールを規定**し、**全体の所管を個人情報保護委員会に一元化**。
② 医療分野・学術分野の規制を統一するため、**国公立の病院、大学等には原則として民間の病院、大学等と同等の規律を適用**。
③ 学術研究分野を含めたGDPRの十分性認定への対応を目指し、**学術研究に係る適用除外規定**について、一律の適用除外ではなく、**義務ごとの例外規定として精緻化**。
④ **個人情報の定義等を国・民間・地方で統一**するとともに、行政機関等での**匿名加工情報の取扱いに関する規律を明確化**。

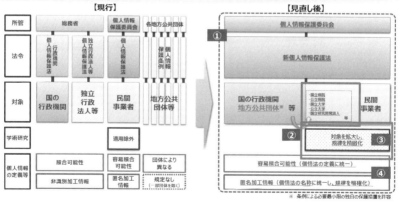

（イ）公的部門に対する令和 3 年改正法の適用関係

　令和 3 年改正法において「行政機関等」とは、行政機関、地方公共団体の機関（議会を除く）、独立行政法人等（別表第 2 に掲げる規律移行法人[42]を除く）及び地方独立行政法人（地方独立行政法人法21条 1 号に掲げる業務を主たる目的とするもの又は同条 2 若しくは 3 号（チに係る部分に限る。）に掲げる業務を目的とするものを除く）をいう（令和 3 年改正法 2 条11項）。

　行政機関等は、原則として、「第 5 章　行政機関等の義務等」の規定の適用を受け、6 章 2 節 3 款の定める個人情報保護委員会の監視権限に服する。ただし、独立行政法人労働者健康安全機構のうち病院の運営の業務と、地方

---

[42]　沖縄科学技術大学院大学学園、国立研究開発法人、国立大学法人、大学共同利用機関法人、独立行政法人国立病院機構、独立行政法人地域医療機能推進機構、放送大学学園

【図表13】令和3年改正法の適用関係

		民間部門	公		
			国の行政機関	独立行政法人等	
					規律移行法人（別表第2）（58条1項1号）
第4章 個人情報取扱事業者等の義務等	第1節 総則（16条）	○			○
	第2節 個人情報取扱事業者及び個人関連情報取扱事業者の義務（17-40条）	○			○
	保有個人データに関する事項の公表（32条）、開示等請求（33-39条）	○			×（58条1項1号）
	第3節 仮名加工情報取扱事業者等の義務（40-42条）	○			○
	第4節 匿名加工情報取扱事業者等の義務（43-46条）	○			×（58条1項1号）
	第5節 民間団体による個人情報の保護の推進（47-56条）	○			○
第5章 行政機関等の義務等	第1節 総則（60条）		○	○	○（125条2項）
	第2節 行政機関等における個人情報等の取扱い（61-73条）		○	○	
	安全管理措置（66条）				
	第3節 個人情報ファイル（74-75条） 事前通知（74条）		○	○	
	作成公表（75条）		○	○	○（125条2項）
	第4節 開示、訂正及び利用停止（76-108条）		○	○	○（125条2項）
	第5節 行政機関等匿名加工情報の提供等（109-123条）		○	○	○（125条2項）

（出典）筆者作成

的　　　部　　　門				
独立行政法人労働者健康安全機構（病院の運営の業務）（58条 2 項 2 号）	地方公共団体の機関 病院、診療所、大学の運営の業務（58条 2 項 1 号）		地方独立行政法人 試験研究を主たる目的とするもの、大学等の設置・管理及び病院事業の経営を目的とするもの（58条 1 項 2 号）	
○（58条 2 項 2 号）	○（58条 2 項 1 号）		○	
○（58条 2 項 2 号）	○（58条 2 項 1 号）		○	
			×（58条 1 項 2 号）	
○（58条 2 項 2 号）	○（58条 2 項 1 号）		○	
			×（58条 1 項 2 号）	
○（58条 2 項 2 号）	○（58条 2 項 1 号）		○	
○	○	○	○	○（125条 2 項）
×（125条 1 項）	○	×（125条 1 項）	○	
○		○		
○	○	○	○	○（125条 2 項）
○	○	○	○	○（125条 2 項）
○	○※	○※	○※	○（125条 2 項）※

※都道府県及び地方自治法252条の19第 1 項の指定都市以外の地方公共団体の機関並びに地方独立行政法人については、令和 3 年改正法施行後の附則 7 条の経過規定あり

公共団体の機関のうち病院、診療所及び大学の運営の業務における個人情報、仮名加工情報又は個人関連情報の取扱いについては、「第4章　個人情報取扱事業者等の義務等」の規定が適用される。しかし、これらの業務についても、開示等請求に関する規律及び匿名加工情報に関する規律は、公的部門の規律が適用される（令和3年改正法58条2項、125条1項）。

　他方、別表第2に定める規律移行法人と、試験研究を主たる目的とする地方独立行政法人、大学等の設置・管理等を目的とする地方独立行政法人、病院事業の経営を目的とする地方独立行政法人は、個人情報取扱事業者（令和3年改正法16条2項）に該当し、「第4章　個人情報取扱事業者等の義務等」の規定の適用を受け、6章2節1款の定める個人情報保護委員会の監督権限に服する。ただし、これらの法人についても、開示等請求に関する規律及び匿名加工情報に関する規律は、公的部門の規律が適用される（令和3年改正法58条1項、125条2項）（図表13参照）。

　これと別に、令和3年改正前の個人情報保護法の1章から3章までのいわゆる基本法の部分、個人情報保護委員会に関する一般的規定（令和3年改正法の6章1節・3節・4節）、7章・8章の規定は、民間部門と同じく行政機関等に適用される。

（ウ）行政機関等における規律

　以下では、個人情報保護委員会が2021年6月に公表した「公的部門（国の行政機関等・地方公共団体等）における個人情報保護の規律の考え方（令和3年個人情報保護法改正関係）」（以下「考え方①」という）を参照し、令和3年改正前の行政機関個人情報保護法・独立行政法人等個人情報保護法との違いに留意しつつ、令和3年改正法による行政機関等における規律について概観する[43]。

（ⅰ）定義

　個人情報、個人識別符号、要配慮個人情報、本人、仮名加工情報、匿名加工情報、個人関連情報については、令和 2 年改正個人情報保護法における定義が採用された（令和 3 年改正法 2 条 1 〜 7 項）。とりわけ個人情報の定義については、公的部門においても照合可能性に代えて、容易照合可能性が要件となった（同条 1 項）。

　行政機関（令和 3 年改正法 2 条 8 項）、独立行政法人等（同条 9 項）、保有個人情報（60条 1 項）、個人情報ファイル（同条 2 項）、行政機関の長（63条）については、規律移行法人及び全国的な共通ルール設定の関係を除けば、行政機関個人情報保護法・独立行政法人等個人情報保護法の定義が採用されている。行政機関等匿名加工情報（60条 3 項）、行政機関等匿名加工情報ファイル（同条 4 項）については、後述する。

　また令和 3 年改正法では、公的部門における個人情報の取扱いに関する義務や開示、訂正、利用停止の実施を行う主体として「行政機関の長等」が規定されている。行政機関の長等とは、行政機関の長、地方公共団体の機関、独立行政法人等及び地方独立行政法人をいう（63条）。

（ⅱ）行政機関等における個人情報の取扱い

　個人情報の保有の制限等（令和 3 年改正法61条）、利用目的の明示（62条）、正確性の確保（65条）、利用及び提供の制限（69条）、保有個人情報の提供を受ける者に対する措置要求（70条）については、個人情報保護法・行政機関個人情報保護法の規律が維持されている。

　これに対して、不適正な利用の禁止（63条→**2**（4）（イ））、適正な取得（64条）、漏えい等の報告等（68条→**2**（4）（イ））、外国にある第三者への

---

(43)　以下の記述については、實原隆志「個人情報の定義等の統一」ジュリスト1561号（2021年）34頁以下、村上裕章「個人情報保護法改正と情報公開制度」ジュリスト1561号58頁以下も参照。

提供の制限（71条→**2**（3）（イ））、個人関連情報の提供を受ける者に対する措置要求（72条）、仮名加工情報の取扱いに係る義務（73条）は、令和2年改正個人情報保護法における規律が行政機関等にも導入されたものである。

このうち不適正利用の禁止規定（63条）及び適正取得（64条）は、検討会の議論で公的部門への反映が強く求められた経緯を経て、タスクフォース最終報告においてその導入が明記されたものであり、令和3年改正法後の公的部門における個人情報保護において特に重要な役割を果たし得るものである。多くの条例が要配慮個人情報の取得制限規定を設けてきたところ[44]、後述のとおり、考え方①によれば、令和3年改正法施行後は、全国的な共通ルールの規律を超えるそのような規定を置くことは認められないとされる（→（オ）（ⅱ））。従来取得制限規定を置いていた地方公共団体における個人情報保護の水準が不当に切り下げられる結果となることを避けるためには、個人情報の保有の制限等に加えて、公的部門による要配慮個人情報の不適正な利用や取得を制限するように、令和3年改正法の63条ないし64条が適切に解釈運用されることが求められているのである。本人が、民間部門と同じく公的部門に対しても、不適正利用の禁止及び適正取得の規定に反する個人情報の利用の停止を請求できるものとなったこと（98条）も、公的部門における個人情報の保護の強化に資するものである。進んで、公的部門における重大なプライバシー侵害があった場合、個人情報保護委員会が63条ないし64条に違反するものとして監視権限を行使すべき場面が生じるものと解される。

外国にある第三者への提供の制限（71条）については、利用目的内の利

---

(44) 前掲「地方公共団体の個人情報保護制度の在り方検討に関する調査結果」によれば、都道府県のうち45（96%）、市区町村の1392（80%）が、要配慮個人情報の取得制限規定を設けている。

用のための保有個人情報の提供は制限の対象外である。また、民間部門で提供が認められる3つの類型（①あらかじめ外国にある第三者への提供を認める旨の本人の同意がある場合、②個人の権利利益を保護する上で我が国と同等の水準にあると認められる個人情報の保護に関する制度を有している外国として委員会規則で定める国にある第三者に提供する場合、③個人情報取扱事業者が講ずべきこととされている措置に相当する措置を継続的に講ずるために必要なものとして委員会規則で定める基準に適合する体制を整備している第三者に提供する場合→**2**（3）（イ））に加えて、④保有個人情報の目的外提供に係る「特別の理由」がある場合（69条2項4号）にも、行政機関の長等に保有個人情報の越境移転が認められる。

　個人関連情報の提供については、行政機関の長等による保有個人情報の外部提供は本人同意が原則となっておらず、利用目的内であれば外部に提供できる仕組みとなっている（69条）ことから、民間部門における提供制限（31条→**2**（4）（イ））とは異なり、個人情報の提供を受ける者に対する措置要求（70条）に準じた措置要求の仕組みが設けられた（72条）。さらに、仮名加工情報については、民間部門では作成と提供の双方について規律が定められているところ（41条・42条→**2**（4）（イ））、行政機関等は利用目的内で保有個人情報を利用できることから（69条）、作成に関する規律は定められない一方、民間事業者等から取得した個人情報に該当しない仮名加工情報を念頭にして、当該情報の提供を制限する規定が設けられた（73条1項）。安全管理措置、識別行為の禁止、連絡先等の利用禁止は民間部門の規律と同様である。

　さらに、安全管理措置（66条1項）については、従来の「保有個人情報の適切な管理のために必要な措置」という表現が、民間部門（23条）に併せて「保有個人情報の安全管理のために必要かつ適切な措置」に改められた。さらに、委託先や再委託先等の安全管理措置（66条2項）、委託先等

の業務従事者や派遣労働者による個人情報の漏えい又は不当な目的の利用の禁止（67条）が明記された点も、令和3年改正法による変更点である。

（ⅲ）個人情報ファイル

　個人情報ファイルについては、行政機関個人情報保護法・独立行政法人等個人情報保護法の規律が維持されている。すなわち、国の行政機関は個人情報ファイルの保有等に関する事前通知、個人情報ファイル簿の作成及び公表が義務付けられ（令和3年改正法74条・75条）、規律移行法人を含む独立行政法人等、地方公共団体の機関及び地方独立行政法人には、個人情報ファイル簿の作成及び公表が義務付けられる（75条）。

（ⅳ）開示、訂正および利用停止

　開示等の請求については、行政機関個人情報保護法・独立行政法人等個人情報保護法の規律が維持されている。ただし、行政機関個人情報保護法・独立行政法人等個人情報保護法においては本人又は法定代理人しか開示等請求を行うことが認められていなかったが、令和3年改正法により任意代理人による開示等請求が認められることになった（令和3年改正法76条2項）。

　また、利用停止請求の対象となるのは、特定された利用目的の達成に必要な範囲を超えて個人情報を保有している場合（61条2項）、不適正に利用されている場合（63条）、不適正に取得された場合（64条）、法が許容する限度を超えて利用目的以外の目的で保有個人情報を利用している場合（69条1項・2項）であり（98条1項1号）、提供・停止請求の対象となるのは、法が許容する限度を超えて利用目的以外の目的で保有している個人情報を第三者に提供している場合（69条1項・2項又は71条1項）である（98条1項2号）。

（ⅴ）行政機関等匿名加工情報

　行政機関等匿名加工情報については、行政機関非識別加工情報に係る行

政機関個人情報保護法等の規定が基本的に維持されているが、タスクフォース最終報告を踏まえて、重要な変更が2点ある。

　第1に、行政機関非識別加工情報においては、保有個人情報に情報公開法5条1号を除き同条2号ただし書に規定するものを含む不開示情報が含まれる場合を加工対象としていた（行政機関個人情報保護法2条9項柱書→**2**（3）（ウ））。これに対して、令和3年改正法では、このような場合の加工・提供が個人の権利利益以外の保護法益を害するおそれがあることから、当該不開示情報に該当する部分は加工対象から除外するとともに（令和3年改正法60条3項）、第三者に対する意見書提出の機会の付与に関する規定（行政機関個人情報保護法44条の3第3号・44条の8）を取り入れなかった。

　第2に、個人情報の定義の変更により、照合可能ではあるが容易照合可能性のないものが個人情報に該当しなくなったことから、行政機関等匿名加工情報が個人情報に該当せず、保有個人情報の目的外利用・提供の制限（69条）の規律を受けないこととなる。このため、行政機関等匿名加工情報が提供できる場合が整理されるとともに（109条2項）、行政機関の長等に識別行為の禁止が義務付けられ（121条1項）、行政機関等が民間事業者から匿名加工情報を取得した場合の当該情報の取扱いに係る義務も定められた（123条）。さらに、保有個人情報と同じく行政機関等匿名加工情報についても、派遣労働者も従事者としての義務の対象とした（122条）。

（vi）その他

　開示等請求に係る適用除外等（令和3年改正法124条）、権限又は事務の委任（126条）、開示請求等をしようとする者に対する情報提供（127条）、苦情処理（128条）は、行政機関個人情報保護法・独立行政法人等個人情報保護法が維持されている。

（エ）学術研究分野における規律

　令和２年個人情報保護法の下では、大学その他の学術研究を目的とする機関若しくは団体またはそれらに属する者による、学術研究の用に供する目的での個人情報の取扱いには個人情報取扱事業者の義務等の規定が適用されず（令和３年改正前の個人情報保護法76条１項３号）、また、個人情報取扱事業者等が上記の者（上記の目的で個人情報を取り扱う場合に限る）に個人情報等を提供する行為について、個人情報保護委員会はその権限を行使しないとしていた（43条２項）（→ **2**（3）（イ）（iv））。

　これに対して令和３年改正法は、学術研究機関等に対する一律の適用除外を廃止する一方で、新たに利用目的による制限に関する例外規定を設け、さらに学術研究機関等の責務に関する規定を置くことにした。さらに先述したとおり（→（イ））、従来は学術研究分野及び医療分野での個人情報の取扱いについては、その取扱いの主体別に個人情報保護法・行政機関個人情報保護法・独立行政法人等個人情報保護法・条例が適用されてきたが、令和３年改正法により、原則として、令和３年改正前の個人情報保護法が定める民間事業者に対する規律へと一本化されることになった[(45)]。

　以下では、個人情報保護委員会が2021年６月に公表した「学術研究分野における個人情報保護の規律の考え方（令和３年個人情報保護法改正関係）」（以下「考え方②」という）及び同年８月にパブリック・コメントに付された「令和３年改正個人情報保護法　政令・規則・民間部門ガイドライン案」[(46)]（このうち、「個人情報保護法ガイドライン（通則編）」の改正案を、以

---

(45)　湯淺墾道「個人情報保護法改正と学術研究・医療への影響」ジュリスト1561号（2021年）40頁以下参照。

(46)　「令和３年改正個人情報保護法　政令・規則・民間部門ガイドライン案について」https://public-comment.e-gov.go.jp/servlet/Public?CLASSNAME=PCMMSTDETAIL&id=240000071&Mode= 0

下「ガイドライン案」という）を参照しつつ、令和 3 年改正前の行政機関個
人情報保護法・独立行政法人等個人情報保護法との違いに留意しながら、令
和 3 年改正法による行政機関等における規律について概観する。

（ⅰ）定義

　学術研究機関等とは、大学その他の学術研究を目的とする機関若しくは
団体又はそれらに属する者をいう（令和 3 年改正法16条 8 項）。また、令
和 3 年改正法では、以下に見るとおり、適用除外や学術研究機関等の責務
に関連して「学術研究目的」（学術研究の用に供する目的）という用語が
用いられている。

　ガイドライン案は、令和 2 年個人情報保護法の下でのガイドライン（通
則編）の76条に関する記載を踏襲して、①民間団体の研究機関等における
研究活動についても、当該研究機関が学術研究を主たる目的とするもので
ある場合には「学術研究機関等」に該当する、②製品開発と学術研究目的
が併存している場合には、主たる目的により「学術研究機関等」の該当性
を判断する、③「学術」とは、人文・社会科学及び自然科学並びにそれら
の応用の研究であり、あらゆる学問分野における研究活動及びその所産と
しての知識・方法の体系をいう、④具体的活動としての「学術研究」とし
ては、新しい法則や原理の発見、分析や方法論の確立、新しい知識やその
応用法の体系化、先端的な学問領域の開拓などをいう、⑤製品開発を目的
として個人情報を取り扱う場合は、当該活動は、学術研究目的とは解され
ないとしている。

（ⅱ）例外規定

　学術研究機関等による学術研究目的の個人情報等の取扱いにも、安全管
理措置や開示等請求等の義務が課されるが、①利用目的の変更、②要配慮
個人情報の取得制限、③個人データの第三者提供の制限については、例外
規定が適用される。ただし、いずれの場合でも、学術研究目的での取扱い

は、当該個人情報を取り扱う目的の一部が学術研究目的である場合を含み、個人の権利利益を不当に侵害するおそれがある場合を除く。

　①学術研究機関が個人情報を学術研究目的で取り扱う必要があるときは、当該学術研究機関等は、あらかじめ本人の同意を得ることなく、特定された利用目的の達成に必要な範囲を超えて個人情報を取り扱うことができる（令和3年改正法18条3項5号）。また、個人情報取扱事業者が学術研究機関等に個人データを提供し、かつ、当該学術研究機関等が当該個人データを学術研究目的で取り扱う必要があるときも、あらかじめ本人の同意を得ることなく、特定された利用目的の達成に必要な範囲を超えて個人情報を取り扱うことができる（同条同項6号）。

　②学術研究機関等が要配慮個人情報を学術研究目的で取り扱う必要があるときは、当該学術研究機関等は、あらかじめ本人の同意を得ることなく、要配慮個人情報を取得することができる（20条2項5号）。また、個人情報取扱事業者が学術研究機関等から要配慮個人情報を取得する場合であって、学術研究目的で取得する必要があるときも、あらかじめ本人の同意を得ることなく、要配慮個人情報を取得することができる（同条同項6号）。

　③学術研究機関等が当該個人データの提供が学術研究の成果の公表又は教授のためやむを得ないとき、及び当該個人データを学術研究目的で提供する必要があるときは、当該学術研究機関等は、あらかじめ本人の同意を得ることなく、個人データを第三者に提供することができる（27条1項5号・6号）。また、個人情報取扱事業者が学術研究機関等に個人データを提供し、当該第三者が当該個人データを学術研究目的で取り扱う必要があるときも、あらかじめ本人の同意を得ることなく、個人データを提供することができる（同条同項7号）。

（ⅲ）学術研究機関等の責務

　個人情報取扱事業者である学術研究機関等は、学術研究目的で行う個人情報の取扱いについて、この法律の規定を遵守するとともに、その適正を確保するために必要な措置を自ら講じ、かつ、当該措置の内容を公表するよう努めなければならない（令和3年改正法59条）。

　これに加え、個人情報保護委員会は、個人情報取扱事業者に対する監督権限の行使に際して、学問の自由を妨げてはならない（149条1項）。ガイドライン案は、①大学の自治を始めとする学術研究機関等の自律性に鑑みれば、学術研究機関等の自律的な判断を原則として尊重する必要があるため、学術研究機関等が、個人情報を利用した研究の適正な実施のための自主規範を単独又は共同して策定・公表した場合であって、当該自主規範の内容が個人の権利利益の保護の観点から適切であり、その取扱いが当該自主規範に則っているときは、委員会がこれを尊重すること、②ただし、自主規範に則った個人情報の取扱いであっても、本人の権利利益を不当に侵害するおそれがある場合には、原則として、個人情報保護委員会はその監督権限を行使することを記載している。

（オ）全国的な共通ルールの設定と地方公共団体における個人情報保護法制

　先述のとおり、議会を除く地方公共団体の機関は行政機関の長等（令和3年改正法63条）として、原則として国の行政機関と同じ規律を受ける。以下では、考え方①を参照しつつ、特に地方公共団体の個人情報保護法制にとって問題となる点を概観する[47]。

---

(47)　以下の記述については、巽智彦「令和三年個人情報保護法改正と地方公共団体」月刊地方自治885号（2021年）2頁以下参照。同論文は、タスクフォース最終報告と考え方①の間の差異を分析し、令和3年改正法施行までの課題を整理した必読文献である。

（ⅰ）国及び地方公共団体の責務、国及び地方公共団体の施策等

　令和 3 年改正法は、国の機関、地方公共団体の機関、独立行政法人等、地方独立行政法人及び事業者等による個人情報の適切な取扱いを確保するために必要な施策を総合的に策定し実施する国の責務を明記した（ 4 条）。他方、地方公共団体の責務については、改正前と比べて、「国の施策との整合性に配慮しつつ」との文言が付け加えられた点が特徴的である（ 5 条）。

　さらに国の施策のうち地方公共団体等への支援（ 9 条）については、地方公共団体が講ずべき措置の適切かつ有効な実施を図るための指針の策定その他の必要な措置を講ずることが定められ、個人情報保護委員会のガイドラインにより、令和 3 年改正法が設定する全国的な共通ルールの統一的な運用を図ることが明確化された。さらに、国は第 5 章に規定する地方公共団体及び地方独立行政法人による個人情報の適正な取扱いを確保するために必要な措置を講ずるとされ（11条 2 項）、この措置には、個人情報保護委員会による資料の提出の要求及び実地調査（156条）、指導及び助言（157条）、勧告（158条）並びに勧告に基づいてとった措置についての報告の要求（159条）が含まれる。

　他方、令和 3 年改正前の地方公共団体は、地方公共団体の機関等が保有する個人情報の適正な取扱いが確保されるよう必要な措置を講ずることに努めなければならないとされていたが、改正後は「講ずるものとする」と改められた。

　令和 3 年個人情報保護法改正は、分権的な個人情報保護法制から法律による全国的な共通ルールの設定への転換と、個人情報保護委員会による一元的な監視監督体制の整備を目指すものであるが、それを象徴しているのが、この国及び地方公共団体の責務及び施策に関する規定の変更であると見ることができよう。

（ⅱ）定義

国の行政機関と同じ定義が適用される。なお、国における独立行政法人に相当するものとして「地方独立行政法人」（令和3年改正法2条10項）、国の行政文書に相当するものとして「地方公共団体等行政文書」（60条1項）が定義されている。

地方公共団体の機関からは原則として議会が除かれる（2条11項2号）。考え方①は、国会や裁判所と同様に自律的な対応の下、個人情報保護が適切に行われることが期待されるとしている[48]。地方公共団体が議会独自の個人情報保護条例を定めることは問題ないものと解される。

「個人情報」「要配慮個人情報」等の用語について、条例で独自の定義を置くことは、令和3年改正法の目的に鑑み、認められない。しかし、先述のとおり、条例によっては、LGBTに関する事項等を機微性が高いものとして取得制限等を規定している場合があるにもかかわらず、国レベルでは要配慮個人情報とはされていないものについて、令和3年改正法は、地方公共団体が「条例要配慮個人情報」を条例で定めることができることとした[49]。条例要配慮個人情報とは、地方公共団体の機関又は地方独立行政法人が保有する個人情報（要配慮個人情報を除く。）のうち、地域の特性その他の事情に応じて、本人に対する不当な差別、偏見その他の不利益が生じないようにその取扱いに特に配慮を要するものとして地方公共団体が条例で定める記述等が含まれる個人情報である（60条5項）。地方公共団体又は地方独立行政法人は、条例要配慮個人情報が含まれている個人情

---

[48]　前掲「地方公共団体の個人情報保護制度の在り方検討に関する調査結果」によれば、議会を含む全ての機関を対象とすることについて、都道府県の11（24％）、市区町村の14（1％）が、条例による追加ができれば支障はないと回答していた。

[49]　前掲「地方公共団体の個人情報保護制度の在り方検討に関する調査結果」によれば、要配慮個人情報の定義を行政機関個人情報保護法と同一にすることについて、都道府県の11（24％）、市区町村の423（24％）が、支障があると回答していた。

報ファイルについては、その旨を個人情報ファイル簿に記載しなければならないが（75条4項）、例えば取得制限の規定等を条例に置くことはできない。先述のとおり、条例要配慮個人情報の取扱いの規律は、個人情報の保有制限（61条）、不適正利用の禁止（63条）及び適正取得（64条）の規定の適切な運用次第ということになる（→（ウ）（ⅱ））。

　地方公共団体の条例の半数以上が死者に関する情報を個人情報に含めているところ[50]、令和3年改正法では個人情報は生存する個人に関する情報であることが前提であり（2条1項）、死者に関する情報は、遺族である者の個人情報に該当する場合に、その限りで令和3年改正法の適用があるにすぎないことになる。考え方①は、死者に関する情報を条例により個人情報に含めて規律することは許容されないとしているが、タスクフォース最終報告のいうとおり、地方公共団体がこれを個人情報とは別のものとして必要な保護を図ることは妨げられないと解される。

（ⅲ）個人情報の取扱い

　個人情報の保有がされる所掌事務又は業務の範囲（令和3年改正法61条1項）、規律移行法人等について地方公共団体の機関と同じ安全管理措置が義務づけられる業務（66条2項3号・4号）、「相当の理由」があるとして保有個人情報の目的外利用・提供が許される事務又は業務の範囲（69条2項2号・3号）、開示、訂正及び利用停止（60条3項、5章5節）に関する「法令」には条例が含まれる（61条1項）。これに対して、法令に基づく場合には利用目的以外の目的のための保有個人情報の利用・提供が許

---

(50)　前掲「地方公共団体の個人情報保護制度の在り方検討に関する調査結果」によれば、死者に関する情報を個人情報に含めているのは都道府県の29（62%）、市区町村の935（54%）であった。死者に関する情報を含めないことについては、支障はない（都道府県の21（45%）、市区町村の861（49%））という回答と、条例による追加ができれば支障はないという回答（都道府県の20（42%）、市区町村の818（47%））が拮抗しており、支障があるとの回答は少数（都道府県の6（13%）、市区町村の61（4%））であった。

される（69条 1 項）という場合の「法令」には条例は含まれない（ただ
し、法令の委任を受けて規定された条例はこれに含まれるものと解され
る）。

　条例によっては、不要な保有個人情報の消去や個人情報の本人から直接
取得の原則を規定するものがあるが、令和 3 年改正法の下では要配慮個人
情報について先に述べたのと同様、個人情報の保有制限（61条）、不適正
利用の禁止（63条）及び適正取得（64条）の規定の適切な運用により対応
することとなり、条例にこの種の規定を置くことは認められないというこ
とになろう。

　先述のとおり、目的外利用・提供を可能とする要件について令和 3 年改
正法は行政機関個人情報保護法 8 条の規律を維持しているが（69条）、条
例によってはそれと異なる、あるいはより詳細な規定を置くものも見られ
る[51]。この点について、考え方①は行政機関個人情報保護法の規定の解
釈運用を原則として踏襲するとしているが、タスクフォース最終報告を踏
まえれば、「本人または第三者の権利利益を不当に侵害するおそれがある
と認められる」「相当の理由がある」「特別の理由がある」等の文言につい
て、従来の条例による個人情報保護の水準を不当に下回ることのない解釈
（あるいは、地方公共団体が不当に下回らないように運用することを許容
する解釈）がガイドライン等で示されることが望ましいと思われる。

　オンライン結合については、多くの条例がそれを制限すると同時に、外
部提供を可能とする要件として、やはり多くの条例が法令の定めがある場
合等の公益上の必要性があると認められること、個人の権利利益を侵害す
るおそれがないと認められること、個人情報の漏えいのおそれがないと認

[51]　前掲「地方公共団体の個人情報保護制度の在り方検討に関する調査結果」によれば、目的外
利用・提供を可能とする要件を行政機関個人情報保護法 8 条と同様に規定することについて
支障があると回答したのは都道府県の18（38％）、市区町村の226（13％）であった。

められること等を定めている⁽⁵²⁾。タスクフォース最終報告はオンライン結合制限規定の合理性を否定する立場に立っており、考え方①も条例でオンライン化や電子化を伴う個人情報の取扱いを特に制限することは許容されないとしている。むしろ安全管理措置（66条1項）、提供制限（69条）、提供先への措置要求（70条）の適切な運用についてガイドライン等で示すことにより、行政のデジタル化に対応した実効的な個人情報の保護を図ることが期待される。

（ⅳ）個人情報ファイル

地方公共団体の機関及び地方独立行政法人は、個人情報ファイルの保有等に関する規定（令和3年改正法74条）の対象外である。他方、個人情報ファイル簿の作成及び公表（75条）の適用はあるが、条例に基づき運用されている「個人情報取扱事務登録簿」について、令和3年改正法施行後も、条例で同様の運用を継続することは可能である（75条5項）。

（ⅴ）開示、訂正および利用停止

先述のとおり、令和3年改正法は開示等請求について行政機関個人情報保護法の規律を維持しているが、条例により情報公開条例の規定との整合を図ること（78条2項）、手数料について定めること（89条2項）が想定されている。また、開示決定等に対する不服審査請求については、地方公共団体は、従来設置している個人情報保護審査会等を、行政不服審査法81条1項又は2項の機関とすることにより、引き続き同審査会等に対して諮問することが可能である（105条3項）。なお、開示決定等は個人情報保護委員会の監視権限の対象外とされておらず、したがって、地方公共団体の

---

(52) 前掲「地方公共団体の個人情報保護制度の在り方検討に関する調査結果」によれば、オンライン結合制限規定を設けているのは都道府県の43（91%）、市区町村の1294（74%）であった。また、オンライン結合制限規定を設けないことに支障があると回答したのは都道府県の15（32%）、市区町村の136（8%）であった。

機関による個別の開示決定等の当否についても委員会は監視権限を行使できると解される。さらにタスクフォース最終報告は、委員会の勧告が審査会等における審議結果を踏まえて行われる必要があることから、審査会などへの諮問の内容と答申の内容を個人情報保護委員会に対して共有することが適当である旨を提言しており、今後その具体化が必要である。

　さらに、開示等請求及び審査請求の手続に関する事項について、5 章 4 節の規定に反しない限り条例で必要な規定を定めることは妨げられない（108条）。考え方①は、法定の開示決定等の期限（83条等。原則として請求から30日以内）を短縮すること、手数料を無料又は従量制とすることを挙げるとともに、口頭開示についても今後整理するとしている。他方、情報公開条例との整合確保と無関係な非開示情報を追加する規定や、法定の開示決定等の期限を延長する規定を条例において定めることは許容されないとしている。

　なお、令和 3 年改正法も行政機関個人情報保護法と同じく開示請求前置主義を採用しているが、開示請求の実施を前提とせずに訂正や利用停止の請求を認める条例も存在する。開示請求前置主義の当否については行政機関個人情報保護法の下でも議論があったところであり、条例で異なる定めを置くことが許容されないとまでいえるかどうかは疑わしいように思われる。

（vi）行政機関等匿名加工情報

　都道府県及び指定都市の機関並びに地方独立行政法人（規律移行法人を含む）は、行政機関等匿名加工情報の提案募集に関する個人情報ファイル簿への記載（令和 3 年改正法110条）及び定期的な提案募集（111条）を行わなければならない。これに対して、都道府県及び指定都市以外の機関並びに地方独立行政法人については、当分の間、提案募集は任意的である（令和 3 年改正法施行後の附則 7 条）。

地方公共団体の機関と行政機関等匿名加工情報の提供に関する契約を締結する者が納めるべき手数料の額は条例で定める（119条3項・4項）。

(vii) 個人情報保護審議会

地方公共団体の機関は、条例で定めるところにより、3章第3節の施策を講ずる場合その他の場合において、個人情報の適正な取扱いを確保するため専門的な知見に基づく意見を聴くことが特に必要であると認めるときは、審議会その他の合議制の機関に諮問することができると定める（令和3年改正法129条）。考え方①は、個人情報の取得、利用、提供、オンライン結合等について、類型的に個人情報保護審議会等への諮問を要件とする条例を定めることは許容されないとしている。むしろ後述するとおり、地方公共団体は、個人情報の適正な取扱いを確保するために必要があると認めるときは、個人情報保護委員会に対して必要な情報の提供または技術的な助言を求めることができ、この場合に委員会は必要な情報の提供または技術的な助言を行うものとされている（166条）。

タスクフォース最終報告が述べていたとおり、審議会等は今後、国が示したガイドライン等に基づく定型的な事例についての事前の運用ルールを検討するほか、地方行政のデジタル化が進む中での個人情報保護制度の運用やその在り方についての調査審議について、積極的な役割を果たすことが期待される。

（カ）個人情報保護委員会による監視

従来の個人情報保護委員会（以下この項で「委員会」という）は、マイナンバー法に基づき、特定個人情報については、国の行政機関、独立行政法人等、地方公共団体が保有するものも含めて監視・監督権限を有していたが、個人情報保護法制との関係では、民間部門に対する監督権限のほかには、国の行政機関及び独立行政法人における非識別加工情報の取扱いに関する監

視・監督権限を有するにとどまっていた。これに対して令和 3 年改正法により、行政機関等における個人情報、仮名加工情報、匿名加工情報及び個人関連情報の取扱いに関する監視が、委員会の所掌事務とされた（令和 3 年改正法132条 2 号）。これにより、委員会による一元的な監視監督体制が整備されることとなった[53]。

　委員会は、行政機関の長等に対して、資料提出の要求及び実地調査（156条）、指導及び助言（157条）、勧告（158条）並びに勧告に基づいてとった措置についての報告の要求（159条）を行うことができる。ただし、報道機関、著述を業として行う者、宗教団体及び政治団体による個人情報の取扱いについて 4 章の規定の適用が除外される場合（57条 1 項）に、これらの者に対して行政機関の長等が個人情報等を提供する行為については、委員会はその権限を行使しないものとされている（160条）。マイナンバー法と同様、公的部門についても立入調査（実地調査とは異なり、違反に対して罰則が科せられる）及び命令の権限を認めるべきであり、これらが認められている民間事業者に対する監督権限と比べて、委員会の監視権限は不十分であるとの指摘がある。この点は行政組織の基本的な体系との整合にも関わる難しい問題であるが、まずは令和 3 年改正法の解釈としては、内閣総理大臣及び行政機関の長の協力義務（174条）からも、行政機関の長は委員会の勧告等に従うべきものと考えられよう。将来的には、タスクフォース最終報告で記載されていたとおり、監視権限の実効性を強化するために、内閣総理大臣に対する意見具申権限（行政各部への指揮監督権限（内閣法 6 条）の行使を求める権限）を委員会に認めることが検討されるべきであるように思われる。

　委員会は行政機関の長等に対し、個人情報保護法の施行状況について報告を求めることができ、毎年度、報告を取りまとめてその概要を公表する（165

(53)　石井夏生利「個人情報保護委員会による公的部門の監督」ジュリスト1561号（2021年）46頁以下参照。

条）。

　地方公共団体は、個人情報の適正な取扱いを確保するために必要があると
認めるときは、委員会に対して必要な情報の提供または技術的な助言を求め
ることができ、この場合に委員会は必要な情報の提供または技術的な助言を
行う（166条）。また、地方公共団体の長が個人情報保護法の規定に基づき個
人情報の保護に関する条例を定めたときは、遅滞なく、委員会規則で定める
ところにより、その旨及び内容を委員会に届け出なければならず、委員会は
当該届出に係る事項を公表しなければならない（167条1項・2項）。情報の
提供又は技術的な助言により、地方公共団体が定めようとする条例の規定内
容の妥当性の確保が図られ、また、届出制により、条例の内容が委員会の下
で一元的に把握され、条例の規定内容の是正の端緒となるほか、届出内容の
公表により条例の一覧性が高まり、関係者の利便性の向上につながることが
期待される。さらに、地方公共団体の条例に基づく事務処理が違法又は著し
く適正を欠く場合には、国は是正の要求（地方自治法245条の5）等の関与
を行うことになる[(54)]。

4 | 結びに代えて

(1) 令和3年改正法の意義と課題

　令和3年改正法は、デジタル化が進む中で、個人情報保護法制において不
要となった規制の不均衡・不整合を統一し、バランスの良い利活用と保護を
実現し、制度の国際的調和を促進するものと評価できる[(55)]。また、デジタ

---

(54)　前掲「地方公共団体の個人情報保護制度に関する法制化について（素案）」参照。

ル化が利便性を拡大し、新たな価値を創出する一方で、個人の監視にも用いられ得るところ、個人情報の取扱いに対する一元的な監視監督体制の整備は、公的部門の個人情報の取扱いの透明性を高め、個人の権利利益の保護の強化につながるものであり、「監視社会」に陥らないための権力の監視の必要条件でもある。デジタル社会形成基本法は、信頼性のある情報の自由かつ安全な流通の確保を基本理念の一つとして掲げているが（10条）、令和 3 年改正法はその法的基盤を築くものといえる。

　令和 3 年改正法以降の個人情報保護法制の課題としては、次の 5 点を指摘しておきたい。第 1 に、令和 3 年改正法は、個人情報保護法制の整備の終着点ではなく、その運用を踏まえつつ、デジタル社会の法的基盤として定期的・継続的に見直していく必要がある。とりわけ、衆参の内閣委員会附帯決議でも強調されたとおり、事務局定員の大幅増を含む、個人情報保護委員会の体制強化が不可欠である。また、地方自治を尊重しながら安定的な制度運用を図るためには、自治行政を所管する総務省や、これまで個人情報保護の研修等で実務上重要な役割を果たしてきた一般財団法人行政管理研究センターと個人情報保護委員会の連携が有用であると考えられる。

　第 2 に、個人情報保護法の目的である個人の権利利益の保護については、個人情報保護法制を超えて法秩序全体を見通した整理が求められている。EU の GDPR の実効性を裏打ちしているのは、EU 司法裁判所の判例が、EU 基本権憲章の保障する私生活の尊重の権利（第Ⅱ-67［Ⅱ-7］条）や個人情報の保護を求める権利（第Ⅱ-68［Ⅱ-8］条）に適合的に、GDPR の解釈を発展させてきたことにある。令和 3 年改正法の成立過程でも、自己情報コントロール権を個人情報保護法に明記すべきであるとの指摘が見られたが、より根底的には、プライバシーを含むデジタル社会における人格権の保

---

(55)　以下の記述については、筆者の参議院内閣委員会（2021年 5 月 6 日）での参考人発言を参照。

障について、議論が深められるべきであろう。

　第3に、令和3年改正法を含むデジタル改革関連法が目指すデータ利活用は、経済的利益だけではなく、知る権利を含む民主主義社会の発展をも目標とすべきものである。この点で、令和3年改正法については、学術研究機関等による自主規範の策定と実践、それらに対する個人情報保護委員会の支援が有用である。また、平成15年法施行時に問題となった、行政の現場における過度の「実名隠し」の傾向は、今日も災害時の被災者情報の取扱い等でも垣間見られるところであり、情報公開や報道、取材等に配慮した令和3年改正法の統一的な運用が期待される。

　第4に、信頼性の高いデータ利活用を進めるためには、利活用の主体が、言わば最低限の規律である個人情報保護法制の上に立って、自らデータガバナンスを強化する必要がある[56]。とりわけ行政のデジタル化を加速するよう求められている地方公共団体としては、住民参加を拡大する等して、個人情報保護審議会等を積極的に活用することが有用であろう。

【図表14】令和3年改正法の施行に関する公的部門ガイドライン等の策定スケジュール

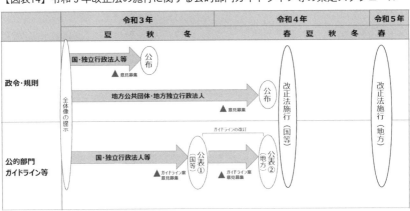

（出典）個人情報保護委員会「公的部門（国の行政機関等・地方公共団体等）における個人情報保護の規律の考え方（令和3年個人情報保護法改正関係）」（2021年6月）

　第 5 に、先述したとおり、捜査関係事項照会を始めとする民間部門の保有する個人情報へのパブリックアクセスについては、EU との十分性相互認定の交渉でも議論の対象となった。令和 3 年改正法により個人情報保護委員会の監視権限が警察等にも及び得ることとなり、個人情報の取扱いの透明性が高まることを受けて、国際的な制度調和の視点も踏まえつつ、刑事司法分野等での個人情報の取扱いについて、個人情報保護法制と相補う形での制度整備の検討が求められる。

（2）令和 3 年改正法の施行準備

　整備法の附則は行政機関個人情報保護法・個人情報保護法の廃止や令和 3 年改正法の施行に伴う経過措置を詳しく定めているが、その 8 条は、国は、地方公共団体の機関及び地方独立行政法人における令和 3 年改正法施行のために必要な準備行為の実施状況を把握した上で、必要があると認めるときは、当該準備行為について技術的な助言または勧告をするものと定めている。

　先述したとおり、個人情報保護委員会は、2021年 6 月に考え方①及び考え方②を公表し、さらに同年 8 月には学術研究分野の規律に関する「令和 3 年改正個人情報保護法　政令・規則・民間部門ガイドライン案」をパブリックコメントに付している。また考え方①によれば、今後、国・独立行政法人等に関するガイドラインが2021年冬に、また2022年春までには地方公共団体・地方独立行政法人等に関する政令・規則の公布やガイドラインの公表が予定されている（図表14参照）。

　このうち考え方①については、公的部門での個人情報の取扱いについて未

---

(56)　経済産業省・総務省が策定した「DX 時代における企業のプライバシーガバナンスガイドブック ver1.1」（2021年）は、直接には民間事業者を対象にしているが、公的部門においても参考になる考え方を多く含んでいる。

確定の部分や、タスクフォース最終報告と比較して検討を要する部分があることは既に触れたとおりである。とりわけ、実効的な個人情報保護を実現し、個人情報保護審議会が機能してきた地方公共団体の経験がガイドライン等の策定に反映されることが期待される。分権的な個人情報保護法制から全国的な共通ルールの設定へという令和3年改正法が、国から地方への個人情報保護の水準の画一的な切り下げに陥るのではなく、むしろ先進的な地方公共団体の実務が国の個人情報保護法制に取り入れられたり、地方公共団体の個人情報保護審議会が事前の運用ルールを検討する過程で明らかになった問題点や解決策が個人情報保護委員会の参考とされたりといった、国と地方の間での双方向の協力こそが、令和3年改正法を真に活かすために必要と考えられる。

＊本稿については、板倉陽一郎氏（弁護士）、寺田麻佑氏（国際基督教大学上級准教授）から有益な助言を頂いた。記して謝意を表したい。
＊脱稿後、「【特集】個人情報保護制度の一元化と自治体の対応」自治実務セミナー2021年9月号に接した。

第 2 章

自治体の実務への影響と
法改正に伴う例規整備のポイント

1 | はじめに

　2021年 5 月12日に成立した「デジタル社会の形成を図るための関係法律の整備に関する法律」は、我が国の経済・社会の持続的発展と新たな価値創造に向け、社会全体のデジタル化を進めることを目的とした「デジタル改革関連法」の中の一つであり、個人情報保護制度の見直し、マイナンバーを活用した情報連携の拡大等による行政手続の効率化、マイナンバーカードの利便性の抜本的向上、発行・運営体制の抜本的強化、押印・書面の交付等を求める手続の見直しをその柱とする。このうち、個人情報保護制度の見直しについては、「個人情報の保護に関する法律」、「行政機関の保有する個人情報の保護に関する法律」、「独立行政法人等の保有する個人情報の保護に関する法律」の 3 本の法律を 1 本の法律に統合するとともに、地方公共団体の個人情報保護制度についても統合後の法律において全国的な共通ルールを規定し、全体の所管を個人情報保護委員会に一元化することとされた。

　今回の法改正は、改正とはいうものの、我が国の個人情報保護制度開始以来の最も大きな方針変更であり、これまでの分権的個人情報保護法制から法制一元化への転換を図るものである。

　我が国の個人情報保護法制は、電子計算機の利用普及・拡大を背景としたプライバシー侵害への懸念を受け、1973年 6 月に徳島県徳島市で電子計算組織運営審議会条例が制定されたことを皮切りに、その後個人情報保護に関する条例の制定・運用の動きが全国の地方公共団体に広がっていく形で地方が先行し、国については、1988年の「行政機関の保有する電子計算機処理に係る個人情報の保護に関する法律」（昭和63年法律第95号）、2003年の「個人情報保護法」、「行政機関個人情報保護法」、「独立行政法人等個人情報保護法」という経過に見られるように、大きく遅れをとって制度の運用が開始され

た[1]。

　現行の個人情報保護法では、5条において「地方公共団体は、この法律の趣旨にのっとり、その地方公共団体の区域の特性に応じて、個人情報の適正な取扱いを確保するために必要な施策を策定し、及びこれを実施する責務を有する。」と規定するとともに、11条1項で「地方公共団体は、その保有する個人情報の性質、当該個人情報を保有する目的等を勘案し、その保有する個人情報の適正な取扱いが確保されるよう必要な措置を講ずることに努めなければならない。」と定め、地方公共団体の保有する個人情報については、それぞれの条例による自主的規律に委ねることとされており、地方公共団体は、それぞれの地域特性に応じて創意工夫を凝らし、個人情報保護条例を定めて長く運用実績を積み重ねてきた経緯がある。

　従来、個人情報保護法1条が定める「個人情報の有用性に配慮しつつ、個人の権利利益を保護することを目的とする」という文言は、個人の権利利益の保護のみを唯一絶対の目的とするのではなく、個人情報の有用性も斟酌することを意味しているが、両者を対等に比較衡量するのではなく、個人の権利利益の保護が最重要の目的であることを表現していると解されてきた[2]。しかし、近時の高度情報化社会の進展に伴い、官民や地域の枠を超えたデータ利活用、個人情報の利活用の必要性がクローズアップされ、その当否は別にして、保護と利活用の関係が「保護≦利活用」に傾きつつあると思われる

（1）　個人情報保護法制の立法経緯と体系の詳細については、髙野祥一「個人情報保護制度における個人情報・保有個人情報等の定義について～2020年個人情報保護法改正を契機とした地方自治体を含む行政部門の考え方の整理～」行政法研究第35号（信山社、2020年8月）182～183頁、宇賀克也『個人情報保護法の逐条解説［第6版］』（有斐閣、2018年）1～27頁、塩入みほも「個人情報保護法制の体系と地方公共団体における個人情報保護の現状」駒澤大學法學紀要第76號（2018年3月）1～55頁参照。
（2）　宇賀・注（1）32頁、園部逸夫・藤原靜雄『個人情報保護法の解説［第二次改訂版］』（ぎょうせい、2018年）53頁参照。

状況の中、民間部門、行政機関、独立行政法人等に係る個人情報の保護に関する規定を集約し、一体的に規定すること及び事務処理体制の在り方について検討するため、内閣官房が2019年12月25日に「個人情報保護制度の見直しに関するタスクフォース」を立ち上げ、さらに、学識経験者や経済団体代表等で構成する「個人情報保護制度の見直しに関する検討会」を2020年3月3日に設置し、同検討会の最終報告を踏まえて2020年12月に「個人情報保護制度の見直しに関する最終報告」を取りまとめた。同報告において、「個人情報保護法、行政機関個人情報保護法、独立行政法人等個人情報保護法の3法……を統合して1本の法律とするとともに、地方公共団体等の個人情報保護制度についても統合後の法律の中で全国的な共通ルールを設定し、独立規制機関である個人情報保護委員会が、民間事業者、国の行政機関、独立行政法人等、地方公共団体等の4者における個人情報の取扱いを一元的に監視監督する体制を構築することが適当である。」との方針が示され、この方針に基づき、2021年の5月12日に成立した「デジタル社会の形成を図るための関係法律の整備に関する法律」によって個人情報保護法が改正され、我が国の個人情報保護法制は一元化が図られることとなった⁽³⁾。

　今回の法改正が、地方公共団体における今後の個人情報保護制度の運用に与える影響は極めて大きい。そこで本章では、具体的に地方公共団体の個人情報保護制度はどのように変わるのか、条例や規則等の整備をどのように行っていけば良いのかという点を中心に、実務に即した形で解説を行っていくこととする。

　なお、令和3年6月29日付けで個人情報保護委員会事務局から各地方公共団体に「改正個人情報保護法の個別条文に関する解説［令和3年6月時点暫

（3）　個人情報保護法制一元化の動きと条例2000個問題に関する筆者の考察については、髙野祥一「個人情報保護法制一元化の行方～条例2000個問題を中心に～」（『情報公開の実務』・『個人情報保護の実務』別冊 IP vol.50、第一法規、2021年1月）を参照されたい。

定版]」、「改正個人情報保護法の規律に関するＱ＆Ａ［令和３年６月時点暫
定版]」、及び「個人情報保護法の施行に係る関係条例の条文イメージ［令和
３年６月時点暫定版]」（以下、これらを合わせて「事務局案」という）が送
付された。ただし、その中で「本資料は、あくまでも事務局において現時点
における考え方を整理したものであり、政令、委員会規則等については引き
続き委員会において検討を進めるものであることから、本資料の記載内容
は、最終的なガイドラインとの差異が生じる可能性がある。」と書かれてい
ることから、本稿においては、特に重要と思われる部分についてのみ、かっ
こ書きでどのような内容であるかを記載するに止め、評価等は行わないこと
とする。

2 法改正により地方公共団体の個人情報保護制度に生じる影響

（1）総論

　今回の法改正によって、我が国の個人情報保護制度は、公的部門と民間部
門とをそれぞれ別の法律で対象とするセグメント方式から、一つの法律で
国・地方公共団体等の公的部門と民間企業等の民間部門の双方を対象とする
オムニバス方式に変更されることになる。

　このことにより、これまでの分権的個人情報保護制度の下で、地方公共団
体が地域の特性等を踏まえて個人情報保護条例を制定し、それぞれに創意工
夫を行って運用してきた歴史にはいったんピリオドが打たれることとなり、
規制の不均衡や不整合の是正というスローガンの下、これまでの地方公共団
体の個人情報保護条例は原則的に廃止することになり（もしくは必要事項の

みを残した大幅な改正）、改正個人情報保護法（以下「改正法」という）に設けられた「第5章　行政機関等の義務等」の各規定により、従来の行政機関個人情報保護法をベースとした規律で統一的な制度運用を行うことが義務付けられる。従来は自治事務とされていた地方公共団体における個人情報保護に係るルールは、「全国的に統一して定めることが望ましい国民の諸活動若しくは地方自治に関する基本的な準則に関する事務」（地方自治法1条の2第2項）として国が担うべき役割と位置付けられたわけである[4]。

　施行については、地方公共団体に関する事項は公布から2年以内とされており、国としては、ガイドラインの作成（事務局案によれば、このガイドラインは地方自治法245条の4第1項の「技術的な助言」に位置付けられるものとされている。）、提示等により制度運用の混乱を防止するとしている。しかし、一口に統一的なルールに基づく運用といっても、国と地方公共団体の事務事業の内容や性質の相違から、保有する個人情報も地方公共団体に特有のものが相当程度存すること（そのことが、従来の法と条例や条例間における規定の差異を生じさせていた要因の一つであると考えられる。）、個人情報保護委員会が、地方公共団体の制度運用についても監督権限を有することとされたこと等により、地方公共団体に非常に大きな影響を与えることが明白であり、様々な混乱が起きることも避け得ないと思われる。

　本節では、今回の法改正により、具体的にどのような影響が地方公共団体に生じるのかについて明らかにしていくこととする。

（2）基本的な考え方

　オムニバス方式の法制度となることにより、これまで各地方公共団体が有していた個人情報保護条例は、法の施行に合わせて基本的に廃止するか、必

（4）　宇賀克也「個人情報保護法制の一元化」行政法研究第39号（2021年5月）27頁参照。

要事項のみを残す大幅な改正を行うこととなる。この点が最大のポイントである。したがって、各地方公共団体は、従来条例により運用されてきた個人情報保護制度が、国の法律に基づく統一的なルールで運用することになるという点につき、施行日までに住民に周知する必要がある。少なくとも改正法の成立時点において、今回の法改正がこのような重大なものであることについて、国民・住民が十分に理解しているとは到底思えない状況にあり、その点を踏まえて、住民の不安や混乱を防止することが肝要となる。そのためには、各地方公共団体が、新たな制度における規律の内容を住民に対して分かりやすく説明しなければならない。

　特に、これまで運用してきた個人情報保護条例が、行政機関個人情報保護法と異なる規定を有していた地方公共団体については、当該条例の規定が改正法において該当する規律内容の規定とも異なるものと考えられることから、従来の個人情報の取扱いとどのような違いが生じるのかを明確にしたうえで、改正法に基づく個人情報の取扱いの考え方を住民に理解させることが重要であり、WEBサイトにおける広報はもとより、SNSや広報誌など様々な媒体を利用して周知を図っていく必要がある。

　また、改正法108条には、「この節の規定は、地方公共団体が、保有個人情報の開示、訂正及び利用停止の手続並びに審査請求の手続に関する事項について、この節の規定に反しない限り、条例で必要な規定を定めることを妨げるものではない。」との規定が置かれている。

　したがって、地方公共団体は、改正法に違反しない限りにおいて、保有個人情報の開示、訂正及び利用停止の手続並びに審査請求の手続に関する事項については、独自に条例で規定を設けることが可能であり、これらの手続に関しては、当該地方公共団体における従来からの取扱いと異ならないような工夫をして、住民の混乱を防止する措置が認められていることに留意することが肝要である。この点については後述する。

（3）具体的な影響内容

　ここからは、改正法による影響のうち、地方公共団体に関係する点について条文に即して解説する。なお、引用する条は令和3年法律第37号による改正後の条である。

（ア）目的（1条）

　デジタル改革関連法の一つである「デジタル社会の形成を図るための関係法律の整備に関する法律」は、デジタル社会形成基本法に基づきデジタル社会の形成に関する施策を実施することを目的としており、そのうちの一つの柱として個人情報保護制度の見直しが位置付けられている。

　そのことから、改正法1条の目的規定においても、改正前の規定で「高度情報通信社会の進展に伴い」とされていたものが「デジタル社会の進展に伴い」に置き換えられた。ここで言う「デジタル社会」とは、「デジタルの活用により、一人ひとりのニーズに合ったサービスを選ぶことができ、多様な幸せが実現できる社会」（令和2年12月25日閣議決定「デジタル社会の実現に向けた改革の基本方針」）を意味する。

　また、オムニバス方式の法制度となったことにより、改正前は「個人情報を取り扱う事業者の遵守すべき義務等を定める」とされていた部分は、「個人情報を取り扱う事業者及び行政機関等についてこれらの特性に応じて遵守すべき義務等を定める」と改められ、第5章として「行政機関等の義務等」が位置付けられることとなった。

　さらに、全体の所管を個人情報保護委員会に一元化し、これまでは原則として対象とされていなかった公的機関の個人情報の取扱いについても個人情報保護委員会が監督権限を有することになったため、「個人情報保護委員会を設置することにより、行政機関等の事務及び事業の適正かつ円滑な運営を

図り」という部分が追加されている。ここで言う「行政機関等」には、改正法 2 条で定義されるとおり、国の行政機関、地方公共団体の機関（議会を除く）、独立行政法人等（国立大学法人や独立行政法人国立病院機構、放送大学学園等を除く）、地方独立行政法人（地方独立行政法人法21条の「試験研究を行うこと及び当該試験研究の成果を活用する事業であって政令で定めるもの」や「大学」、「病院事業」等を除く）が含まれる。したがって、地方公共団体は、これまでは特定個人情報を除き個人情報保護委員会による監督を受けることがなかったが、法改正により、156条以下に定める「資料の提出要求」や「指導及び助言」、「勧告」等の監視・監督を受けることになる（詳細は後述する。）。

　「個人情報の有用性に配慮しつつ、個人の権利利益を保護することを目的とする」という部分に変更はない。従来はこの部分について、個人の権利利益の保護のみを唯一絶対の目的とするのではなく、個人情報の有用性も斟酌することを意味しているが、両者を対等に比較衡量するのではなく、個人の権利利益の保護が最重要の目的であることを表現していると解されてきた[5]。しかし、近時の条例2000個問題における論調では、個人情報の保護の面ではなく、地方公共団体ごとの規定・運用のばらつきがデータ流通の妨げになっているという利活用の面が強調され、その結果として今回のオムニバス方式への法制変更がなされたことを考えれば、この両者のバランスの考え方が「利活用」に大きく傾いたものと考えられる。したがって、地方公共団体としては、この点を十分に留意して制度運用に当たる必要があると思われる。

（5）　宇賀・注（1）32頁、園部・藤原・注（2）53頁参照。

① 個人情報（2条1項）

　個人情報の定義については、基本的に従来の個人情報保護法の考え方で統一されることになった。すなわち、「特定の個人を識別することができるもの（他の情報と容易に照合することができ、それにより特定の個人を識別することができることとなるものを含む」とする容易照合型の定めとなったため、多くの地方公共団体にとっては、従来の個人情報の定義とは異なることとなる。

　そこで、完全照合型の規定を定めていた地方公共団体においては、保護の対象となる情報の範囲が従来よりも狭まる可能性があるとの指摘が当然に考えられる。

　この点について、内閣官房の「個人情報保護制度の見直しに関するタスクフォース」が2020年12月に取りまとめた「個人情報保護制度の見直しに関する最終報告」（以下「最終報告」という）では、「現行の行政機関個人情報保護法等における個人情報の定義が照合の容易性を要件としていない結果として、行政機関においては、個人の識別のために他の行政機関への照会を要する情報についても個人情報として取り扱う必要があるとの理解がある。しかしながら、行政機関は、全体が内閣の統轄の下にある一体の組織であるから（国家行政組織法（昭和23年法律第120号）第2条参照）、そのような情報は、一元化後の定義においても、容易照合可能性があるものとして、引き続き個人情報に該当すると考えられる。」と述べ、実質的な影響は生じないと考えられるとしていた。

　しかし、その後国会の審議において、照合可能な情報と容易に照合可能な情報との違いを問われた際に、「容易照合可能性と照合可能性との差分に該当する情報といたしましては、匿名加工情報、そして外部から取得しました仮名加工情報、そして、提供元では個人を識別できませんけれども

提供先で個人を識別可能となる情報、この三つが想定されるところでございます。これらの情報につきましては、改正後は個人情報に該当しないというふうになるわけでございますが、本人を識別するために他の情報と照合してはならない義務等の規律を設けることによりまして、個人の権利保護の水準が低下することはない、……というふうに考えているところでございます。」と説明し、最終報告とは異なる考え方に立つことを明らかにした。すなわち、従来は、公的部門において匿名加工情報、外部から提供を受けた仮名加工情報、個人関連情報は完全照合の考え方により個人情報となり得たところ、容易照合型の考えを採用することにより、これらの情報は個人情報には該当しなくなることから、個人情報の範囲に差異が生じることを認めたうえで、公的部門でも、匿名加工情報、外部から提供を受けた仮名加工情報、個人関連情報についても識別禁止義務等の規制を導入したので、個人の権利利益の保護水準は低下しないという考え方である。

　ただし、これはあくまで国の立法趣旨にすぎないものであって、仮に改正法の施行後に個人識別性の問題が法的に争われるような事態となったときには、同じ情報であるにもかかわらず、従来の完全照合型の規定であれば違法とされたものが、容易照合型の規定となったことにより違法ではないと判断されるケースが生じる可能性は否定できないのではなかろうか。例えば、改正法72条が定める個人関連情報の提供を受ける者に対する措置要求については、行政機関の長等が第三者に個人関連情報を提供する場合、「当該第三者に対し、提供に係る個人関連情報について、その利用の目的若しくは方法の制限その他必要な制限を付し、又はその漏えいの防止その他の個人関連情報の適切な管理のために必要な措置を講ずることを求めるものとする」とされているが、これは当該第三者が当該個人関連情報を個人情報として取得することが想定される場合に限られているのであって、どこまで正確に「想定」できるかが必ずしも明確ではない以上、それ

が完全照合型であれば個人情報に含まれる情報である場合、保護の水準が低下する可能性は否定できないものと思われる。

　このようなことを踏まえれば、地方公共団体としては、法改正の結果、個人情報保護の水準が低下するという事態を生じさせることがあってはならないのであり、特に、ある情報が個人情報であるか否かの問題は、住民の権利利益に直結する基本の部分であることから、改正法における個人情報の定義が容易照合型であったとしても、制度運用上は、従来と同様の考え方で個人情報性を判断していくべきではないかと思われる。

② 　死者の情報

　改正法においては、個人情報の定義として従来からの規定と同様に「生存する個人に関する情報であって」と定めていることから、死者の情報は個人情報には含まれない。これは、法が個人情報の本人を対象として、本人の権利利益の侵害等が発生することを未然に防止することを目的とするものであり、死者に関する情報の保護によって、相続人や遺族等、第三者の権利利益を保護することまでを意図するものではないためであるとされている。

　しかし、地方公共団体の個人情報保護条例の中には、「個人に関する情報であって」というような規定の仕方により、生存する者に限られず、死者の情報も個人情報に含まれるとして保護してきたものが存する。個人情報保護委員会事務局の「個人情報保護条例に係る実態調査結果　令和２年５月」（以下「実態調査」という）によれば、調査対象である都道府県（47団体）、市町村（1,741団体）、一部事務組合等（1,562団体）のうち、1,029団体が死者に関する情報を「個人情報」として規定しているとされている。

　これらの地方公共団体が、死者の情報を個人情報として保護してきた理由としては、死者の名誉や人格的利益を守るため、保有している情報が生

存する個人のものであるか死者のものであるかを分別することが困難であるため等が挙げられる。また、開示請求の場面においては、遺族等の個人情報として解釈することにより、一定の場合に開示請求を認める（例：東京都、名古屋市、吹田市）、個人情報保護制度の外で、一定の場合に開示・情報提供の申出を認める（例：札幌市）、死者の個人情報として、一定の場合に開示請求を認める（例：仙台市、川崎市、新潟市）といった複数のパターンが見受けられる。

　死者の情報の考え方については、最終報告が「死者に関する情報は、現行の個情法及び行政機関個人情報保護法等の定めと同様、『個人情報』には含まれないものと整理されるが、地方公共団体において、別途、個人情報とは別のものとして、死者に関する情報の保護についての規定を設け、必要な保護を図ることは考えられる。」としており、このことから、改正法の施行に合わせて、地方公共団体が条例によって死者を個人情報に含めるというような規定を新たに設けることは認められないが、個人情報とは別に、死者の情報に関する保護措置を個人情報に準じて別途条例で定めることは可能であろう。ただし、当該条例を地方公共団体等が改正法に関して定める条例と位置付けられるかについては、後述する108条との関係で検討を要する。

③　行政機関等（2条11項）

　前述のとおり、2条で定義される「行政機関等」には、国の行政機関、地方公共団体の機関（議会を除く）、独立行政法人等（国立大学法人や独立行政法人国立病院機構、放送大学学園等を除く）、地方独立行政法人（地方独立行政法人法21条の「試験研究を行うこと及び当該試験研究の成果を活用する事業であって政令で定めるもの」や「大学」、「病院事業」等を除く）が含まれる。

　ここで問題となるのが、地方公共団体について、議会が除かれているこ

とである。これまでの地方公共団体の議会に関する個人情報保護については、当該地方公共団体の個人情報保護条例で実施機関として議会が含まれているもの（福岡県、静岡県、堺市等）、議会の個人情報保護条例を別に制定しているもの（広島県、岡山県、高知市等）、議会に関する個人情報保護の法規がないもの（東京都、大阪府等）に分かれている。これらのうち、議会独自の個人情報保護条例を定めている場合は、今回の法改正の影響を特に受けることはないが、当該地方公共団体の個人情報保護条例で実施機関として議会が含まれている場合には、法改正で個人情報保護条例が廃止されることにより、議会が規律対象から除外されることになる。

この点につき、最終報告では「議会については、現行の行政機関個人情報保護法が行政機関を対象とし、国会や裁判所が（報告書では「を」とされているが、誤字と思われる。）その対象となっていないこととの整合を図るため、新制度の適用の対象とはしないこととすることが適当である。なお、ほとんどの団体（1,748団体）で議会は個人情報の保護に関する条例等の対象とされており、引き続き、条例等により、共通ルールに沿った自律的な措置を講じることが望まれるものである。」としている（事務局案では、「個人の権利利益の保護という観点からは、自律的な対応のもと個人情報保護が適切に行われることが期待されます。」とされている）。

元来、議会の保有個人情報について、地方公共団体により条例上の規定の在り方が異なっているのは、地方議会が地方公共団体の立法機能を担う機関であり、その保有文書は議会及び議員の政治的判断・活動に係るものとして、行政機関の保有文書に関すると同列に論ずることはできないとの見方が働き、この点で考え方が分かれた結果であろうと推測されるが[6]、いずれにしても、議会として、法改正により個人情報保護のレベルが低下

（6）　塩入・注（1）19頁参照。

することは避ける必要があり、上記の実施機関に含まれていた議会については、改正法施行のタイミングに合わせて独自の個人情報保護条例を整備することになると思われる。この場合、従来が条例上の実施機関の位置づけであった以上、単に内規として個人情報保護のルールを定めることでは足りず、条例を制定すべきであると解される。

　また、これまで個人情報保護に関する法規を定めていない議会については、この機会に改めて条例の制定を検討・実施すべきであろう。

　一方で、地方独立行政法人については、法改正後は行政機関等に含まれるので、従来個人情報保護条例の実施機関に位置付けられていた場合、特に影響は生じない。その他、「出資法人等」に含める趣旨の規定があるか、あるいは何ら規定がなかった地方公共団体については、法改正により、地方独立行政法人について実施機関としての取扱いをすることとなる。ただし、改正法では、地方独立行政法人法21条の「試験研究を行うこと及び当該試験研究の成果を活用する事業であって政令で定めるもの」や「大学」、「病院事業」等が除かれていることに留意が必要であり、これらのものは、原則として民間の個人情報取扱事業者として改正法の規制を受けることとなる。この点については、最終報告で「現行の独立行政法人等個人情報保護法の規律対象となっている独立行政法人等が、同法の下で行政機関に準じた個人情報保護の規律を受けている経緯を振り返ると、それは、同法の制定過程において、情報公開法制における整理を基本的に踏襲し、（ⅰ）設立法において、理事長等を大臣等が任命することとされているか（ⅱ）法人に対して政府が出資できることとされているかを判断基準として、独立行政法人等個人情報保護法の対象法人となる『政府の一部を構成するとみられる法人』が選定されたためである。……しかしながら、今日的視点から改めて検討すると、このような判断基準は、政府に対する民主的統制の手段である情報公開法制の適用範囲を画する基準として

は引き続き合理的であるが、個人の権利利益を保護することを目的とする個人情報保護法制における適用対象の判定においては、官民の枠を超えたデータ利活用の活発化という情勢変化を踏まえたより実質的な判断が求められており、『各法人における個人情報の取扱いの実質に照らし、当該法人に行政機関に準じた規律を適用するのが適当かどうか』という観点から、対象法人を選定すべきであると考えられる。……そこで、今般の一元化の機に、この点の是正を図ることとし、現行の独立行政法人等個人情報保護法の規律対象となっている独立行政法人等のうち、（ⅰ）民間部門において同種の業務を行う法人（カウンターパート）との間で個人情報を含むデータを利用した共同作業を継続的に行うもの等、本人から見て官民で個人情報の取扱いに差を設ける必要性の乏しいもの（例：国立研究開発法人、独立行政法人国立病院機構、国立大学法人、大学共同利用機関法人）については、原則として、民間事業者と同様の規律を適用し、（ⅱ）行政機関に準ずる立場で（公権力の行使に類する形で）個人情報を取得・保有するもの（例：行政執行法人、日本年金機構）等、（ⅰ）以外のものについては、行政機関と同様の規律を適用することが適当である。」と述べたうえで、「地方公共団体等が設置・運営する病院、診療所及び大学についても、以上と基本的に同様の考え方に立って、民間の個人情報取扱事業者と原則として同様の規律を適用することが適当である。」としている。

④　行政機関等匿名加工情報（60条3項）、仮名加工情報（2条5項）、個人関連情報（2条7項）

　現行の行政機関個人情報保護法では、2条8項で「非識別加工情報」、同条9項で「行政機関非識別加工情報」が規定されている。「行政機関非識別加工情報」は、「非識別加工情報」のうち、個人情報ファイル簿に掲載される保有個人情報であって、原則として情報公開請求を受けたとするならば不開示とならないものについて加工した場合を指す。

　従来、民間部門における「匿名加工情報」と「非識別加工情報」は、い
ずれについても個人情報を個人情報の区分に応じて定められた措置を講じ
て特定の個人を識別することができないように加工して得られる個人に関
する情報であって、当該個人情報を復元して特定の個人を再識別すること
ができないようにしたものであるという点で共通するが、行政機関の内部
では、「非識別加工情報」は作成のもととなったデータと照合することが
可能であり、特定の個人を識別することができるため個人情報に該当する
ものであるのに対し、個人情報保護法が規定する民間部門の「匿名加工情
報」は、特定の個人を識別できず、もとの個人情報を復元できないように
加工したものであるうえに、識別行為の禁止義務が課せられているため、
個人情報に該当しないという違いがあるとして整理がなされてきた。

　この点について最終報告では、「個人情報の定義の相違に起因して、個
人情報保護法における「匿名加工」が個人情報を非個人情報化して外部に
提供する仕組みであるのに対し、行政機関個人情報保護法等における「非
識別加工」は個人情報を個人情報としての性質を部分的に残したまま外部
に提供する仕組みであると整理されている。……その結果、個人情報保護
法における「匿名加工情報」と行政機関個人情報保護法等における「非識
別加工情報」は、情報の内容としては同じ（個人情報に対して同じ基準に
従って加工を行ったもの）であるにもかかわらず、別の名称が与えられて
いる。」と述べたうえで、法改正による個人情報の定義の統一化によって
「非識別加工情報も非個人情報となり、匿名加工情報と用語上区別すべき
理由はなくなることから、両者の名称を「匿名加工情報」に統一すること
が適当である。」としており、改正法60条3項において「行政機関等匿名
加工情報」という名称として定義された。

　「行政機関等匿名加工情報」については、非識別加工情報の仕組みとし
てこれまでに鳥取県等が条例改正を行い導入しているが、総務省の「地方

公共団体の個人情報保護制度に関する法制化について（素案）令和2年10月」によれば、非識別加工情報についての規定が無い地方公共団体が1,777団体あるとされており、独立行政法人等における事例についても2020年9月末時点でわずか1件となっている。

　非識別加工情報の導入に地方公共団体が慎重な姿勢を採っていた理由については、民間企業からの非識別加工情報に関する相談等がほとんどなく、ニーズが把握できないこと、行政機関個人情報保護法における非識別加工情報の提供の手続を横引きすると、個人情報ファイルの整備が必要となるなど、地方公共団体の制度の運用実態に即していないこと、加工対象となる個人情報の中に、不開示とすべき情報が含まれる可能性が否定できないこと、加工には専門的知識が必要であり、ノウハウの蓄積もないこと等が挙げられてきている[7]。また、民間企業のニーズは、必ずしも行政区域ごとに存するものではなく、鉄道や道路の沿線、○○地方等の区割りも想定されることから、地方公共団体が個別に制度を導入することが望ましいのかという疑問も呈されていた。

　このような状況を受け、総務省は、2017年7月から「地方公共団体が保有するパーソナルデータの効果的な活用のための仕組みの在り方に関する検討会」を設置開催して、非識別加工情報の提供に係るルールの在り方や複数の地方公共団体が保有する個人情報の共同加工等の仕組み等について検討を行い、2018年4月に同検討会は報告書を取りまとめ、複数の地方公共団体から加工に関する業務の委託を受ける「共同受託」、さらに、データを利活用する民間事業者が簡便に地方公共団体のデータにアクセスでき

（7）　髙野祥一「個人情報保護法等の改正に対する地方自治体の対応の在り方」（『情報公開の実務』・『個人情報保護の実務』別冊 IP vol.41、第一法規、2017年10月）、「連載『自治体における個人情報保護制度の運用と課題』第7回及び第8回　匿名加工情報（非識別加工情報）上・下」自治実務セミナー2017年3月号・4月号（2017年）を参照。

る環境の整備及びこれに伴う地方公共団体の負担軽減を図るため、地方公共団体とは別の組織である作成組織において非識別加工情報の作成・提供等を行う仕組みについて、検討を進めるべきとの提言がなされた。

　この報告を受け、総務省は2018年８月に「地方公共団体の非識別加工情報の作成・提供に係る効率的な仕組みの在り方に関する検討会」を設置し、作成組織における非識別加工情報の作成対象となる情報の範囲や地方公共団体からの個人情報の円滑な提供、作成組織の認定等の国の関与の在り方等について検討を行い、2019年６月に中間とりまとめを行うとともに、同年11月に「官民の個人情報保護制度の見直しに係る動向を踏まえた今後の方向性について」を公表した。その中で、作成組織については「全国統一の加工基準等により非識別加工情報が作成・提供されるため、地方のデータ利活用の推進に資することが期待されるもの」であり、「データを利活用する民間事業者が各地方公共団体に対して非識別加工情報の提案を行う必要等がなくなることから、データ利活用事業者が簡便にデータの提供を受けることを可能とするもの」であるとする一方で、「非識別加工情報のニーズが十分に見込めるとはいい難いことや、地方公共団体とのデータ受渡し等にどの程度の調整コストを要するか等、様々な不確定要素があるため、事業採算性を明確に評価することは難しい状況にある」としており、今般の個人情報保護制度に関する官民一元化の検討において、「データ利活用の推進策の観点から、検討・整理されることが適切と考えられる」と述べられている。

　こうした検討経過を踏まえ、最終報告では、「地方公共団体等についても、非識別加工情報（一元化後に「匿名加工情報」に統一）の提供制度について行政機関個人情報保護法と同等の規定を適用しつつ、経過措置として、当分の間、都道府県及び指定都市について適用することとし、他の地方公共団体等は任意で提案募集を実施することができるとすることが適当

である。」としたうえで、非識別加工に関する十分な知見を持った人材がいない等の課題を有する地方公共団体については、「非識別加工情報について加工基準を定め、制度運用について監視を行う個人情報保護委員会に対し、非識別加工情報に係る事務の実施にあたり必要な支援を求めることができることとすることが適当である。」としている。

　改正法では、行政機関等匿名加工情報について、現行の行政機関個人情報保護法における非識別加工情報の仕組みを基本として、非識別加工情報が匿名加工情報と同様に個人情報ではないものとして整理され、名称が「匿名加工情報」に統一された。詳細は後述するが、地方公共団体にも適用されることとなり、その結果、各地方公共団体は、改正法119条3項及び4項の規定に基づき、実費を勘案して政令で定める額を標準として、行政機関等匿名加工情報の利用契約に係る手数料を定めなければならない。ただし、附則7条で「都道府県及び地方自治法第252条の19第1項の指定都市以外の地方公共団体の機関並びに地方独立行政法人についての第110条及び第111条の規定の適用については、当分の間、第110条中『行政機関の長等は、』とあるのは「行政機関の長等は、次条の規定による募集をしようとする場合であって、』と、第111条中『ものとする』とあるのは「ことができる」とする。』と定められたことにより、都道府県及び指定都市を除き、当分の間、行政機関等匿名加工情報の提供制度の運用を事実上留保することが許される。

　次に、仮名加工情報は、2020年6月に改正・公布された個人情報保護法（以下「20年改正法」という）において新設されたもので、個人情報保護委員会によれば、仮名加工情報の創設の趣旨は、一定の安全性を確保しつつ、データとしての有用性を加工前の個人情報と同等程度に保つことができるように、匿名加工情報に比してより簡便な加工により得られる新たな個人情報の類型を設けることで、イノベーションの促進を図る点にあると

される[8]。

　仮名加工情報とは、個人情報に含まれる氏名等の記述や個人識別符号の削除などにより、他の情報と照合しない限り特定の個人を識別することができないように加工して得られる個人に関する情報をいう。仮名加工情報、匿名加工情報のいずれも、個人情報に含まれる記述等の一部の削除・置き換えや個人識別符号の全部の削除・置き換えによって加工して作成するという点において共通しているが、仮名加工情報は、その情報自体から特定の個人を識別することができなければ、仮に他の情報と照合することにより特定の個人を識別することが可能であるとしても該当することになる。また、加工の際に削除等を行った氏名や個人識別符号等、他の情報と照合することにより特定の個人を識別することができる情報が組織内部に存在することが想定されることから、加工前の個人情報を復元することができないということは要件とされていない。これらのことから、仮名加工情報には、個人情報に該当するものと該当しないものの両方が含まれることとなる。該当しないものの代表的な例は、仮名加工情報を利用した分析等を行うに当たって、作業の委託を受けた受託業者のような場合が考えられ、当該受託業者は加工前の個人情報も削除等を行った情報も保有していないため、特定の個人を識別することはできず、当該仮名加工情報は個人情報には当たらないことになる。

　これまでの地方公共団体における個人情報の取扱いにおいても、安全管理の観点から、氏名等の基本情報と個々の関連データを別のファイルとして管理し、ID番号などで紐づけて利用する例は多く、その意味においては仮名加工情報は必ずしも新しい考え方ではないが、本人を識別することを目的として仮名加工情報を他の情報と照合することが禁止されていると

（8）　「改正法に関連する政令・規則等の整備に向けた論点について（仮名加工情報）」令和2年11月27日第159回個人情報保護委員会。

いう点において、従来の安全管理を目的とした簡易な加工情報とは区別される。また、その利用が想定される場面についても、当初の利用目的とは異なる目的や当初の利用目的の範囲内であるかの判断が困難な目的で内部分析等を行うようなケースが挙げられている。

　個人関連情報とは、「生存する個人に関する情報であって、個人情報、仮名加工情報及び匿名加工情報のいずれにも該当しないもの」を指し、氏名と結びついていないインターネットの閲覧履歴、位置情報、Cookie 情報等がこれに該当するとされている。これは、就職情報サイトを運営する企業が、学生の同意を得ることなく、内定辞退率を算出し他の企業に販売していた問題をきっかけに20年改正法で新設された概念であり、この問題について個人情報保護委員会は、令和元年12月4日付けで「内定辞退率の提供を受けた企業側において特定の個人を識別できることを知りながら、提供する側では特定の個人を識別できないとして、個人データの第三者提供の同意取得を回避しており、法の趣旨を潜脱した極めて不適切なサービスを行っていた。」等のコメントを公表している[9]。いわゆる「提供元基準」を都合の良いように利用し、提供元においてデータに容易照合性がなく特定の個人が識別できないものであれば、仮に提供先において他の情報との照合により特定の個人が識別できるものであるとしても、個人データの第三者提供には当たらないという解釈を批判するものであるが、このような解釈を実務的に行う事例があることに対処するため、20年改正法で個人関連情報の定義が置かれ、提供元では個人データに該当しないものの、提供先において個人データとなることが想定される情報の第三者提供については、本人同意が得られていること等の確認を義務付けることとされた（20年改正法26条の2等）。

（9）　https://www.ppc.go.jp/files/pdf/191204_houdou.pdf

　公的部門においても、行政機関等が個人情報に該当しない情報を第三者に提供した結果、提供先において本人が識別される個人情報となり、本人の権利利益を侵害する結果となる可能性は否定できないことから、官民共通の規律として規定されたものとされているが、実務上、そのようなケースは稀であると思われることから、ここでは詳説は行わないこととする（事務局案では、「行政機関等が法令に基づき民間事業者等から個人情報には該当しない仮名加工情報を取得した場合等には、第69条の規定の適用対象外となり、随意に外部提供等を行い得ることとなってしまうことから、個人の権利利益を保護するため、行政機関等が取得した仮名加工情報の第三者提供について一定の規律を設けている。」とされている）。

　なお、個人関連情報については、個人情報保護委員会においてガイドライン等の整備に向けて検討が行われており、2021年4月7日の第171回個人情報保護委員会では、本人からの同意取得の態様・方法に関し、「本人同意を提供元・提供先のどちらが取得するか」、「本人同意を取得した後、提供元が具体的にどのような方法で本人同意を確認するか」という事項について審議が行われ、「提供先において同意取得する」、「提供元は提供先の申告内容を一般的な注意力をもって確認すれば足りる」という方向性で引き続き議論していくものとされた（第171回議事録参照）。

⑤　地方公共団体等行政文書（60条1項）

　改正法では、保有個人情報の定義との関連で、「地方公共団体等行政文書」という新たな用語を用いており、その内容は、「地方公共団体の機関又は地方独立行政法人の職員が職務上作成し、又は取得した文書、図画及び電磁的記録であって、当該地方公共団体の機関又は地方独立行政法人の職員が組織的に用いるものとして、当該地方公共団体の機関又は地方独立行政法人が保有しているもの（行政機関情報公開法第2条第2項各号に掲げるものに相当するものとして政令で定めるものを除く）をいう。」とさ

れている。官報、白書、新聞、雑誌、書籍その他不特定多数の者に販売することを目的として発行されるもの、公文書等の管理に関する法律（平成21年法律第66号）2条7項に規定する特定歴史公文書等、政令で定める研究所その他の施設において、政令で定めるところにより、歴史的若しくは文化的な資料又は学術研究用の資料として特別の管理がされているもの（特定歴史公文書等を除く）に相当するものとして政令で定めるものは地方公共団体等行政文書に含まれない。

　地方公共団体にとっては、従来からの保有個人情報の概念と異なるものではなく、特に影響はないものと思われる。

⑥　条例要配慮個人情報（60条5項）及び個人情報の保護に関する施策等（8条〜14条）

　今回の法改正において、要配慮個人情報の定義は変更されておらず、「本人の人種、信条、社会的身分、病歴、犯罪の経歴、犯罪により害を被った事実その他本人に対する不当な差別、偏見その他の不利益が生じないようにその取扱いに特に配慮を要するものとして政令で定める記述等が含まれる個人情報をいう。」と規定されている。

　この要配慮個人情報については、地方公共団体の個人情報保護条例において、定義としては規定がないが、収集や保管制限の定めの中で例示列挙されているもの（例として、東京都個人情報の保護に関する条例（平成2年条例第113号。以下「都条例」という）4条2項では、「実施機関は、思想、信教及び信条に関する個人情報並びに社会的差別の原因となる個人情報については、収集してはならない。」と規定している。）、定義は置かず、収集や保管に当たって個人情報保護審議会等の意見を聴く必要がある事項としているもの（例として、三鷹市個人情報保護条例（昭和62年条例第29号）6条2項では、「実施機関は、法令の定めがあるとき、及び第26条に規定する三鷹市個人情報保護委員会（第26条を除き、以下「委員会」

146

という）の意見を聴いて市長が職務執行上特に必要であると認めるときを除き、次に掲げる事項に係る個人情報の保管等をしてはならない。」と定めたうえで、「（1）思想、信条及び宗教に関する事項、（2）社会的差別の原因となる事実に関する事項、（3）前 2 号に定めるもののほか、委員会の意見を聴いて市長が基本的人権を侵害するおそれがあると認める事項」を挙げている。）、法と同様の定義を置いたうえで、規則等で法にはない事項を追加しているもの（例として、高知県個人情報保護条例（平成13年条例第 2 号）は、2 条 2 号で要配慮個人情報の定義を置いたうえで、「その取扱いに特に配慮を要するものとして実施機関が定める事項」として、知事が取り扱う個人情報の保護に関する規則 1 条の 2 で「生活保護法（昭和25年法律第144号）第11条第 1 項各号に掲げる扶助を受けたこと」と「成年被後見人、被保佐人又は被補助人であること」を明記している。また、四万十市個人情報保護条例施行規則にも同様の定めがある）等のパターンがある。

　改正法で一元化のルールが適用されることにより、これまで個人情報保護条例に要配慮個人情報の定義を置かず、収集制限等も一切定めていなかった地方公共団体については、統一的に改正法の規律が適用されることになり、要配慮個人情報を意識した制度運用が必要となる。

　従来の個人情報保護条例でセンシティブな情報について原則的な収集・保管制限等の定めを置いていた地方公共団体については、改正法の規律で統一されることにより、そのような情報（要配慮個人情報）が原則収集禁止ではなくなることとなる。改正法は行政機関個人情報保護法の考え方を採用しているため、要配慮個人情報の定義はあっても、特に収集制限等の定めがないからであるが、この点について、最終報告では、「個人情報の保有に関し、現在、地方公共団体の条例には、要配慮個人情報の取得制限等、行政機関個人情報保護法には直接対応した規定のない規律を設ける例

が多く見られる。ただし、これらの取得制限規定では、例外的に取得可能な場合も併せて定められており、取得を全面的に禁止している例は見られない。この点、行政機関個人情報保護法上、個人情報の保有は、法令の定める所掌事務の遂行に必要な場合に利用目的の達成に必要な範囲内でのみ認められているものであり（第3条）、行政機関個人情報保護法上個人情報を保有できる範囲と、上記のような取得制限規定がある条例上（要配慮個人情報等の）個人情報を保有できる範囲とは、概ね同様であると考えられる。したがって、個人情報の保有について、地方公共団体等にも行政機関個人情報保護法と同等の規定を適用することにより、従前と同水準の個人情報の保護を図ることができるものと考えられる。」と述べており、事実上の影響はないと考えているようである。

　一方で、要配慮個人情報に関し、個人情報保護条例で法にはない事項を追加している地方公共団体については、改正法による規律の一元化により、従来は要配慮個人情報として慎重な取扱いを行ってきた特定の情報が、そのような取扱いにより保護されるべき対象から外れることとなる。しかし、この点について最終報告では、「地方公共団体等がそれぞれの施策に際して保有することが想定される情報で、その取扱いに特に配慮が必要と考えられるものとして『LGBTに関する事項』『生活保護の受給』『一定の地域の出身である事実』等が考えられるが、これらは、国の行政機関では保有することが想定されず、行政機関個人情報保護法・行政機関の保有する個人情報の保護に関する法律施行令（平成15年政令第548号。以下『行個令』という）の『要配慮個人情報』には含まれていないものである。また、将来においても、地方公共団体等において新たな施策が展開され、その実施に伴い保有する個人情報が、行政機関個人情報保護法・行個令の『要配慮個人情報』には規定されていないものの、その取扱いには、『要配慮個人情報』と同様に特に配慮が必要な個人情報である場合も想定

される。こうした個人情報について、不当な差別、偏見等のおそれが生じ得る情報として、地方公共団体が条例により『要配慮個人情報』に追加できることとすることが適当である。」とされており、改正法60条5項で「この章において「条例要配慮個人情報」とは、地方公共団体の機関又は地方独立行政法人が保有する個人情報（要配慮個人情報を除く）のうち、地域の特性その他の事情に応じて、本人に対する不当な差別、偏見その他の不利益が生じないようにその取扱いに特に配慮を要するものとして地方公共団体が条例で定める記述等が含まれる個人情報をいう。」との規定が置かれた。これにより、地方公共団体は、改正法における要配慮個人情報の定義に含まれていない情報であっても、別に条例で定めることにより、要配慮個人情報と同様の保護措置を講ずることが可能となる。

　なお、従来、要配慮個人情報の収集・保管に際して個人情報保護審議会等の意見を聴くこととしている地方公共団体については、審議会等の位置づけについて再確認する必要がある。

　改正法129条では、「地方公共団体の機関は、条例で定めるところにより、第3章第3節の施策を講ずる場合その他の場合において、個人情報の適正な取扱いを確保するため専門的な知見に基づく意見を聴くことが特に必要であると認めるときは、審議会その他の合議制の機関に諮問することができる。」と規定されている。第3章第3節では、12条の「地方公共団体等が保有する個人情報の保護」が「地方公共団体の機関等が保有する個人情報の保護」に改められ、1項は「地方公共団体は、その保有する個人情報の性質、当該個人情報を保有する目的等を勘案し、その保有する個人情報の適正な取扱いが確保されるよう必要な措置を講ずることに努めなければならない。」という規定が「地方公共団体は、その機関が保有する個人情報の適正な取扱いが確保されるよう必要な措置を講ずるものとする。」とされ（ここで言う「機関」には議会が含まれる）、2項は「地方公共団

体は、その設立に係る地方独立行政法人について、その性格及び業務内容に応じ、その保有する個人情報の適正な取扱いが確保されるよう必要な措置を講ずることに努めなければならない。」とする規定が「地方公共団体は、その設立に係る地方独立行政法人について、その保有する個人情報の適正な取扱いが確保されるよう必要な措置を講ずるものとする。」というように改正された。13条の「区域内の事業者等への支援」及び14条の「苦情の処理のあっせん等」については条文の改正はなく、努力義務の内容に実質的な変更はないものと解される。

　そこで、地方公共団体の機関が保有する個人情報の適正な取扱いが確保されるための必要な措置については、別に条例で定めることにより、地方公共団体として専門的な知見に基づく意見を聴くことが特に必要であると認めるときに、従来と同様に審議会等に諮問することができるのであるが、最終報告では、「現在、多くの地方公共団体の条例においては、個別の個人情報の取扱いの判断に際して、地方自治法第138条の4第3項に規定する附属機関である審議会等の意見を聴くこととしているが、法制化後は、法律による共通ルールについて国がガイドライン等を示し、地方公共団体等はこれに基づきあらかじめ定型的な事例について運用ルールを決めておくことにより、個別の個人情報の取扱いの判断に際して審議会等に意見を聴く必要性は大きく減少するものと考えられる。」としたうえで、「今後、審議会等の役割は、上記のような個別の個人情報の取扱いの判断に際して諮問を受けるものから、定型的な事例についての事前の運用ルールの検討も含めた地方公共団体等における個人情報保護制度の運用やその在り方についての調査審議に重点が移行していくことになるものと考えられる。」と述べており、個別の個人情報の取扱いの判断に関して審議会等の意見を聴くことには否定的であるように思われる。改正法9条において、国の講ずべき施策として「事業者等が講ずべき措置の適切かつ有効な実施

を図るための指針の策定」が「地方公共団体又は事業者等が講ずべき措置の適切かつ有効な実施を図るための指針の策定」に改められ、11条2項で「国は、第5章に規定する地方公共団体及び地方独立行政法人による個人情報の適正な取扱いを確保するために必要な措置を講ずるものとする。」という規定が新設されたことも、その方針を示す一つと解される。

　しかし、要配慮個人情報に関して国の行政機関では保有することが想定されない情報の存在を認め、「条例要配慮個人情報」の定義を設けたことからも明らかなように、個人情報を取り扱う事務の性質や内容は国と地方で大きく異なるのであるから、法律による統一のルールになったとはいえ、国が地方公共団体の実務の詳細まで把握しているわけではなく、地方公共団体からの個人情報の取扱いに関する問い合わせ等に対して個別対応を行うことを予定しているとも考えられないことからすれば、ガイドライン等を示すことにより、個別の個人情報の取扱いの判断に審議会等の意見を聴く必要性がなくなると考えることには大いに疑問がある。国のガイドライン等において、様々な種類がある地方公共団体の個人情報を取り扱う事務に関して、網羅的に疑義が生じないような取扱指針等を示すことは困難であると思われ、地方公共団体としては、公正性を担保し、住民から恣意的な個人情報の取扱いではないか等の疑念を抱かれないためにも、今後も第三者機関である審議会等の意見を聴く必要があるケースも考えられるのではないかと思われる。

　ただし、改正法156条以下の規定により、個人情報保護委員会は地方公共団体に対しても監督権限を有することとされており、仮に、地方公共団体が審議会等の意見を聴く事項や手続について、従来の考え方に近い内容として条例で定める場合、改正法167条1項により「遅滞なく、個人情報保護委員会規則で定めるところにより、その旨及びその内容を委員会に届け出なければなら」ず、個人情報保護委員会がその内容について、改正法

5章の規定の円滑な運用を確保するため必要があると認めるとき、すなわち、法制一元化の趣旨に反すると判断したときは、指導や助言、勧告が行われることとなるため、次項で取り上げるオンライン結合制限に関する審議会への意見聴取手続とともに、個人情報保護委員会と十分な事前協議を行う必要があろう（事務局案では、「個人情報の取得、利用、提供、オンライン結合等について、類型的に審議会等への諮問を要件とする条例を定めることは、今回の法改正の趣旨に照らして許容されません。」とされている）。

（ウ）個人情報の取扱い

①　オンライン結合制限

　地方公共団体の個人情報保護条例には、オンライン結合（通信回線を通じた電子計算機の結合）による個人情報の提供について制限する規定を置くものが数多くある。例えば、大阪市個人情報保護条例（平成7年条例第11号）12条1項では、「実施機関は、保有個人情報の電子計算機処理を行うときは、本市の他の機関若しくは国、独立行政法人等、他の地方公共団体若しくは地方独立行政法人又は本人以外のものと通信回線により電子計算機の結合を行ってはならない。ただし、次の各号のいずれかに該当するときは、この限りでない。」として、1号の「法令等に定めがあるとき」と2号の「実施機関が公益上特に必要があると認めるとき」を掲げている。群馬県個人情報保護条例（平成12年6月14日条例第85号）8条4項では、「実施機関は、通信回線による電子計算機その他の情報機器の結合（実施機関が保有する個人情報を実施機関以外の者が随時入手し得る状態にするものに限る。）により個人情報を提供するときは、個人の権利利益を不当に侵害することがないよう努めるとともに、次の各号のいずれかに該当するときを除き、あらかじめ、群馬県個人情報保護審議会の意見を聴

かなければならない。提供している内容を変更しようとするときも、同様とする。」として、1号の「法令等に基づくとき」と2号の「犯罪の予防、鎮圧及び捜査、被疑者の逮捕、交通の取締りその他公共の安全と秩序の維持を目的とするとき」を掲げている。また、都条例11条2項は、「実施機関は、事務の執行上必要かつ適切と認められ、及び個人情報について必要な保護措置が講じられている場合に限り、通信回線による電子計算組織の結合による外部提供を行うことができる。」と規定しており、「個人情報保護事務の手引」（以下「都の手引」という）によれば、その趣旨について「通信回線による電子計算組織の結合（以下「オンライン」という）による処理は、都民サービスの向上と事務処理の効率化に大きな成果を発揮しているが、その反面で、情報の利用が簡単にできることなどから、プライバシー保護のための安全対策が必要であるので、実施機関が、オンラインによる外部提供をする場合について、事務の執行上必要かつ適切と認められること及び提供する相手方に個人情報保護のために必要な措置が講じられていることを条件として定め、この条件を満たす場合には、オンラインによる外部提供を行うことができる旨を明らかにしたものである。」とされている。

　この問題については、最終報告で「ITの活用は行政サービスの向上や行政運営の効率化に大きく寄与しており、個人情報の流通に限り物理的な結合を禁止することは合理性を欠くものであり、場合によっては、個人情報の円滑な利用を阻害して国民に不利益を被らせるおそれもある。また、行政機関個人情報保護法においては、オンライン結合制限規定がなくとも、第6条、第8条等により、個人情報の安全性の確保等が図られている。このため、オンライン結合制限規定を置くことは不要になると考えられ、共通ルールには当該規定は設けないこととすることが適当である。」とされ、結果的に改正法にはオンライン結合制限に関する規定は置かれて

いない（事務局案では、「いわゆる『オンライン結合』を制限する規定に関しては、……、こうした改正法の考え方にそぐわないことから、条例においてこのような規定を定めることは、許容されません。」とされている。）。

前記「個人情報保護制度の見直しに関するタスクフォース」には、有識者検討会として「個人情報保護制度の見直しに関する検討会」が設置されていたが、その会議の中では、「オンライン結合制限というものは、それ自体が時代遅れとは必ずしもいえないと思われます。今、どのように機能しているかといいますと、自治体において今までデジタル化されていない個人情報をデジタル化して取り扱うに当たってのリスクアセスメントの機会にもなっているのです。オンライン結合制限のルールがあって、そこに照らしてどうなのかということを確認する作業の過程で、プライバシーに対するインパクトのアセスメントの機会にもなっているということを踏まえれば、デジタル化に伴うリスクアセスメントそのものがなくならないようなルールにしていく必要があると思っております。」との意見が述べられている[10]。実際に、川崎市では、川崎市個人情報保護条例（昭和60年条例第26号）12条1項に基づき、電子計算機を外部接続して保有個人情報の電子計算機による処理を行う際には、川崎市情報公開運営審議会に諮問し、新たに実施する個人情報を取り扱う事業の内容、その事業の必要性、システムの概要、取り扱う個人情報の項目、セキュリティ対策、個人情報の保存期間、職員の取扱い上の責務などについて資料を作成し説明を行い、審議会で個人情報の取扱いに関して修正意見が出された場合は、次回以降の審議会で修正内容を報告することとしている。

今回の法制一元化により、オンライン結合制限に関する規定がなくなっ

---

(10)　内閣官房「個人情報保護制度の見直しに関する検討会」第8回会議議事録10頁参照。

たことで、従来審議会に意見を聴く手続を行ってきた地方公共団体としては、別に条例で定めない限り、その手続を引き続き行うことはできなくなる。しかし、オンライン結合に関する審議会の審議が、上記のような情報保護評価類似の機能を有する点に鑑みれば、前項で触れた要配慮個人情報の取扱いに係る審議会への意見聴取の必要性と同様に、これを全く不要なものとして排除してしまうことには大きな疑問が存する。国としては、共通ルール策定の趣旨が損なわれることだけを形式的に優先するのではなく、改めて、長きにわたって地方公共団体が積み上げてきた個人情報保護制度の運用に係る実績を再確認し、地方公共団体が条例で定めることができる内容や範囲について、柔軟に法解釈を行い認めていく姿勢が求められているものと考える。

② 個人情報の保有の制限等（61条）

　改正法61条1項では、「行政機関等は、個人情報を保有するに当たっては、法令（条例を含む。第66条第2項第3号及び第4号、第69条第2項第2号及び第3号並びに第4節において同じ。）の定める所掌事務又は業務を遂行するため必要な場合に限り、かつ、その利用目的をできる限り特定しなければならない。」と規定し、個人情報が保有可能なケースとして法令（条例を含む。）の定める所掌事務又は業務を遂行するため必要な場合に限定している。

　これに対し、これまでの地方公共団体における個人情報保護条例では、個人情報の収集制限として「実施機関は、個人情報を収集するときは、個人情報を取り扱う事務の目的を明確にし、当該事務の目的を達成するために必要な範囲内で、適法かつ公正な手段により収集しなければならない。」（都条例4条1項）というような規定が一般的であり、事務の目的を達成するために必要な範囲内であれば収集可能であって、法令で定める所掌事務又は業務の遂行という限定はなされていない。ただし、多くの地方公共

団体において個人情報を取り扱う事務の登録制が採用されており、個々の事務においていかなる個人情報を取り扱うのか、収集項目はどのようなものか、事務の目的は何か、収集先はどこからか、等の事項が記載された登録簿を公表することにより、個人情報の収集や利用、保管等の取扱いの適正性を担保している。

　この点について、所掌事務以外の事務や業務は原則的に執り行わないのであるから、上記のような規定を設けていた地方公共団体についても、改正法施行後に収集できる個人情報の範囲には差は生じないとする見解がある。この見解が妥当であるかについて、地方公共団体の実際の例を挙げて検討すると、例えば東京都組織条例（昭和35年条例第66号）で定める東京都生活文化局の分掌事務は「都民文化に関すること。」「広報及び広聴に関すること」「男女平等参画、私立学校及び消費生活その他都民生活に関すること」であり、東京都組織規程（昭和27年規則第164号）で定める東京都生活文化局広報広聴部情報公開課の分掌事務のうち、個人情報保護に関するものは「個人情報の保護に係る連絡調整等に関すること」「東京都個人情報保護審査会に関すること」「個人情報の保護に係る事業者への指導及び周知に関すること」「個人情報の保護に係る苦情の処理・あっせんに関すること」「東京都情報公開・個人情報保護審議会に関すること」である。そこで、仮に都民から域内の区や市に関する個人情報の取扱いについて相談を受けた場合、その内容が苦情に該当するものでなければ、上記規程の分掌事務の各事項には必ずしも適合しないものとなるが、都条例5条に基づく「保有個人情報取扱事務の届出」及び6条に基づく公表を「個人情報相談処理事務」として行っているため、ここで事務の目的が明示されており、当該目的を達成するために必要な範囲内の個人情報の収集と解され、少なくとも現在は適法に相談者の個人情報を取得することが可能である。

　しかし、改正法に基づく場合、上記のような事例を果たして「法令で定める所掌事務又は業務の遂行」と厳密にいえるのであろうか。東京都の事例については、東京都組織条例の「広報及び広聴に関すること」に該当すると解釈するのでは、あまりに広範かつ抽象的な事項に基づくこととなり、保有制限の趣旨に即さないのではないかと思われる。また、組織規程は法令には含まれないため、組織規程を根拠とした個人情報の収集は、「法令で定める所掌事務又は業務の遂行」に該当しないものと解される。

　この問題は、後述する個人情報ファイルと個人情報事務登録簿の問題とも関係しており、筆者としては、従来の地方公共団体の仕組みの方が運用上適切なのではないかと考える。そもそも、法令で定める所掌事務というものは、一般抽象的に規定されることが多く、具体的にどのような事務がその範囲に含まれるのかについては、国民・住民にとって明確なものとは言い難いように思われる。これに対し、個人情報を取り扱う事務を登録して公表する方法によれば、個々の具体的な事務単位で取り扱う個人情報の種類や内容、取り扱う目的、収集する項目等が明確にされており、目的に反する取扱いや明記されている項目以外の情報の収集であるか否かは、住民をしてすぐに判断することができるからである。

　なお、従来の地方公共団体の個人情報保護条例では、多くの場合、「実施機関は、個人情報を収集するときは、本人からこれを収集しなければならない。」といった規定を設け、本人収集の原則を明らかにしている（都条例 4 条 3 項など）。

　一方で、改正法は行政機関個人情報保護法の考え方を基本としているため、本人収集の原則を定めた規定は置かれておらず、61 条 1 項の「法令……の定める所掌事務又は業務を遂行するため必要な場合」であって、同条 2 項の「特定された利用目的の達成に必要な範囲」のものであれば、64 条に定める「偽りその他不正の手段」による収集でない限り、どこから収

集するかについての規制はないことになる。

　地方公共団体が定める本人収集の原則については、その主旨が正確性や最新性を確保することにあり、都の手引においても、出版や報道等から収集する場合について「安易に収集することなく、誤った情報でないことを十分調査するなど、正確で最新な情報の収集に留意すること。」とされている（手引18頁）。また、本人から収集することにより、利用目的が本人に対して明確にされているか、目的の範囲内の項目が収集されているか等について基本的に本人に説明する必要が生じ、適法性の担保にも資することとなる。さらに、本人収集の例外に該当する収集であるか否かについては、保有個人情報を取り扱う事務を開始しようとする際に行われる審議会等への意見聴取手続において、想定される本人外収集のケースについてその妥当性が第三者機関の視点からもチェックされており、複層的に適法な収集が行われるような仕組みが採られている。

　この点に関して、最終報告では「本人からの直接取得に関する規定については、本人以外からの取得を全面的に禁止する例は無く、法令・条例に定める所掌事務の遂行に必要な場合等を例外とするものであるため、その趣旨は、現行の行政機関個人情報保護法第3条及び今般改正により公的部門にも追加することとなる個人情報の不適正取得の禁止に含まれると考えられる」と述べているが、例えば、個人情報の収集に際して本人からもそれ以外からも取得可能な場合に、本人収集の原則が採られていないのであれば、いずれから収集しても違法にはならず行政の裁量の問題になるので、本人から収集するより容易な収集方法が存する場合、その方法による収集を選択する可能性が高くなるものと思われる。このことから、上記のような厳格な取扱いを行ってきたこれまでの地方公共団体の本人収集の原則と比較し、改正法の仕組みであっても趣旨や取扱いに差異は生じないとする国の考え方には疑問があるといえよう（事務局案では、本人収集の原

則に関し、「保有する個人情報の範囲及び安全管理措置、本人の関与機会の確保を通じて個人情報の保護が既に図られていることから、法律の規律と重複するこのような規定を条例で設けることは許容されません。」とされている）。

③　漏えい等の報告等（68条1項）

　従来、地方公共団体においては、保有個人情報に係る事故が発生した場合には、事務取扱要綱等の内規で管理責任者への報告や本人への通知、二次被害防止のための公表等が定められているケースが多かった。ただし、特定個人情報に関しては、「特定個人情報の漏えいその他の特定個人情報の安全の確保に係る重大な事態の報告に関する規則」（平成27年特定個人情報保護委員会規則第5号）2条に規定する特定個人情報ファイルに記録された特定個人情報の漏えいその他の特定個人情報の安全の確保に係る重大な事態に該当する事案については、個人情報保護委員会への報告が義務付けられており、その他特定個人情報の漏えい事案等が発生した場合についても、「独立行政法人等及び地方公共団体等における特定個人情報の漏えい事案等が発生した場合の対応について」（平成27年特定個人情報保護委員会告示第1号）に基づき、番号法違反の事案又は番号法違反のおそれのある事案を把握した場合には、事実関係及び再発防止策等について、速やかに個人情報保護委員会に報告するものとされていた。

　改正法では、68条1項で「行政機関の長等は、保有個人情報の漏えい、滅失、毀損その他の保有個人情報の安全の確保に係る事態であって個人の権利利益を害するおそれが大きいものとして個人情報保護委員会規則で定めるものが生じたときは、個人情報保護委員会規則で定めるところにより、当該事態が生じた旨を個人情報保護委員会に報告しなければならない。」と規定し、地方公共団体は、特定個人情報以外の一般の個人情報についても、個人情報保護委員会規則で定めるものの事故等については、同

委員会に報告しなければならないこととされた。

　なお、保有個人情報の漏洩等が発生した場合、同条2項により、本人への通知が困難な場合であって、本人の権利利益を保護するため必要なこれに代わるべき措置をとるとき、あるいは、保有個人情報に不開示情報が含まれている場合を除き、行政機関の長等は、本人に対し、個人情報保護委員会規則で定めるところにより、当該事態が生じた旨を通知しなければならないとされている。この点については、多くの地方公共団体において、従来から保有個人情報の事故に関しては同様に本人への通知が行われてきており、特にその取扱いに変更が生じることはないものと思われる。

④　利用及び提供の制限（69条）

　保有個人情報の目的外利用、提供の制限に係るこれまでの地方公共団体の個人情報保護条例の規定は、例外として目的外利用、提供が認められる要件の定めについて多種多様のパターンが存する。利用と提供で規定内容が異なるもの、利用と提供で同一の規定としているもの等があり、例外事由についても、「法令等の定めがあるとき」、「本人の同意があるとき」といった共通事項のほか、「出版、報道等により公にされているとき」、「個人の生命、身体又は財産の安全を守るため、緊急かつやむを得ないと認められるとき」等、地方公共団体によって列挙されている事項に相違が存する。

　改正法における保有個人情報の目的外利用、提供の制限については、基本的に行政機関個人情報保護法の規定をそのまま採用しており、「個人の生命、身体又は財産の安全を守るため、緊急かつやむを得ないと認められるとき」とする例外事由は規定されておらず、多くの地方公共団体が採用する「実施機関が審議会の意見を聴いて認めたとき」のような審議会等の意見聴取手続は、審議会を置かない国としては当然に定めがない。

　この問題について最終報告では、「個人情報の目的外利用・提供につい

て、現在、地方公共団体の条例には、行政機関個人情報保護法の規定（第8条第2項）よりも具体的に目的外利用、提供が可能な場合を規定する例が多く見られる。この点、行政機関個人情報保護法上、目的外提供・利用ができる場合について、行政機関の内部利用及び他の行政機関等の利用のための外部提供については、『法令の定める所掌事務の遂行に必要な限度』との要件に加えて『相当な理由』の存在を要求し（第2号、第3号）、その他の外部提供については、『特別な理由』の存在を要求（第4号）し、いずれの場合についても、本人又は第三者の権利利益を不当に侵害するおそれがないことを要件としている。上記条例の規定は、本人又は第三者の権利利益の保護を図りつつ利用・提供することができる場合（行政機関個人情報保護法で規定する『相当な理由』や『特別な理由』に該当する場合）をより具体的に規定しているものということができる。したがって、個人情報の目的外提供・利用について、地方公共団体等にも行政機関個人情報保護法と同等の規定を適用し、『相当な理由』や『特別な理由』の具体的な判断に資するために国が定めるガイドライン等に基づき運用を行うことで、個人情報の保護水準を従前から変えることなく、共通ルールの下での目的外提供・利用の円滑な運用が図られるものと考えられる。」と述べており、行政機関個人情報保護法には挙げられていない具体的な目的外利用・提供が可能な場合についてガイドライン等で示すことにより、地方公共団体についても従来と同等のレベルで規律できるものと考えられているようである。

　上記のような地方公共団体の規定の相違は、いわゆる「条例2000個問題」の中で、災害時等において保有個人情報の外部提供が求められている際に、地方公共団体によって提供される範囲の判断が異なることが、データの利活用の妨げになっているものとして強い批判を浴びた問題点である (11)。改正法による規律の一元化により、国からガイドライン等が示さ

れるのであれば、地方公共団体としては、外部提供の可否に係る判断に迷うことなく対応できることになり、一元化の主旨であるデータの利活用の促進に寄与するものといえるであろう。ただし、保有個人情報の目的外利用・提供の問題は、国民・住民の権利利益が侵害されるリスクに直結するものであり、多くの地方公共団体が保有個人情報の目的外利用・提供に際して審議会の意見聴取の手続を定めていたのは、第三者機関による公正なチェックを受けることにより、行政の恣意的な利用や提供を防止し、住民の権利利益を保護するためである。その意味において、改正法施行に際しては、国においていかに精緻かつ国民の納得できるガイドライン等が作成・公表されるかが最も重要な問題となるであろう。

　なお、地方公共団体において、この点に関する審議会の意見聴取手続を改正法施行後も存続させることについては、迅速かつ効果的なデータの利活用という目標に反するものとして当然に国は否定的であり、「オンライン結合制限」や「個人情報の保有の制限等」の項目で既述した点と同様の問題が残されている（事務局案では、「個人情報の取得、利用、提供、オンライン結合等について、類型的に審議会等への諮問を要件とする条例を定めることは、今回の法改正の趣旨に照らして許容されません。」としている。）。

⑤　外国にある第三者への提供の制限（71条）

　現行の個人情報保護委員会の「個人情報の保護に関する法律についてのガイドライン（外国にある第三者への提供編）」によれば、「外国にある第三者」の「第三者」とは、個人データを提供する個人情報取扱事業者と当

---

(11)　この問題について、教育分野での事例を交えて考察するものとして、松下尚史『電子情報利活用研究部レポート「地方公共団体における個人情報の保護と利活用〜教育分野での事例を交えて〜」』（一般財団法人日本情報経済社会推進協会、JIPDEC レポート、2020年06月12日）参照。

該個人データによって識別される本人以外の者であり、外国政府などもこれに含まれるとされている。

　本条と類似の制限規定は、改正前の個人情報保護法には設けられていたが（24条）、行政機関個人情報保護法にはそのような規定はなく、地方公共団体においても同様であり、専ら個人情報取扱事業者の義務の一つとして認識されてきたものである。

　しかし、行政機関等においても外国にある第三者に対する保有個人情報の提供はあり得ることから、個人情報取扱事業者と同様の定めが置かれたものと解される。ただし、本条においては、「利用目的以外の目的のために保有個人情報を提供する場合」が要件とされていることから、利用目的の範囲内における保有個人情報の提供には適用されない。

　個人の権利利益を保護するうえで我が国と同等の水準にあると認められる個人情報の保護に関する制度を有している外国等としては、「個人の権利利益を保護する上で我が国と同等の水準にあると認められる個人情報の保護に関する制度を有している外国等」（平成31年個人情報保護委員会告示第１号）により、「次に掲げる平成31年１月23日時点における欧州経済領域協定に規定された国　アイスランド、アイルランド、イタリア、英国、エストニア、オーストリア、オランダ、キプロス、ギリシャ、クロアチア、スウェーデン、スペイン、スロバキア、スロベニア、チェコ、デンマーク、ドイツ、ノルウェー、ハンガリー、フィンランド、フランス、ブルガリア、ベルギー、ポーランド、ポルトガル、マルタ、ラトビア、リトアニア、リヒテンシュタイン、ルーマニア及びルクセンブルク」とされていたが、英国のEU離脱に伴い、EU及び英国に改められた。

　本条では、行政機関の長等は、外国にある第三者に利用目的以外の目的のために保有個人情報を提供する場合には、法令に基づく場合及び69条２項４号に掲げる場合を除くほか、あらかじめ外国にある第三者への提供を

認める旨の本人の同意を得なければならない、とされた。69条2項4号に掲げる場合とは、専ら統計の作成又は学術研究の目的のために保有個人情報を提供するとき、本人以外の者に提供することが明らかに本人の利益になるとき、その他保有個人情報を提供することについて特別の理由があるときである。

　ここで言う「本人の同意」とは、上記ガイドラインに則して考えると、本人の保有個人情報が、行政機関の長等によって第三者に提供されることを承諾する旨の当該本人の意思表示をいうものと解される。また、「本人の同意を得（る）」とは、本人の承諾する旨の意思表示を当該行政機関の長等が認識することをいい、事務事業の性質及び個人情報の取扱状況に応じ、本人が同意に係る判断を行うために必要と考えられる合理的かつ適切な方法によらなければならない。なお、個人情報の取扱いに関して同意したことによって生ずる結果について、未成年者、成年被後見人、被保佐人及び被補助人が判断できる能力を有していないなどの場合は、親権者や成年後見人等から同意を得る必要がある。

　地方公共団体において想定される事例としては、国際会議への出席者に関する情報、姉妹都市等の交流イベントに参加する者の情報等が挙げられるが、既に当該参加者の個人情報を別の事務事業において収集し管理しており、新たに本人から同じ情報を収集することなく、当該個人情報を外国政府等に提供する場合のように、極めて限定的なケース以外は目的外提供を行うことが想定されにくく、提供を行うほとんどのケースにおいて上記本人の同意を得ているものと考えられ、実務上の影響はさほどないものと思われる。

⑥　仮名加工情報の取扱いに係る義務（73条）

　仮名加工情報制度は、企業等におけるイノベーションを促進する観点から、専ら内部分析に用いる個人情報について一部の義務を緩和する趣旨で

創設された制度であるとされているが、最終報告では、「公的部門では、現行法の下でも、保有個人情報の目的内利用（行政機関個人情報保護法8条1項等）又は相当の理由のある内部利用（行政機関個人情報保護法8条2項2号等）に該当すれば、仮名加工情報に相当する情報の作成・利用が可能となる。このため、民間部門と同様の措置は不要と考えられる。ただし、今般の法改正において、公的部門における個人情報の定義においても容易照合可能性を要件とする結果、行政機関等が『法令に基づく場合』として仮名加工情報を取得した場合、これが個人情報に該当しないこととなり得る。このため、行政機関等が取得した仮名加工情報の取扱いについて、民間部門に準じた一定の規律（安全管理措置及び識別行為禁止義務）を置くことが適当である。」と述べられている。

　地方公共団体としては、法制一元化によって個人情報保護のレベルを低下させないために、仮名加工情報を含め、従来の完全照合性に基づく個人情報の取扱いを改正法施行後も引き続き行っていくべきと考えられ、その観点からは、本規定は確認的意味を有するものと位置付ければよく、実務上の影響はないものと思われる。

⑦　個人情報ファイル簿の作成及び公表（75条）

　地方公共団体の個人情報保護条例では、東京都や福岡県のように、「個人情報ファイル」という概念がそもそもないもの、「個人情報ファイル」という概念はあるものの、「個人情報ファイル簿」の定めがないもの等、多くの地方公共団体が行政機関個人情報保護法とは異なる考え方を採っている。実態調査によれば、個人情報ファイル簿の作成を規定しているものは534団体、個人情報ファイル簿の公表を規定しているものは518団体であった。

　一方で、これまで地方公共団体の多くが採用してきた「個人情報取扱事務登録簿」は、保有個人情報を取り扱う事務について所定の様式に従って

知事や市町村長に届出を行い、その一覧を簿冊形式で公表するものである。実態調査によれば、個人情報取扱事務登録簿等の作成を規定している団体は1,466団体、個人情報取扱事務登録簿等の公表を規定している団体は1,415団体であった。

改正法では、個人情報ファイル簿の作成及び公表については、基本的に行政機関個人情報保護法の考え方に基づき規定されており、地方公共団体の機関又は地方独立行政法人についても原則としてこれらを義務付けている。さらに、記録情報に条例要配慮個人情報が含まれているときは、その旨も記載しなければならない。

個人情報ファイル簿の作成・公表義務が適用除外となるのは、74条2項1号から11号までに掲げる個人情報ファイル（「国の安全、外交上の秘密その他の国の重大な利益に関する事項を記録する個人情報ファイル」、「犯罪の捜査、租税に関する法律の規定に基づく犯則事件の調査又は公訴の提起若しくは維持のために作成し、又は取得する個人情報ファイル」、「当該機関の職員又は職員であった者に係る個人情報ファイルであって、専らその人事、給与若しくは福利厚生に関する事項又はこれらに準ずる事項を記録するもの（当該機関が行う職員の採用試験に関する個人情報ファイルを含む。）」、「本人の数が1,000人に満たない個人情報ファイル」等）、75条1項で公表される個人情報ファイルの記録情報の全部又は一部を記録した個人情報ファイルであって、その利用目的、記録項目及び記録範囲が当該公表に係るこれらの事項の範囲内のもの、及びこれに準ずるものとして政令で定める個人情報ファイルとされており、これに加えて、75条3項では、個人情報ファイルの利用目的に係る事務の性質上、当該事務の適正な遂行に著しい支障を及ぼすおそれがあると認めるときは、その記録項目の一部若しくは事項を記載せず、又はその個人情報ファイルを個人情報ファイル簿に掲載しないことができる旨規定している。

　75条1項で定める「個人情報ファイルの名称」や「個人情報ファイルの利用目的」等の個人情報ファイル簿の記録項目については、一般的な「個人情報取扱事務登録簿」のそれと大きな違いはない。例えば、都条例5条1項では、知事に届け出なければならない事項として、「保有個人情報を取り扱う事務の名称」、「保有個人情報を取り扱う組織の名称」、「保有個人情報を取り扱う事務の目的」、「保有個人情報の記録項目」、「保有個人情報の対象者の範囲」、「前各号に掲げるもののほか、東京都規則で定める事項」、の各号を定めており、6号の「規則で定める事項」とは、東京都個人情報の保護に関する条例施行規則（平成3年東京都規則第21号）2条に定める「保有個人情報を取り扱う事務の開始又は変更の年月日」、「保有個人情報の処理形態」、「保有個人情報の主な収集先」、「保有個人情報の経常的な目的外利用・提供先」、「保有個人情報の処理の委託及び再委託の有無」及び「保有個人情報の処理の指定管理者による代行の有無」である。また、都条例6条で上記届出に係る公表及び閲覧に関しての定めが置かれており、「知事は、前条第1項又は第3項の規定による届出に係る事項について目録を作成して、公表し、かつ、一般の閲覧に供しなければならない。」と規定している。当該届出については、東京都の公式ホームページにおいて確認することができる[12]。届出の対象とならないのは、5条2項に定める「実施機関の職員又は職員であった者に係る事務及び犯罪の予防、鎮圧又は捜査、被疑者の逮捕、交通の取締りその他の公共の安全と秩序の維持に係る事務」についてのみであり、いわゆる散在情報も登録の対象である。

　個人情報ファイル簿と個人情報取扱事務登録簿を比較した場合、個人情報取扱事務登録簿の方が個人情報ファイルに記録されていない保有個人情

---

(12)　https://www.johokokai.metro.tokyo.lg.jp/kojinjoho/gaiyo/jimu/index.html

報（散在情報や本人の数が1,000人未満の保有個人情報を取り扱う場合）についても所在等を把握でき、把握できる個人情報の範囲が広く、また、事務単位の方が住民に分かりやすく探しやすいとする意見がある[13]。さらに、兵庫県のように、個人情報取扱事務登録簿の基本的な記載事項の他に「個人情報の電子データでの保有状況調査（追加調査事項）」として保有人数、電子データの保管状況（サーバ等に保管しているか端末の個別保管か、電子媒体による保管か等）、電子データの形式（EXCEL、WORD、テキスト、PDF等の種別）などを記載しているものがあり、これは実質的に個人情報ファイル簿と同等の機能を有するものと考えられる。

　個人情報取扱事務登録簿に係る保有個人情報を取り扱う事務の届出により、知事や市町村長は、全ての実施機関の保有個人情報を取り扱う事務について正確に把握することができるとともに、実施機関自らも事務における保有個人情報を明確に把握することにより、その収集の必要性や収集範囲を改めて確認することが可能となる。さらに、登録等の手続を通じて、住民への透明性が確保され、行政が慎重かつ責任をもって保有個人情報を取り扱うことが期待できる。その意味において、個人情報ファイル簿の作成・公表の趣旨の主たる内容は満たされているものと考えられるのであるが、改正法が個人情報ファイル簿と個人情報取扱事務登録簿を選択可能とせず、個人情報ファイル簿の作成・公表を地方公共団体の機関又は地方独立行政法人についても義務付けた理由の一つに、匿名加工情報の問題があ

---

(13)　島根県個人情報保護審査会「島根県個人情報保護条例の改正について―答申―」（平成16年6月）5頁参照。なお、行政機関個人情報保護法の場合、散財情報については当該情報が記録されている行政文書と一体的に利用されるのが通常であり、「行政文書ファイル管理簿」により当該記録文書の存在が明らかにされてはいるが、国民の視点から見た場合、わざわざ個人情報ファイル簿とは別の管理簿で探さなくてはならず、「保有個人情報」としての検索性にも欠けるため、利便性は良くないものと言えよう。

るものと考えられる。

　総務省の「地方公共団体が保有するパーソナルデータに関する検討会」
が2017年5月に取りまとめた報告書では、「非識別加工情報の作成に用い
るものはデータベース化された情報である個人情報ファイルであるため、
事業者が非識別加工情報の提案を円滑に行う観点からは、個人情報ファイ
ル簿がホームページに掲載されていることが重要であると考えられる。」
とされていた（26頁）。この点について、国が非識別加工情報の制度を導
入してから2020年9月末までの間で、実際に提供が行われた事例はわずか
1件のみであることから、明確とはいえないものの、個人情報ファイル簿
を作成していても、必ずしも電算処理ファイルのデータ形式やデータ件数
まで記載されているわけではないため、匿名加工情報（非識別加工情報）
に関する個人情報取扱事業者の関心事項に十分に応えているものとはいえ
ないこと、個人情報取扱事業者は、各行政機関等の個人情報ファイル簿よ
りも各行政機関等が行う提案募集の公示を見て提案を行うか否かを判断し
ているとする見解もあり⁽¹⁴⁾、前記検討会の報告書が「個人情報の保有状
況を明らかにするため、既に個人情報取扱事務登録簿を作成・公表してい
る地方公共団体において、非識別加工情報の仕組みのために個人情報ファ
イル簿を新たに作成・公表する場合には、両者を作成・公表する負担を考
慮し、個人情報取扱事務登録簿に代えて、個人情報ファイル簿のみを作
成・公表することとすることも考えられる。一方で、個人情報取扱事務登
録簿を個人情報の保有状況を明らかにするために引き続き作成・公表し、
個人情報ファイル簿は非識別加工情報の対象となるものに限定して作成・
公表することも考えられる。」（27頁）としていたことからも、改正法が選
択制を採らず個人情報ファイル簿の作成・公表を一律に義務付けたことに

---

(14)　宇賀・注（4）21頁参照。

は疑問が残るものといえよう。

　なお、改正法は75条5項で「前各項の規定は、地方公共団体の機関又は地方独立行政法人が、条例で定めるところにより、個人情報ファイル簿とは別の個人情報の保有の状況に関する事項を記載した帳簿を作成し、公表することを妨げるものではない。」と規定して、引き続き個人情報取扱事務登録簿の作成・公表を認めているが、多くの地方公共団体等において、新たに個人情報ファイル簿の作成・公表を行わなければならない負担が生じることに変わりはなく、結果的に、この点についての配慮はなされていない。

（エ）開示、訂正及び利用停止

　最終報告では、「1. 現在、地方公共団体の条例において自己情報の利用停止請求権の規定がない例が存在するが、自己情報の開示、訂正及び利用停止の請求権は、全ての地方公共団体等にこれを請求できることとすることが適当である。」、「2. また、現在、地方公共団体の条例で規定される自己情報の開示請求等の要件や手続は、同様に条例で規定される情報公開制度との整合性を図りつつ定められており、今次の法制化において地方公共団体等の個人情報に関して自己情報の開示請求等を規定するに当たっては、地方公共団体等の情報公開制度との整合を図る必要がある。」、「1. 及び2. の要請を満たすよう、自己情報の開示請求等の請求権、要件、手続の主要な部分は法律により、地方公共団体等の情報公開制度における開示に係る規定との整合を図る部分、手数料、処理期間等は、法律で一定の枠付けをした上で条例により規定することを可能とすることを検討することが適当である。」とされており、この考え方に基づき、改正法では、統一的かつ基本的な規律を定めたうえで、108条で「この節の規定は、地方公共団体が、保有個人情報の開示、訂正及び利用停止の手続並びに審査請求の手続に関する事項について、この

節の規定に反しない限り、条例で必要な規定を定めることを妨げるものではない。」と規定し、保有個人情報の開示、訂正及び利用停止の手続並びに審査請求の手続に関する事項について条例による独自の定めを置くことを許容している。ただし、「この節の規定に反しない限り」とされているため、何が法に反すると解されるのかが問題となる。そこで、ここからは、個々の手続等について検討を行っていくこととする。

①　開示請求権（76条）

　保有個人情報の開示請求については、行政庁が保有する自己を本人とする個人情報について、本人がその正確性や利用の適正性を確認するための手段として設けられているものであり、自己情報のコントロール権を認める立場からは、訂正請求、利用停止請求と一体的に、当該権利の保障において中心となる不可欠な制度と考えられている。

　保有個人情報の開示請求は、自分自身の個人情報の開示を求めるものであることから、その性質上当該個人情報の本人以外には認められないものであるが、年齢その他の様々な理由により、本人が開示請求を行うことができない場合が想定され、本人の権利利益の保護の観点から、代理人による開示請求を認める必要がある。

　改正法は、76条1項で「何人も、この法律の定めるところにより、行政機関の長等に対し、当該行政機関の長等の属する行政機関等の保有する自己を本人とする保有個人情報の開示を請求することができる。」と規定したうえで、2項で「未成年者若しくは成年被後見人の法定代理人又は本人の委任による代理人（以下この節において「代理人」と総称する。）は、本人に代わって前項の規定による開示の請求（以下この節及び第百二十七条において「開示請求」という）をすることができる。」と定め、法定代理人又は本人の委任による代理人による開示請求を認めている。

　この点について、行政機関個人情報保護法は12条1項で「何人も、この

法律の定めるところにより、行政機関の長に対し、当該行政機関の保有する自己を本人とする保有個人情報の開示を請求することができる。」として、国籍や年齢等にかかわらず開示請求権を認めるとともに、2項で「未成年者又は成年被後見人の法定代理人は、本人に代わって前項の規定による開示の請求（以下「開示請求」という）をすることができる。」と規定し、代理人として開示請求できる者について、未成年者又は成年被後見人の法定代理人に限定している。その趣旨については、総務省行政管理局監修の「行政機関等個人情報保護法の解説」によれば、「開示請求は、本人からの請求により、当該本人に対して保有個人情報を開示する制度であるので、本人が請求し得る限り一般に代理請求を認める実益に乏しく、また広く代理請求を認めることは、本人の権利利益保護に欠けるおそれがある。しかしながら、未成年者や成年被後見人のように、本人自ら開示請求することが困難な場合もあることから、これらの法定代理人に限って代理請求を認めることとしたものである。」とされており[15]、地方公共団体においても、同様に未成年者又は成年被後見人の法定代理人に限定している個人情報保護条例が多い。

　この問題については、マイナンバー制度の導入時において、マイナンバー法が特定個人情報の開示請求について任意代理人を認めていることから、地方公共団体がマイナンバー条例を整備する際にも検討がなされている。結果として、多くの地方公共団体は、特定個人情報の開示請求についてのみ任意代理人を認め、引き続き一般的な個人情報については未成年者又は成年被後見人の法定代理人に限定する条例整備を行っている。今回の法制一元化によって、このような地方公共団体等も一律に任意代理人を認めることとされたが、実務においては、他の行政手続で委任状の偽造や代

---

[15]　総務省行政管理局『行政機関等個人情報保護法の解説』（ぎょうせい、2005年）66頁以降参照。

理人へのなりすまし等の事例が見受けられるところであり、マイナンバー制度に係る特定個人情報の開示請求は事例が少ないため、任意代理人の代理権等の確認に関しては、地方公共団体等においてノウハウやスキルの蓄積が乏しいという問題がある。この点については、政令等で規定が整備されるとともに、国のガイドラインにおいても詳細な内容が示されるものと考えられるが、マイナンバー制度における任意代理人についての本人等確認書類として国が定めているものは、本人であることが確認できる書類として運転免許証、健康保険被保険者証、個人番号カード、在留カード等、任意代理人の資格を証明する書類として委任状に加え、委任者の印鑑登録証明書又は委任者本人の運転免許証等本人に対し一に限り発行される書類のコピーを添付することとされており、改正法における任意代理人の代理権等の確認方法についても、これと同様のものになると思われる。

　なお、改正法108条に基づき、条例で任意代理人を認めない規定を定めることが許されるかについては、法で定める開示請求者の範囲を狭めることになることから、そのような規定は認められないものと解される。

　次に、地方公共団体の個人情報保護条例の中には、法定代理人等による開示請求であっても、本人の利益に反することが明確である場合には、開示請求権を認めないこととしている例がある。仙台市個人情報保護条例（平成16年条例第49号）では、14条2項で「未成年者又は成年被後見人の法定代理人（特定個人情報の開示の請求にあっては、未成年者若しくは成年被後見人の法定代理人又は本人の委任による代理人）は、本人に代わって前項の規定による開示の請求をすることができる。ただし、本人が反対の意思を表示したときは、この限りでない。」と規定し、本人が代理人による開示請求に反対する場合には、代理人に開示請求権を認めないこととしている。また、都条例12条2項では、「未成年者又は成年被後見人の法定代理人は、本人に代わって開示請求をすることができる。ただし、当該

開示請求が、本人の利益に反することが明確である場合はこの限りでない。」と定めており、法定代理人による開示請求については、「本人の情報を当該法定代理人に開示することにより、本人の生命、身体又は財産その他の権利利益に重大な支障が生じるおそれがあると実施機関が判断することに相当な理由があること」及び「満15歳以上の未成年者の法定代理人からの開示請求にあっては、当該未成年者本人が保有個人情報を開示することに同意していないこと」の2つの要件を満たす場合には、運用において、本人の利益に反することが明確であるとして、原則的に請求を却下するものとしている（都の手引36頁参照）。具体的なケースとしては、親の虐待により子が施設に保護されている場合であって、子は当該虐待を行った親に会うことを望んでいないにもかかわらず、その親が子の居所を探索する目的で法定代理人として開示請求をしようとするようなケースを想定している。本人の利益に反すると認められる開示請求を代理人に認めない規定は、大阪府個人情報保護条例（平成8年条例第2号）12条2項にも置かれている。

　改正法にはこのような規定が置かれていないことから、108条に基づき地方公共団体が条例で上記のような内容を定めることが許されるかが問題となるが、このような規定の趣旨は、あくまで本人の権利利益の保護であり、地方公共団体における条例運用上の経験からその必要性が認められているものであること、開示請求者の範囲を狭めるわけではないことからして、条例で定めることが許されるべきであろう。

　代理人による開示請求については、開示請求を行うことができる保有個人情報の範囲や内容について、法定代理人と任意代理人に分けて考える必要があるものと解される。

　すなわち、法定代理人が開示請求を行う事例の多くは、本人が当該開示請求につき十分な判断能力を持たない子供等である場合であり、原則とし

て本人の権利利益の保護を目的としていることから、開示請求の範囲や内容について法定代理人の広範な裁量が認められるものと解される。これに対し、任意代理人が開示請求を行う保有個人情報の内容等については、法定代理人と同様に任意代理人の裁量によって自由に決めることが許されるのかという点について、慎重に考える必要があるのではないかと思われるからである。保有個人情報の開示請求においては、請求者の意思に基づく請求対象の個人情報の特定行為が最も重要な手続となり、公文書単位ではなく情報単位としての特定が必要であるが、自己のいかなる個人情報が公文書中にあるのかということについて、一般的に開示請求者が熟知しているとは考えられないため、これまで多くの地方公共団体では、保有個人情報の開示請求の受付は、直接本人と対面によることを原則としている。そこで、開示請求の対象となる保有個人情報の内容が明確であり、対面による特定行為が必要ないような場合は格別、相応の特定行為が必要な場合に、任意代理人がこれを本人と同様に行うことができるのかということが問題となる。また、任意代理人に開示請求を委任する場合、「自分の保有個人情報の開示請求に係る一切の権限を委任する」というような方法も想定されるところであるが、保有個人情報の中にはセンシティブな情報が含まれていることもあり、委任を行った本人が意図していないような情報に対する任意代理人のアクセスを認めるべきではない。

　以上のことから、任意代理人が開示請求を行う場合の保有個人情報の内容については、委任者である本人が相当程度に特定を行い、主として具体的な請求の手続部分を任意代理人に委任するというように、任意代理人の裁量範囲を極力限定すべきであろう。

② 　開示請求の手続（77条）

　改正法は、開示請求の手続について、行政機関個人情報保護法13条の考え方をそのまま引き継いでいる。「開示請求をする者の氏名及び住所又は

居所」、「開示請求に係る保有個人情報が記録されている行政文書等の名称その他の開示請求に係る保有個人情報を特定するに足りる事項」を記載した「書面」の提出を義務付けており、口頭による請求ができる旨の規定は置かれていない。したがって、北海道（行政書士試験、調理師試験等の試験結果）や石川県（県立中学校入学者選抜に係る総合適性検査の得点、職員選考採用試験における不合格者の順位等）、三重県（クリーニング師試験の科目別得点、准看護師試験の総合得点等）などのように、個人情報保護条例において口頭による開示請求を認めている地方公共団体については、これらの事項に係る開示請求の利便性が低下しないよう、改正法108条に基づく条例において、口頭による開示請求について定める必要があるものと考えられる。

　本人及び代理人を確認するための書類の提示又は提出、請求書の形式上の不備に関する補正の手続については、従来の地方公共団体における手続と異なるところはないものと思われ、改正法による影響は特にないであろう（任意代理人の代理権等の確認については、①を参照）。

③　保有個人情報の開示義務（78条）

　(a) 改正法における不開示情報の規定については、原則的に行政機関個人情報保護法14条の定めに基づいているが、改正法78条1項4号では「行政機関の長が第82条各項の決定（以下この節において「開示決定等」という）をする場合において」とされていることから、国の安全が害されるおそれ、他国若しくは国際機関との信頼関係が損なわれるおそれ又は他国若しくは国際機関との交渉上不利益を被るおそれがある場合の本号の不開示事項については、地方公共団体及び地方独立行政法人には適用されない。

　この点については、同条7号の「国の機関、独立行政法人等、地方公共団体又は地方独立行政法人が行う事務又は事業に関する情報であって、開示することにより、次に掲げるおそれその他当該事務又は事業の性質上、

当該事務又は事業の適正な遂行に支障を及ぼすおそれがあるもの」のイに
「独立行政法人等、地方公共団体の機関又は地方独立行政法人が開示決定
等をする場合において、国の安全が害されるおそれ、他国若しくは国際機
関との信頼関係が損なわれるおそれ又は他国若しくは国際機関との交渉上
不利益を被るおそれ」とする事項が置かれているが、仮に地方公共団体等
が保有する個人情報に国の安全が害されるようなおそれがある情報等が記
載されている場合、85条1項の「行政機関の長等は、開示請求に係る保有
個人情報が当該行政機関の長等が属する行政機関等以外の行政機関等から
提供されたものであるとき、その他他の行政機関の長等において開示決定
等をすることにつき正当な理由があるときは、当該他の行政機関の長等と
協議の上、当該他の行政機関の長等に対し、事案を移送することができ
る。」とする規定により、国の行政機関である外務大臣や防衛大臣等に移
送すべきことになる。同項の「行政機関の長等」には63条で定義されてい
るように地方公共団体の機関及び地方独立行政法人も含まれるからであ
る。そこで、78条1項7号イに基づいて地方公共団体の機関や地方独立行
政法人が「国の安全が害されるおそれ、他国若しくは国際機関との信頼関
係が損なわれるおそれ又は他国若しくは国際機関との交渉上不利益を被る
おそれ」があるとして不開示決定する場合は、国の行政機関の長の裁量的
判断に委ねる必要がないものであるということになる。したがって、地方
公共団体の機関や地方独立行政法人が上記のような保有個人情報の開示請
求を受けたときは、移送して78条1項4号の開示・不開示の判断を国の行
政機関に委ねるべき場合であるか、移送せず同項7号イにより自ら判断
すべき事案かを決定しなければならないことになる。しかし、地方公共団
体の個人情報保護条例には、同号イの規定に相当するような定めがないの
が一般的であり、また、事案の移送については原則的に同一の地方公共団
体等における他の実施機関を前提としていること、78条1項4号では「当

該行政機関の長が認めることにつき相当の理由がある情報」と規定されており、これは、行政機関の長の裁量を尊重する趣旨であるが、同項7号にはそのような文言がなく、「支障」の程度については名目的なものでは足りず、実質的なものであることが必要であること、さらに「おそれ」の程度も抽象的な可能性では足りず、法的保護に値する程度の蓋然性が要求されること等から、開示・不開示の判断については慎重に検討する必要がある。実務的に見れば、そのような保有個人情報に開示請求があった場合、当該保有個人情報に係る事務事業を所管する国の機関及び個人情報保護委員会に事前に相談し、調整を行って移送の必要性や開示・不開示の判断を行うものと考えられるが、大阪府個人情報保護条例19条の3で「実施機関は、開示請求に係る個人情報（情報提供等の記録を除く。）が他の実施機関から提供されたものであるときは、当該開示請求の趣旨に反しない限りにおいて、当該他の実施機関と協議の上、当該他の実施機関に対し、事案を移送することができる。」と規定し、「『当該開示請求の趣旨に反しない限りにおいて』とは、請求者が移送に反対する意思を明示していないことを言う。」（「大阪府個人情報保護条例 解釈運用基準 平成30年4月」80頁）と解しているように、請求者によっては、請求した地方公共団体等が開示・不開示の判断を行うことについて重視する場合も想定される。そのような場合、請求者の意向を確認することなく、一方的に行政機関の長等の判断で移送の可否を判断することには疑問が残るといえよう。

（b）この問題は、改正法78条1項5号と同項7号ロについても「行政機関の長又は地方公共団体の機関（都道府県の機関に限る。）」と「独立行政法人等、地方公共団体の機関（都道府県の機関を除く。）又は地方独立行政法人」の間で同様に存し、しかも5号では「犯罪の予防、鎮圧又は捜査、公訴の維持、刑の執行その他の公共の安全と秩序の維持に支障を及ぼすおそれ」とされているのに対し、7号ロでは「犯罪の予防、鎮圧又は捜

査その他の公共の安全と秩序の維持に支障を及ぼすおそれ」と定められており、「公訴の維持、刑の執行」が例示事項から除外されている。上記の移送の考え方からすれば、「公訴の維持、刑の執行」に関する不開示情報が含まれている場合には、原則的に移送を行うことが前提とされているものと解される。行政機関個人情報保護法14条5号の「犯罪の予防、鎮圧又は捜査、公訴の維持、刑の執行その他の公共の安全と秩序の維持に支障を及ぼすおそれがあると行政機関の長が認めることにつき相当の理由がある情報」については、「犯罪の予防、鎮圧又は捜査、公訴の維持、刑の執行」が「公共の安全と秩序の維持」の典型例であるとされているが[16]、「公訴の維持、刑の執行」は検察庁の検察官が行うものであることから、地方公共団体の司法警察職員が行う場合のある「犯罪の予防、鎮圧又は捜査」と区別されているものと考えられる。

　犯罪の予防等情報についての地方公共団体における個人情報保護条例の規定は様々であり、都道府県であっても東京都が「犯罪の予防、鎮圧又は捜査、公訴の維持、刑の執行その他の公共の安全と秩序の維持に支障を及ぼすおそれがあると実施機関が認めることにつき相当の理由がある情報」（都条例16条4号）として改正法78条1項5号と同様の定めであるのに対し、大阪府個人情報保護条例は「個人の生命、身体、財産等の保護、犯罪の予防又は捜査その他の公共の安全と秩序の維持に支障を及ぼすと認められる個人情報」（14条1項5号）と規定しており、実施機関の裁量を規定しているか否かの点で相違が存する。ただし、大阪府は、14条2項で「公安委員会又は警察本部長は、開示請求に係る個人情報が、次の各号のいずれかに該当するものであるときは、当該個人情報を開示しないことができる。」とし、同項2号で「開示することにより、犯罪の予防、鎮圧又は捜

---

(16)　宇賀・注（1）498頁参照。

査、公訴の維持、刑の執行その他の公共の安全と秩序の維持に支障を及ぼすおそれがあると公安委員会又は警察本部長が認めることにつき相当の理由がある個人情報」と定めて、公安委員会又は警察本部長にのみ裁量を認める制度としている。この点につき、前記「解釈運用基準」によれば、14条2項2号について「公共の安全と秩序を維持することは、府民全体の基本的利益であり、本項では、刑事法の執行を中心とした『公共の安全と秩序の維持』に支障を及ぼすおそれがあると実施機関が認めることにつき相当の理由がある情報について非開示情報としている。」（68頁）としたうえで、「風俗営業等の許可、伝染病予防、食品、環境、薬事等の衛生監視、建築規制、災害警備等の、一般に開示しても犯罪の予防、鎮圧等に支障が生ずるおそれのない警察活動に関する情報については、本号ではなく、他の適用除外事項により、開示・非開示を判断することになる。」（69頁）としており、これは、行政機関個人情報保護法14条5号の「犯罪の予防、鎮圧又は捜査、公訴の維持、刑の執行その他の公共の安全と秩序の維持に支障を及ぼすおそれがあると行政機関の長が認めることにつき相当の理由がある情報」の考え方と基本的に同じ視点に立つものであり[17]、改正法もこの考え方を採用しているものと解される。市については、四條畷市個人情報保護条例（平成16年条例第16号）では「犯罪の予防、個人の生命、身体又は財産の保護その他の公共の安全及び秩序の維持に支障が生ずるおそれのある情報」（14条1項4号）と定め、大和市個人情報保護条例（平成15年条例第22号）では「人の生命、健康、生活若しくは財産を害し、又は社会的な地位の保護、犯罪の予防、捜査その他公共の安全と秩序の維持に支障が生ずるおそれがあると認められる情報」（19条7号）と規定しており、「大和市個人情報保護条例 解釈及び運用の基準 平成31年4月」によ

---

(17)　宇賀・注（1）498頁参照。

れば、「『犯罪の予防』とは、刑事犯、行政犯を問わず、犯罪行為の発生を
未然に防止することをいう。」（2-106頁）とされており、刑事犯と行政犯
を区別していない。

　これらのことから、地方公共団体等における運用上の混乱を避けるため
にも、いかなる場合に移送が必要であるか、移送しない場合、上記のよう
な情報に係る開示・不開示の判断はどのように考えるべきかについて、国
がガイドライン等により詳細かつ明確に示す必要があろう。

（c）改正法78条1項2号が規定する不開示情報としての個人情報につい
ては、「開示請求者以外の個人に関する情報（事業を営む個人の当該事業
に関する情報を除く。）であって、当該情報に含まれる氏名、生年月日そ
の他の記述等により開示請求者以外の特定の個人を識別することができる
もの（他の情報と照合することにより、開示請求者以外の特定の個人を識
別することができることとなるものを含む。）若しくは個人識別符号が含
まれるもの又は開示請求者以外の特定の個人を識別することはできない
が、開示することにより、なお開示請求者以外の個人の権利利益を害する
おそれがあるもの。」と規定され、ここで言う個人情報については、いわ
ゆる「個人識別型」を採用しており、さらに、個人情報そのものの定義と
異なり、容易照合性を要件としていない。

　このことから、大阪府個人情報保護条例13条1号や京都府個人情報保護
条例（平成8年条例第1号）13条1項1号のように、「一般に他人に知ら
れたくないと望むことが正当であると認められるもの」といったいわゆる
プライバシー型を採用していた地方公共団体については、不開示情報該当
性の判断プロセスに影響が生じることになる。すなわち、およそ特定の個
人が識別されるものを原則不開示とするのではなく、「一般に他人に知ら
れたくないと望むことが正当であると認められるもの」であるか否かを個
別に判断し、これらに該当するものだけを原則不開示とする従来の考え方

から、当該情報そのものから若しくは他の情報との照合により請求者以外の特定の個人が識別可能か否かを判断し、特定できる場合には原則不開示としたうえで、例外事由に該当する場合に開示するという方法に変更しなくてはならないのである。

　この点について、総務省の「情報公開法の制度運営に関する検討会報告　平成17年3月29日」では、一見すると、個人識別型よりプライバシー型の方が不開示情報の範囲が狭くなるように思われるが、個人識別型における不開示情報の例外事項を考慮した場合、結果的には不開示となる範囲について必ずしも大きな違いは認められない旨の見解を示しているが（9頁参照）、2007年3月20日付けの「第12期神奈川県情報公開運営審議会の審議状況について（報告）」では、最判平成15年11月11日「大阪市食糧費非公開決定処分取消請求事件」に基づき、県が実施する懇談会等の参加者のうち法人等の職務として参加している従業員の氏名について、従業員の懇談会等への参加が法人等の行為そのものと評価される行為と認められる場合、個人識別型では個人情報ではないと考えられるが、そうでない場合には個人情報として非公開となり、「公文書一部非公開処分取消請求事件」（最判平成16年2月13日判例時報1855号96頁）によれば、従業員が懇談会等に職務として参加している場合、プライバシー型では、従業員の参加は私事としての性質が希薄であり、また、通常他人に知られたくない情報と認められないことから、個人情報には該当せず公開となるとして、個人識別型とプライバシー型とで非公開範囲が異なりうる場合が想定されるとの見解を明らかにしている。

　理論的にいえば、個人識別型であれプライバシー型であれ、不開示となる情報の範囲に大きな差異はないとされるが、実務的には、上記のように不開示該当性の判断の考え方に変更が生じるので、プライバシー型を採用していた地方公共団体等については留意が必要となろう。

　(d)　改正法78条2項には、「地方公共団体の機関又は地方独立行政法人についての前項の規定の適用については、同項中「掲げる情報」とあるのは、「掲げる情報（情報公開条例の規定により開示することとされている情報として条例で定めるものを除く。）又は行政機関情報公開法第5条に規定する不開示情報に準ずる情報であって情報公開条例において開示しないこととされているもののうち当該情報公開条例との整合性を確保するために不開示とする必要があるものとして条例で定めるものとする。」との規定が設けられており、これは、108条で保有個人情報の開示、訂正及び利用停止の手続並びに審査請求の手続に関する事項について条例による独自の定めを置くことを許容していることから、不開示情報について、地方公共団体等が条例で改正法78条1項に規定されているもの以外の情報を定めた場合を想定したものである。ただし、「行政機関情報公開法第5条に規定する不開示情報に準ずる情報であって情報公開条例において開示しないこととされているもののうち当該情報公開条例との整合性を確保するために不開示とする必要があるもの」という要件がある点に留意が必要である（事務局案では、不開示情報の追加だけでなく、「情報公開条例では開示されることとされている情報が、第78条第1項各号で不開示情報として規定されている場合、当該情報を条例（改正法の施行条例）で規定することにより、不開示情報から除くことが可能です。」とされている。しかし、削除に関してはいろいろ問題があるように思えるが、本稿ではその評価は行わない）。

　この点につき、都条例16条8号では、法定代理人による開示請求がなされた場合について、イで「開示することが当該未成年者又は成年被後見人の利益に反すると認められる情報」、ロで「未成年者又は成年被後見人の法定代理人が2人以上いる場合であって、法定代理人の1人による開示請求がなされたときにおいて、開示することが他の法定代理人の利益に反す

ると認められる情報」を不開示情報として定めており、イについては、改正法78条1項1号の「開示請求者（第76条第2項の規定により代理人が本人に代わって開示請求をする場合にあっては、当該本人をいう。次号及び第3号、次条第2項並びに第86条第1項において同じ。）の生命、健康、生活又は財産を害するおそれがある情報」により不開示にすることができるが、ロに関しては、同項2号の「開示請求者以外の個人に関する情報（事業を営む個人の当該事業に関する情報を除く。）であって、当該情報に含まれる氏名、生年月日その他の記述等により開示請求者以外の特定の個人を識別することができるもの（他の情報と照合することにより、開示請求者以外の特定の個人を識別することができることとなるものを含む。）若しくは個人識別符号が含まれるもの又は開示請求者以外の特定の個人を識別することはできないが、開示することにより、なお開示請求者以外の個人の権利利益を害するおそれがあるもの。」に該当するかについては、同号ただし書イの「法令の規定により又は慣行として開示請求者が知ることができ、又は知ることが予定されている情報」との関係から疑問がある。東京都では、「一方の親権者が他方の親権者には内密に、相談機関に対して子供に関する相談を行っている場合において、当該相談事実に関する他方の親権者からの探索的な開示請求など、開示することにより法定代理人の間に紛争が生じるような事態が想定されるとき」といった事例を想定しているようであるが（都の手引77頁参照）、この事例の場合、開示請求者が本来本人である子供と考えた場合、一方の法定代理人が相談機関に相談した子供（本人）に関する事項について、当該本人である子供が知っているなどの状況も想定され、子供に関する相談をしたという情報は、開示請求者以外の特定の個人を識別することができる情報には該当しないとも考えられるからである。これらのことから、仮に改正法78条1項2号の規定に該当しないケースがあると考える場合、都条例16条8号ロの不開示

情報は個人情報保護条例のみに規定されている事項であり、東京都情報公開条例（平成11年条例第5号）にはこれに相当する規定が置かれておらず、「情報公開条例との整合性を確保するために不開示とする必要があるもの」には当たらないことから、条例で改めてこのような情報を不開示情報として定められないのではないかという問題が生ずる。

　都条例がこのような不開示情報を定めていることについては、法定代理人と本人との利益相反という不開示情報では処理できない事例が実務上であったことを踏まえているという背景があり、情報公開条例における不開示情報の考え方とは異なる視点からの個人情報保護制度特有の問題であることから、条例で定めることができる不開示情報を「行政機関情報公開法第5条に規定する不開示情報に準ずる情報であって情報公開条例において開示しないこととされているもののうち当該情報公開条例との整合性を確保するために不開示とする必要があるもの」に限定するのではなく、地方公共団体がそのこれまでの制度運用の実績に基づき、保有個人情報の開示、訂正及び利用停止の手続並びに審査請求の手続に関する事項について、制度運用上必要と考える事項については、条例で定めることを柔軟に認めていくべきと思われる。

　（e）改正法79条が定める部分開示については、これまでの地方公共団体等の制度運用におけるものと基本的に異なるところはなく、特に影響はないと考えられるが、従来から一部の地方公共団体等において、保有個人情報に係る79条2項の定めるような特別な方法による部分開示と、法人等の事業活動情報に係る部分開示の考え方を混同しているケースが見受けられるので、その点についてのみ触れることとする。

　開示請求者以外の個人情報の一部開示については、開示請求者以外の特定の個人を識別することができることとなる記述の部分及び個人識別符号を除くことが原則となっており、その余の部分に関しては、開示した場合

に当該開示請求者以外の個人の権利利益が侵害される可能性がない部分のみを残し、侵害の可能性がある情報の部分は特定の個人を識別することができることとなる記述の部分と合わせて除くという方法が採られている。これは、不開示情報としての個人情報については、誰の情報であるかということが最も保護されるべき事項であることに加え、特定の個人が識別されない情報であっても権利利益の侵害は防止しなければならないという考え方に基づいている。したがって、この場合の権利利益の侵害の可能性については、基本的にゼロであることが必要である。「当該部分を除いた部分は、同号の情報に含まれないものとみなして、前項の規定を適用する」という規定の部分については、そもそも特定の個人を識別することができることとなる記述等の部分以外の部分も本来一体として不開示とすべき個人情報であることから、特定の個人を識別することができることとなる記述等の部分だけを除いても開示できる情報にはならないので、残された部分を部分開示できるようにするために、この部分は不開示情報としての個人情報に含まれないものとみなすことにしている。

　一方で、不開示情報である法人の情報については、地方公共団体等の個人情報保護条例において、個人情報に関する部分開示の特別規定に相当する定めは置かれておらず、改正法にもそのような規定はない。不開示情報としての法人の情報は、特定の法人に係る一定の事業活動等の内容が不開示として保護すべき情報に該当する場合のものであるから、特定の法人名と事業活動等の内容が一体として不開示情報となるのであって、部分開示に当たっては、あくまでこれらの情報全体を除くこととなる。特定の法人名だけを除いて事業活動等の内容を部分開示するという方法は、部分開示に関する特別規定がない法人の情報については、妥当でないものと言わざるを得ないであろう。

　（f）改正法は、82条1項で「行政機関の長等は、開示請求に係る保有個

人情報の全部又は一部を開示するときは、その旨の決定をし、開示請求者に対し、その旨、開示する保有個人情報の利用目的及び開示の実施に関し政令で定める事項を書面により通知しなければならない。ただし、第62条第 2 号又は第 3 号に該当する場合における当該利用目的については、この限りでない。」と規定し、開示請求に係る保有個人情報を開示する際に、開示する保有個人情報の利用目的等についても原則的に通知することを義務付けている。このような通知義務は、地方公共団体等の個人情報保護条例にはほとんど見られないものであり、行政機関情報公開法 9 条 1 項にもそのような定めはないので、地方公共団体等の事務処理においては注意が必要である。

「開示の実施に関し政令で定める事項」については、同様の規定が置かれている行政機関個人情報保護法18条 1 項の場合、施行令15条 1 項により、開示決定に係る保有個人情報について求めることができる開示の実施の方法、事務所における開示を実施することができる日、時間及び場所等、写しの送付の方法による保有個人情報の開示を実施する場合における準備に要する日数及び送付に要する費用、電子情報処理組織を使用して保有個人情報の開示を実施する場合における準備に要する日数その他当該開示の実施に必要な事項とされている。

なお、利用目的を本人に明示することにより、本人又は第三者の生命、身体、財産その他の権利利益を害するおそれがあるとき（62条 2 号）、利用目的を本人に明示することにより、国の機関、独立行政法人等、地方公共団体又は地方独立行政法人が行う事務又は事業の適正な遂行に支障を及ぼすおそれがあるとき（同条 3 号）は、利用目的の通知義務は生じない。

（g）開示決定等の期限については、改正法83条 1 項により、行政機関個人情報保護法19条 1 号と同様に開示請求があった日から30日以内とされた。地方公共団体等の一般的な個人情報保護条例では 2 週間程度の期限が

多く、その意味では統一ルールにより期限が長くなるわけであるが、あくまで「期限」なのであるから、従来は同じような内容の開示請求に対して14日以内に開示決定等を行っていたにもかかわらず、改正法施行後はその期間よりも長くなるという事態は、事務事業の執行体制等に大きな変更がない場合には妥当でなく、可能な限り速やかに処理を行うべきであろう。法よりも短い期限を条例で定めることができるかについては、次節の例規整備で解説する。

　（h）改正法85条に定める事案の移送については、地方公共団体等にとって注意しなければならない問題である。③（a）及び（b）で既述のとおり、地方公共団体等の個人情報保護条例では、事案の移送については同一の地方公共団体等における他の実施機関を前提としており、行政機関個人情報保護法22条の独立行政法人等への事案の移送のような規定は置かれていないのが一般的だからである。仮に開示請求に係る保有個人情報の中に国や他の地方公共団体から取得した情報が存する場合、開示請求を受けた地方公共団体等は、第三者意見照会の手続を経ることによって、当該保有個人情報の開示・不開示等の判断に係る適正性を担保するのが通例であって、当該手続における国や他の地方公共団体の意見に拘束力はなく、意見を踏まえて自らの責任において判断を行うものとされていた。

　しかし、改正法における事案の移送の手続については、既述したように「国の安全が害されるおそれ、他国若しくは国際機関との信頼関係が損なわれるおそれ又は他国若しくは国際機関との交渉上不利益を被るおそれがある場合」と「犯罪の予防、鎮圧又は捜査、公訴の維持、刑の執行その他の公共の安全と秩序の維持に支障を及ぼすおそれ」が存する可能性がある保有個人情報の場合、開示請求を受けた地方公共団体等は、まず初めに国の行政機関の長等の裁量的判断に委ねる必要があるか否かを決めなければならず、多くの場合、移送を行う必要が生じるのではないかと考えられる

のである。移送をすべきか否かを決するに際しては、当該保有個人情報に関係する国の行政機関や個人情報保護委員会との協議を行うことになるものと想定されるが、従来の第三者意見照会の手続とは異なり、地方公共団体等としては、国から移送すべき旨の意見があれば、原則としてこれに従うことになり、当該意見に反して自らが開示・不開示の決定を行うような事態は考え難い。その意味において、移送すべき旨の国からの意見は、事実上の拘束力を有することになる。改正法には、前述した大阪府の「当該開示請求の趣旨に反しない限りにおいて」のような規定はないため、仮に開示請求者が、あくまで請求先の地方公共団体等における当該保有個人情報に係る開示・不開示等の決定を求めている場合であっても、「他の行政機関の長等において開示決定等をすることにつき正当な理由があるとき」と判断されれば開示請求者は移送を拒むことができず、移送先の行政機関の長等がその後の処理を行うこととなる。この移送自体について不服申立てや取消訴訟を提起することは当然にできず、移送先の行政機関の長等が行った開示・不開示等の決定に対して行政争訟を行う中で、移送の違法性・不当性を主張するしかないのである。

　保有個人情報の収集から廃棄までに係る一連の事務は、本来各地方公共団体等の固有の事務であるべきであり、保有個人情報の開示・訂正等についても同様である。この問題は、統一ルールになったことによる一つの弊害ともいえるであろう。

　なお、ここで言う「移送をした行政機関の長等が移送前にした行為」とは、開示請求の受付、開示請求書の補正に係る手続、手数料の受領が考えられるが、これまでの地方公共団体等の個人情報保護条例における手数料と行政機関個人情報保護法のそれの考え方は異なる場合が多く、改正法においても、地方公共団体等が条例で定める手数料の規定によっては、様々な問題が生じる可能性がある。この点については後述する。

「移送をした行政機関の長等は、当該開示の実施に必要な協力をしなければならない」とあるのは、移送先の行政機関の長等に対し、事案を移送した旨の通知書の写しを提供すること、請求対象となった保有個人情報の特定に係る経過記録を提供すること、必要に応じて請求対象となった保有個人情報の写しを提供すること等の協力義務が、移送を行った行政機関の長等にあることを明らかにしたものである。

　（ｉ）開示の実施について、改正法87条2項では「行政機関等は、前項の規定に基づく電磁的記録についての開示の方法に関する定めを一般の閲覧に供しなければならない。」と規定している。このような規定は、従来の地方公共団体の個人情報保護条例には一般的に置かれていないものであるが、電磁的記録を含め、開示の方法等については規則や規程で定めることが通例であり、これらは各地方公共団体の例規集に掲載されており、例規集は一般に公表されていることから、本条項の規定による影響はないものと思われる。

　なお、同条3項では「開示決定に基づき保有個人情報の開示を受ける者は、政令で定めるところにより、当該開示決定をした行政機関の長等に対し、その求める開示の実施の方法その他の政令で定める事項を申し出なければならない。」と規定し、4項で「前項の規定による申出は、第82条第1項に規定する通知があった日から30日以内にしなければならない。ただし、当該期間内に当該申出をすることができないことにつき正当な理由があるときは、この限りでない。」としているが、都条例には開示の実施方法の申出に関する定めはなく、「知事が保有する個人情報の保護に関する規則」5条で「開示を写しの交付の方法により受ける者」は所定の申込書の提出をしなければならないこととしており、また、申出に関する期限は定められていない。これは、行政機関個人情報保護法や改正法が「開示の実施の方法」を開示請求者に確認することを目的としているのに対し、都

条例の場合、手数料の領収書が申込書と一体の様式となっており、手数料の徴収手続の一環としての役割が主旨となっている点で本質的に異なるものである（閲覧のみの場合、手数料が発生しないことから、申込書の提出は必要ない）。地方公共団体等の中には、開示の申出や申込書の提出に関する定めが一切ないものもあり、期限の定めも同様であることから、改正法施行後の運用においては注意が必要である。従来、期限の定めを置かない地方公共団体等においては、仮に開示・不開示の決定通知から何か月も経って開示請求者が開示を求めてきた場合であっても、これを拒否することはできなかったが、改正法の場合、正当な理由なく30日以内に開示の実施方法についての申出をしなかったときは、改めて89条に定める手数料を支払って開示請求を行う必要があるとされている[18]。

　(ｊ) 改正法88条1項では「行政機関の長等は、他の法令の規定により、開示請求者に対し開示請求に係る保有個人情報が前条第一項本文に規定する方法と同一の方法で開示することとされている場合（開示の期間が定められている場合にあっては、当該期間内に限る）には、同項本文の規定にかかわらず、当該保有個人情報については、当該同一の方法による開示を行わない。ただし、当該他の法令の規定に一定の場合には開示をしない旨の定めがあるときは、この限りでない。」と規定し、他の法令に開示の手続が定められている場合の適用除外について定めている。行政機関個人情報保護法25条における「法令」には条例は含まれず、法律、政令、内閣官房令、内閣府令、省令その他行政機関の命令を意味するとされているが、本条における法令には条例が含まれるため（61条1項参照）、従来の地方公共団体の個人情報保護条例における他の制度との調整規定で「法令又は他の条例」や「法令等」などの文言により条例を含めるとしているものに

ついても、従前からの取扱いに影響はない。

「ただし、当該他の法令の規定に一定の場合には開示をしない旨の定めがあるときは、この限りでない。」との定めに該当する場合については、行政機関個人情報保護法における同様の規定（25条1項）に関して、道路運送車両法（昭和26年法律第185号）22条6項の「国土交通大臣は、第1項の規定による請求若しくは第3項の委託が不当な目的によることが明らかなとき又は第1項の登録事項等証明書の交付若しくは第3項の登録情報の提供により知り得た事項が不当な目的に使用されるおそれがあることその他の第1項又は第3項の規定による請求を拒むに足りる相当な理由があると認めるときは、当該請求を拒むことができる。」のように、同条1項の登録事項等証明書の交付請求等に係る拒否事由を定めているような場合、「正当な理由がなければ開示請求を拒むことができない」のような定めが置かれている場合が挙げられている[19]。

（k）改正法89条では、手数料について定めている。地方公共団体等が注意しなければならないのは、2項の「地方公共団体の機関に対し開示請求をする者は、条例で定めるところにより、実費の範囲内において条例で定める額の手数料を納めなければならない。」と7項の「地方独立行政法人に対し開示請求をする者は、地方独立行政法人の定めるところにより、手数料を納めなければならない。」とする規定である。

「開示請求をする者は」とされていることから、行政機関情報公開法16条1項、行政機関個人情報保護法26条1項と同様に、開示請求の段階で徴収するいわゆる「申請手数料」を意味している。しかし、従来の地方公共団体等の個人情報保護条例において、申請手数料を定めている例はほとんどないのではないかと思われ（大半が写しの交付についてのみ実費相当の

---

(19)　宇賀・注（1）540頁参照。

手数料を徴収）、非常に大きな影響がある事項と考えられる。沖縄県個人
情報保護条例（平成17年条例第２号）では、その前文の中で「県の機関が
保有する個人情報について、個人が自らコントロールする権利を実効的に
保障し、個人情報の有用性に配慮しつつ、個人の権利利益の保護を図るた
め、この条例を制定する。」と規定しており（大阪府の個人情報保護条例
の前文でも「自己情報をコントロールする権利」について触れられてい
る）、個人情報保護制度において自己情報のコントロール権という積極
的・能動的側面を重視する考え方が国民・住民の間でも広まってきている
状況において、その実効性を保障するための中心的仕組みである開示・訂
正・利用停止の手続に関して、従来無料であったものが法制一元化に伴っ
て有料となることについては、住民からの反発や苦情等が相当程度寄せら
れるものと予想される。それでは、地方公共団体等が条例でこの申請手数
料を無料と定めることは許されるのであろうか。本条３項で「手数料の額
を定めるに当たっては、できる限り利用しやすい額とするよう配慮しなけ
ればならない」とされているものの、２項で「実費の範囲内において条例
で定める額の手数料を納めなければならない」と定めている趣旨からすれ
ば、これを無料とする条例の規定は許されないのではないかとも考えられ
る。この点について、筆者は、次節において許されるべきである旨の私見
を述べているが、仮に許されないとするのであるならば、国としては、改
正法施行によって申請手数料が必要となることについて、地方公共団体等
が住民への対応に困窮することがないよう、改めて広く国民に趣旨を説明
し周知を図ることが必要であろう。

　（1）改正法65条の「行政機関の長等は、利用目的の達成に必要な範囲内
で、保有個人情報が過去又は現在の事実と合致するよう努めなければなら
ない。」とする規定は、不正確な個人情報に基づいた行政処分その他の行
政行為により、本人が不測の権利利益の侵害を被ることを未然に防止する

趣旨と解され、この規律の実効性を担保するため、90条1項において「何人も、自己を本人とする保有個人情報（次に掲げるものに限る。第98条第1項において同じ。）の内容が事実でないと思料するときは、この法律の定めるところにより、当該保有個人情報を保有する行政機関の長等に対し、当該保有個人情報の訂正（追加又は削除を含む。以下……同じ）を請求することができる。」と規定し、「開示決定に基づき開示を受けた保有個人情報」あるいは「開示決定に係る保有個人情報であって、第88条第1項の他の法令の規定により開示を受けたもの」について、何人もその内容が事実でないと思うときに必要な訂正を請求することができる旨を権利として定めている。ただし、当該保有個人情報の訂正に関して他の法令の規定により特別の手続が定められているときは、本項に基づく訂正請求はできない。

　訂正請求は、一般的に自己を本人とする保有個人情報に事実の誤りがあると認めるときに行うことができるものであり、その対象は「誤りが認められる事実」である。ここで言う「事実」とは、住所、氏名、性別、生年月日、年齢、家族構成、学歴、日時、金額、面積、数量等客観的に判断できる事項をいう。評価や判断については「事実」ではないので、訂正請求の対象にはならない。したがって、評価や判断について訂正請求があった場合には、要件に適合しない請求として拒否処分（却下）することとなる。ただし、評価や判断そのものは訂正請求の対象とならないが、特定の事実を前提として評価や判断が行われている場合、当該事実に誤りが認められるときには、当該事実は訂正請求の対象となるという点に留意する必要がある。

　訂正請求の対象となる保有個人情報について、改正法は行政機関個人情報保護法と同様に開示請求前置主義を採用していることから、訂正請求をしようとする保有個人情報について事前に開示請求を行い、開示決定又は

一部開示決定を受ける必要がある。この点について、既に請求者が訂正請求をしようとする自己の保有個人情報を入手している場合、改めて訂正請求のための開示請求は不要とする考え方もあり得ると思われるが、改正法65条で「行政機関の長等は、利用目的の達成に必要な範囲内で、保有個人情報が過去又は現在の事実と合致するよう努めなければならない。」との定めがあるように、請求者の入手した自己の個人情報が訂正請求をしようとする時点における最新の保有個人情報であるとは限らないのであり、また、請求者が別の保有個人情報と誤認している場合なども想定され、制度の安定的・効率的運用を図る観点からは、開示請求前置の必要性が認められるものと思われる。

　改正法は、開示請求前置主義を採用したため、これを採用していない一部の地方公共団体等のような訂正請求に係る存否応答拒否の規定（大阪府個人情報保護条例24条、神奈川県個人情報保護条例30条等）は置いていない。

　訂正請求期間については、90条3項で「訂正請求は、保有個人情報の開示を受けた日から90日以内にしなければならない。」と規定している。保有個人情報の訂正請求については、対象となる情報の「鮮度」が問題となる場合が想定されることから、訂正請求期間を定めることには合理性があるものと解される。また、90日という期間は、請求者が保有個人情報の事実の誤りを確認することや訂正請求に必要な資料等を準備するためのものとしては妥当であろう。

　（m）訂正請求の手続として、改正法91条1項では、「訂正請求をする者の氏名及び住所又は居所」、「訂正請求に係る保有個人情報の開示を受けた日その他当該保有個人情報を特定するに足りる事項」、「訂正請求の趣旨及び理由」を記載した訂正請求書を行政機関の長等に提出してしなければならないとしている。ここで言う「訂正請求の趣旨及び理由」については、

請求を受けた行政機関の長等が当該保有個人情報の訂正を行うべきか否か を判断するに足りる具体的な内容や根拠を示して主張すべきとされ[20]、 訂正すべきと考える箇所や表記、訂正が必要と考える根拠、訂正後の表記 等を記載することになる。

　地方公共団体の個人情報保護条例の中には、訂正を求める内容が事実に 合致することを証明する書類等の提出・提示を義務付けているものがあり （例として都条例19条2項）、これは、地方公共団体等には、保有個人情報 を取り扱う事務の目的を達成するために保有個人情報を正確かつ最新の状 態に保つ努力義務が課せられているのが一般的であり、理論的には、その ような努力を行った結果の保有個人情報に対して訂正請求がなされている こととなるので、「事実に合致していないこと」の確認は、一般私人の個 人情報に関する事項であることに鑑みれば、基本的に請求者の提出する資 料等の証明力に頼らざるを得ないと考えられることによるものである。訂 正請求に係る「事実に合致していないこと」の判断については、決定権者 の心証で行うべき性質のものではなく、誰が判断しても同一の結果になる 必要があり、そのために証明力が十分な資料の提出・提示が求められてい るのであるが[21]、改正法は行政機関個人情報保護法と同様に、このよう な書類等の提出や提示を義務付けてはいない。しかし、当該保有個人情報 の訂正を行うべきか否かを判断するに足りる具体的な内容や根拠を示して 主張するのであれば、実務的には訂正を求める内容が事実に合致すること を証明する書類等の提出・提示を行うことになるものと思われ（内閣府情 報公開・個人情報保護審査会の平成24年度（行個）答申第195号では、「訂 正請求を行う請求人から明確かつ具体的な主張や根拠の提示がない場合や 当該根拠をもってしても請求人が訂正を求めている事柄が『事実でない』

---

(20)　宇賀・注（1）554頁参照。

とは認められない場合には，法29条に規定する『訂正請求に理由があると認めるとき』に該当しないと判断することになる」としている），その意味において、地方公共団体等の従来の取扱いに特に影響はないものと解される。

（n）保有個人情報の訂正義務については、改正法92条で「行政機関の長等は、訂正請求があった場合において、当該訂正請求に理由があると認めるときは、当該訂正請求に係る保有個人情報の利用目的の達成に必要な範囲内で、当該保有個人情報の訂正をしなければならない。」と規定されている。

従来、訂正を求める内容が事実に合致することを証明する書類等の提出・提示を義務付けていた地方公共団体等では、提出・提示された書類等

---

(21)　この点について、訂正を求める内容が事実に合致することを証明する書類等については、保有個人情報の内容が事実に合致していないことの立証に至らない程度の「疎明」で足りるとする見解がある（皆川治廣「自治体保有個人情報の訂正請求・利用停止等　請求及び措置決定に関する法的問題点考察」（Chukyo Lawyer15号23頁以降）参照。）。この見解は、保有個人情報の内容が事実に合致していないことについて請求者が提出した資料等によって客観的に確認できない場合であっても、行政庁の独自調査によって判断し決定すべきであるとする。その理由として、請求者は一般市民であり、訴訟で提出されるような証拠能力を有する資料等を収集し、特に「事実に合致していないこと」の主張・立証を十分に行うことができないのが通常と考えられることを挙げ、訴訟で必要とされる厳格な主張・立証責任を訂正請求者側に負わせるべきではなく、むしろ、実施機関側の職権による独自の調査に期待すべきであるとする。

　しかし、訂正請求を受けた保有個人情報に仮に誤りがあったとしても、保有個人情報の利用目的からみておよそ訂正の必要があるとは認められないような事案が想定され、そのような場合、誤りがあるか否かの事実を行政庁が調査する実益はないものといえよう。しかし、証明力が十分でない「疎明」で良いとするならば、「訂正を求める内容が事実に合致しているか否か」について、行政庁が実益のない調査を行う必要の存するケースが増えることとなり、事務の効率性からみて問題があると思われる。

　さらに、保有個人情報の利用目的から見て訂正の必要がない個人情報を行政庁が調査すること自体、当該個人情報を取り扱う事務の目的を超えた個人情報の収集に該当する可能性も否定できないのではないかと考える。

により行政庁の職員が「訂正を求める内容が事実に合致すること」を間違いなく確認できる程度の客観的証明力を有しないものである場合、当該書類等の提出・提示は形式要件であることから、補正を求め、補正がなされなければ拒否処分（却下）を行うことになると考えられていた。しかし、改正法の場合、上記答申で述べられているように、訂正請求を行う請求人から明確かつ具体的な主張や根拠の提示がない場合や当該根拠をもってしても請求人が訂正を求めている事柄が「事実でない」とは認められない場合には、訂正をしない旨の決定をすることになるので、その点に注意が必要である。

　なお、実務的には、訂正請求における実質審査の中心事項は最終的に訂正するかしないかの判断、すなわち、「訂正を求める内容が事実に合致している」場合、保有個人情報の利用目的から見て訂正の必要があるか否かである。その意味において、訂正請求に係る行政庁の行う「調査」は、当該保有個人情報に請求者の主張どおりの誤りがあった場合の事務に対する影響等に主眼が置かれ、必ずしも「訂正を求める内容が事実に合致している」ことの探求ではないものと解されるので、改正法65条に規定する正確性の確保の趣旨を損なわない程度において、訂正請求者の主張する内容の調査を行えば足りるものと考えられる。

　(o) 改正法98条1項における利用停止請求権に関しては、特定された利用目的の達成に必要な範囲を超えて個人情報が保有されているとき、違法又は不当な行為を助長し、又は誘発するおそれがある方法により個人情報を利用しているとき、偽りその他不正の手段により個人情報を取得したとき、69条1項及び2項に定める法令に基づく場合等でないにもかかわらず、利用目的以外の目的のために保有個人情報を自ら利用し、又は提供しているとき、71条1項に違反してあらかじめ外国にある第三者への提供を認める旨の本人の同意を得ることなく保有個人情報を提供したときに認め

られる。開示請求と同様に、任意代理人による利用停止請求も可能である。

　利用停止請求の手続について、利用停止請求書の記載事項は訂正請求書のそれに準じるものであるが、99 条 1 項 3 号に定める「利用停止請求の趣旨及び理由」は、訂正請求の場合と文言こそ同一であるが、訂正請求が請求を受けた行政機関の長等が当該保有個人情報の訂正を行うべきか否かを判断するに足りる具体的な内容や根拠を示して主張すべきとされるのに対し、利用停止請求の場合、その請求の原因は行政庁の違反行為にあるものと考えられるのであるから、必ずしも請求者が訂正請求のように根拠となる資料等を提出・提示までする必要はなく、具体的な違反の事実や内容を主張すれば足り、その真偽については行政庁が自ら調査・確認すべきものである点で異なると解されるので、この点に留意しなければならない。

（オ）審査請求

　最終報告では、「自己情報の開示決定等に対する審査請求については、国の行政機関等についての検討において、行政機関情報公開法上の開示決定等についての審査請求との整合性の維持、情報公開・個人情報保護審査会に蓄積された知見の継承の観点から、一元化後も、現行の情報公開・個人情報保護審査会の機能を基本的に維持することとしつつ、個別の開示決定等について個人情報保護委員会の判断が及ぶようにするために個人情報保護委員会に勧告権限を与えるのが適当であるとしている。」「この点、地方公共団体等についても、情報公開条例上の開示決定等についての審査請求との整合性の維持、諮問機関である審査会に蓄積された知見の継承の観点は共通するものであるから、国の行政機関等に関する上記整理と同様、法制化後も、現行の諮問機関である審査会等の機能を基本的に維持することとしつつ、個人情報保護委員会に勧告権限を与えることとするのが適当である。個人情報保護委員

会の勧告は、地方公共団体等の審査会等における審議結果を踏まえ行われる必要があることから、国の行政機関等と同様に、審査会等への諮問の内容とそれに対する答申の内容を個人情報保護委員会に対して共有することが適当である。」と述べられており、改正法は基本的にこの考え方に立っているものと考えられるが、その内容には大きな疑問点がある。

① 審理員による審理手続に関する規定の適用除外等

　改正法104条と105条における「行政機関の長等」については、地方公共団体の機関又は地方独立行政法人を除くとされており、地方公共団体の機関等における審理員による審理手続に関する規定の適用除外等は106条に規定されている。1項では、「地方公共団体の機関又は地方独立行政法人に対する開示決定等、訂正決定等、利用停止決定等又は開示請求、訂正請求若しくは利用停止請求に係る不作為に係る審査請求については、行政不服審査法第9条第1項から第3項まで、第17条、第40条、第42条、第2章第4節及び第50条第2項の規定は、適用しない。」とされており、すなわち、審理員の指名、審理員となるべき者の名簿の作成、審理員による執行停止の意見書の提出、審理員意見書の作成及び提出、行政不服審査会等への諮問、裁決書における行政不服審査会等への諮問を要しない場合の審理員意見書の添付である。これは、地方公共団体等においては、情報公開条例及び個人情報保護条例に基づく開示請求等に係る審査請求について、情報公開審査会・個人情報保護審査会等（以下「審査会等」という）の第三者機関が諮問を受け、インカメラ審理により実物の請求対象情報を見分して開示・不開示等の処分の妥当性を判断しており、必要に応じて審査請求人による口頭意見陳述も行うことから、重ねて審理員制度による審理を実施する実益が乏しく、これを適用除外としたものである。行政不服審査会への諮問も行われない。

　2項では、「地方公共団体の機関又は地方独立行政法人に対する開示決

定等、訂正決定等、利用停止決定等又は開示請求、訂正請求若しくは利用
停止請求に係る不作為に係る審査請求についての次の表の上欄に掲げる行
政不服審査法の規定の適用については、これらの規定中同表の中欄に掲げ
る字句は、それぞれ同表の下欄に掲げる字句とするほか、必要な技術的読
替えは、政令で定める。」として、表中に読み替え規定が掲載されてい
る。これまで地方公共団体等においても、審査会等の審査が行われること
により原則的に審理員制度を適用除外としてきており、その意味において
は本条による影響はほとんどないものと思われるが、1点大きな疑問点が
存する。それが行政不服審査法50条1項4号の規定を「第81条第1項又は
第2項の機関」と読み替えることである。この点について詳しくは、②に
おいて述べる。

② 個人情報保護審査会等との関係

　地方公共団体の個人情報保護条例では、審理員制度の適用除外につい
て、行審法9条1項ただし書きの規定に基づき、同項本文の規定を適用除
外としているものが多い（例として大阪府個人情報保護条例34条の3。大
阪府個人情報保護条例 解釈運用基準116頁参照）。すなわち、個人情報保
護条例に基づく開示・不開示等の処分について、「条例に特別の定めがあ
る場合」として適用除外とするものである（地方自治法138条の4第3項
の機関として審査会等が位置付けられていても、行審法9条1項ただし書
では「次の各号のいずれかに掲げる機関が審査庁である場合」に適用除外
となるのであって、審査会等は審査庁ではない。したがって、同項ただし
書の「条例に基づく処分について条例に特別の定めがある場合」に該当す
るものとして適用除外にしているものと解される）。このような審査会等
には、審査請求に係る諮問案件の審議を通じて必要があると認めるとき
は、個人情報保護に関する事項について実施機関に意見を述べることがで
きる旨規定している個人情報保護条例もあり、個人情報保護制度に関する

重要な事項について、実施機関の諮問を受けて審議し、又は制度運営について実施機関に意見を述べることができる「個人情報保護審議会」を「個人情報保護審査会」とは別に設置している場合の他、審査会と審議会を一体の組織として運営している場合も存する。ここで問題となるのが、改正法が上記のとおり「第81条第１項又は第２項の機関」と読み替えていることである。行審法81条１項では「地方公共団体に、執行機関の附属機関として、この法律の規定によりその権限に属させられた事項を処理するための機関を置く。」と規定されており、「この法律の規定によりその権限に属させられた事項」については、１条が「行政庁の違法又は不当な処分その他公権力の行使に当たる行為に関し、国民が簡易迅速かつ公正な手続の下で広く行政庁に対する不服申立てをすることができるための制度を定めること」を目的としている以上、あくまで開示・不開示等の処分に対する不服審査に関する事項を処理するものと解され、したがって、個人情報保護制度に関する事項や制度運営について意見を述べることは、「この法律の規定によりその権限に属させられた事項」には含まれないものと考えられるのである（事務局案では、「改正法の開示決定等に係る審査請求の諮問を受ける機関に、第129条の規定に基づく審議会等の役割や、情報公開条例に係る審査請求の諮問を受ける役割など、必要な役割を持たせることも差し支えありません。」とされている）。その結果、審査会が個人情報保護に関する事項について意見を述べること、審査会と審議会が一体となっている場合に個人情報保護制度に関する事項や制度運営について意見を述べることについては、行審法81条１項の機関としての個人情報保護審査会の所掌事務ではないことになり、審査会は、あくまで不服審査に関する審議のみを行う機関として位置付けなければならないと解される（ただし、審査会が審議を通じて意見を述べる内容が、個人情報保護制度に係る一般的な運用上の問題や処分庁の事務事業の執行体制等に関することではなく、

審査請求の処理手続等に関係する事項なのであれば、特に問題はない）。このことは、特に審査会と審議会を一体的な機関として運営してきた地方公共団体等について大きな影響を及ぼすことになる。原則的に、審査会と審議会は別の機関として再構築する必要があると思われ、仮に同一の日に会議を開催するとしても、審査会としての審議と審議会としての審議は明確に会議を分けて行わなければならず（会の設置の根拠が異なるものとなるため。審議会は行審法81条１項に基づく機関ではなく、あくまで個人情報保護条例による設置の機関となる）、そのための予算措置も必要となるであろう（従来は１回分の会議としての報酬・報償費等であったものが、２回分となる）。

③　地方独立行政法人の取扱い

　改正法106条２項では「地方公共団体の機関又は地方独立行政法人に対する開示決定等、訂正決定等、利用停止決定等又は開示請求、訂正請求若しくは利用停止請求に係る不作為に係る審査請求についての次の表の上欄に掲げる行政不服審査法の規定の適用については、これらの規定中同表の中欄に掲げる字句は、それぞれ同表の下欄に掲げる字句とするほか、必要な技術的読替えは、政令で定める。」とされている。表中では、行審法44条の「行政不服審査会等」の読み替えは「第81条第１項又は第２項の機関」と定められているが、行審法81条１項が「地方公共団体に、執行機関の附属機関として、この法律の規定によりその権限に属させられた事項を処理するための機関を置く。」と規定し、ここでは「地方公共団体」とされていることで、都道府県、市町村及び特別区並びに地方公共団体の組合のみを意味し、「執行機関」についても、地方公共団体の長及び法律の定めるところにより置かれる委員会または委員を指すことから、地方独立行政法人はこれらに含まれない。したがって、地方独立行政法人は地方自治法上の執行機関ではないので、個人情報保護審査会を行審法81条１項の附

属機関として置くことができないということになり、同条1項又は2項の読み替えに関して宙に浮いてしまっている状態となっている。要は、地方独立行政法人に係る審理員制度の適用除外と個人情報保護審査会への諮問手続等について、地方公共団体と同様に規定する趣旨と考えられるが、現状の条文では、そのような解釈をすることには無理があるのではないかと思われる。

（カ）条例との関係

改正法108条は、「この節の規定は、地方公共団体が、保有個人情報の開示、訂正及び利用停止の手続並びに審査請求の手続に関する事項について、この節の規定に反しない限り、条例で必要な規定を定めることを妨げるものではない。」と規定している。

この点につき、最終報告では「現在、地方公共団体の条例で規定される自己情報の開示請求等の要件や手続は、同様に条例で規定される情報公開制度との整合性を図りつつ定められており、今次の法制化において地方公共団体等の個人情報に関して自己情報の開示請求等を規定するに当たっては、地方公共団体等の情報公開制度との整合を図る必要がある。」としたうえで、「自己情報の開示請求等の請求権、要件、手続の主要部分は法律により、地方公共団体等の情報公開制度における開示に係る規定との整合を図る部分、手数料、処理期間等は、法律で一定の枠付けをした上で条例により規定することを可能とすることを検討することが適当である。」と述べている。これを受けて、改正法は108条の規定を置いたものと考えられるが（手数料については、89条2項において条例で定めることとされている）、保有個人情報の開示、訂正及び利用停止の手続並びに審査請求の手続に関する事項について限定していることから、もし反対解釈をすれば、それら以外の個人情報の収集や利用・提供等に関する事項については条例を定めることができるとい

うことになる（ただし、地方公共団体等が個人情報ファイル簿とは別の個人情報の保有の状況に関する事項を記載した帳簿を作成し、公表することを条例で定めることは、75条 5 項により認められている）。

　最終報告では、「法律による共通ルールを適用した場合、個人情報保護法制が『個人の権利利益の保護』（個情法第 1 条、行政機関個人情報保護法第 1 条及び独個法第 1 条）を最重要の目的としていることを踏まえると、共通ルールよりも保護の水準を下げるような規定を条例で定めることは、法律の趣旨に反するものとして認められないものと考えられる。」「他方、共通ルールよりも保護の水準を高めるような規定を条例で定めることは、必ずしも否定されるものではないと考えられる。ただし、個人情報保護法制が『個人情報の有用性に配慮』（個情法第 1 条、行政機関個人情報保護法第 1 条及び独個法第 1 条）することを求めるものであり、共通ルールを設ける趣旨が個人情報保護とデータ流通の両立を図る点にあることを踏まえると、地方公共団体が条例で独自の保護措置を規定できるのは特にそのような措置を講ずる必要がある場合に限ることとするのが適当である。」として、要配慮個人情報の定義において不当な差別、偏見等のおそれが生じ得る情報を地方公共団体が条例で追加できるようにすることを例示していた。これについては、改正法60条 5 項で「条例要配慮個人情報」の定義が置かれたことは既述のとおりである。

　一方で、死者の情報に関する保護措置については、保有個人情報の開示、訂正及び利用停止の手続並びに審査請求の手続に関する事項には該当しないものと考えられ、改正法において「条例要配慮個人情報」のように条例で定めることができるとする規定は置かれていない。この点については、既述のとおり最終報告で「死者に関する情報は、現行の個情法及び行政機関個人情報保護法等の定めと同様、『個人情報』には含まれないものと整理されるが、地方公共団体において、別途、個人情報とは別のものとして、死者に関

する情報の保護についての規定を設け、必要な保護を図ることは考えられる。」と述べられていたところであるが、ここで言う「死者に関する情報の保護についての規定を設け」の意味するところは、改正法に関する地方公共団体の独自措置としての条例という位置づけではなく、「個人情報とは別のものとして」という表現から見て、個人情報保護制度は別の制度として、地方公共団体等が死者に関する情報の保護措置、すなわち、「死者に関する情報の保護に関する条例」のごときものを整備することを意味するのではないかと解される（この点については、次節（3）（イ）参照）。もっとも、個人情報ではないものと位置付けている以上、改正法の効果は及ばない情報であり、地方公共団体等が地方自治法14条に基づく条例制定権によって、死者の情報の保護措置に関する条例を定めることは何ら法令に違反するものではなく、当然に認められる措置であることから、最終報告がこの問題について言及したのは、従来、死者に関する情報を個人情報保護条例における個人情報の定義に含めていた地方公共団体等があったことを踏まえ、確認的に述べたものと理解するのが妥当であろう。

　以上のことから、地方公共団体等が独自措置として条例を制定する場合に、規定することが許されるか否かが問題となる最も大きな点は、オンライン結合における審議会への諮問であろう。審議会自体の設置は129条の「地方公共団体の機関は、条例で定めるところにより、第3章第3節の施策を講ずる場合その他の場合において、個人情報の適正な取扱いを確保するため専門的な知見に基づく意見を聴くことが特に必要であると認めるときは、審議会その他の合議制の機関に諮問することができる。」とする規定により認められているが、既述のとおり、最終報告では、国がガイドライン等を示すことにより個別の個人情報の取扱いの判断に際して審議会等に意見を聴く必要性は大きく減少するので、審議会等の役割は、定型的な事例についての事前の運用ルールの検討も含めた地方公共団体等における個人情報保護制度の運

用やその在り方についての調査審議に重点が移行していくことになるとされており、オンライン結合のような個別の個人情報の取扱いについて審議会へ諮問することは想定されていないものと考えられる。しかし、このオンライン結合における審議会への諮問については、GDPR に規定されているものの、我が国の個人情報保護法には明文の規定のないプライバシー影響評価を先駆的に実施したものという評価もあることから [22]、保有個人情報の開示、訂正及び利用停止の手続並びに審査請求の手続に関する事項という限定をあまり厳格に解することには問題があると思われ、法案審議に係る衆議院内閣委員会の附帯決議において、「地方公共団体が、その地域の特性に照らし必要な事項について、その機関又はその設立に係る地方独立行政法人が保有する個人情報の適正な取扱いに関して条例を制定する場合には、地方自治の本旨に基づき、最大限尊重すること」とされていることからも、この趣旨を踏まえた国の柔軟な対応が求められているものといえよう。

（キ）行政機関等匿名加工情報の提供等

　匿名加工情報、非識別加工情報については、地方公共団体への導入の是非に関して、（イ）④で触れたように、これまでに様々な議論がなされてきたが、個人情報等の利活用の推進という基本方針の下、改正法により地方公共団体等への導入が義務付けられることとなった。ただし、附則 7 条の「都道府県及び地方自治法第252条の19第 1 項の指定都市以外の地方公共団体の機関並びに地方独立行政法人についての第110条及び第111条の規定の適用については、当分の間、第110条中『行政機関の長等は、』とあるのは『行政機関の長等は、次条の規定による募集をしようとする場合であって、』と、第111

---

[22]　宇賀・注（ 4 ）33頁参照。なお、東京都では、審議会が意見を述べることができる場合の一つとして「実施機関が保有個人情報を取り扱う事務を開始する場合」が挙げられており、オンライン結合の場合に限らず、広くプライバシー影響評価に相当する手続を行っている。

条中『ものとする』とあるのは『ことができる』とする。」との規定により、都道府県及び指定都市を除き、当分の間、匿名加工情報の作成・提供等に係る「提案の募集に関する事項の個人情報ファイル簿への記載」及び「提案の募集」については、義務ではなく任意とされた。

現行の行政機関個人情報保護法及び独立行政法人等の保有する個人情報の保護に関する法律（平成15年法律第59号）においては、国の行政機関及び独立行政法人等について、非識別加工情報に係る識別行為の禁止義務が課せられていないこと、個人情報の定義において完全照合型の規定となっていること等により、非識別加工情報が個人情報に該当することを前提としており、そのことから、非識別加工情報の作成・提供は、他の個人情報の利用・提供と同様、原則として、利用目的の範囲内でのみ可能であり（行政機関個人情報保護法8条1項、44条の2第2項等）、提案募集手続は、当該手続に従った非識別加工情報の作成・提供を「法令に基づく場合」として例外的に可能とする考え方となっている。さらに、民間事業者等からの匿名加工情報の取得は、他の個人情報の取得と同様、原則として、利用目的の範囲内でのみ可能であり、その場合、匿名加工情報は当該行政機関等においては個人情報に該当し、個人情報の管理についての規律が適用されるため、安全管理措置や識別行為の禁止については定められていない。

改正法は、個人情報の定義において容易照合型を採用したこと等により、匿名加工情報が個人情報ではないということを前提として、行政機関等による匿名加工情報の「作成」「取得」「提供」の各項目についてルールの再構築を行った。

① 行政機関等匿名加工情報の作成・提供（109条）

行政機関等匿名加工情報を作成するために保有個人情報を加工することについては、当該保有個人情報の本来の利用目的とは異なるものであることから、目的外利用に該当するものと考えられる。この点につき、最終報

告では「『作成』については、匿名加工情報の作成それ自体が個人の権利
利益を侵害する危険性はなく、行政機関等が保有個人情報に対する安全管
理措置の一環として匿名加工情報を作成することが必要な場合もあり得る
ことから、柔軟な取扱いを認めるべきであり、法令の定める所掌事務又は
業務の遂行に必要な範囲内であれば、作成を認めることが適当である。」
とされており、これを受け、改正法109条1項は、行政機関の長等が行政
機関等匿名加工情報を作成する根拠を定めている。

　その作成方法については、60条3項により2条6項の匿名加工情報に準
じたものとされているが、75条2項各号のいずれかに該当するもの又は同
条3項の規定により同条1項に規定する個人情報ファイル簿に掲載しない
こととされるものでないことを前提として、保有個人情報の全部又は一部
に行政機関情報公開法5条に規定する不開示情報が含まれているときは、
これらの不開示情報に該当する部分は加工対象から除かれる。ただし、行
政機関個人情報保護法2条9項の場合と異なり、削除の対象となる行政機
関情報公開法5条に規定する不開示情報について、同条2号ただし書の
「人の生命、健康、生活又は財産を保護するため、公にすることが必要で
あると認められる情報」を含むこととされている。これは、最終報告で
「現行法は、行政機関情報公開法第5条第2号ただし書に規定する情報
（法人等に関する情報のうち、一般的には不開示情報に該当するが、公益
的理由から例外的に開示対象となるもの）も、非識別加工の対象に概念上
は含まれ得ることを前提に、当該情報を非識別加工して提供する場合に
は、手続保障の観点から、当該法人等に対して意見書提出の機会を与える
ことを義務付けている（行政機関個人情報保護法第44条の8が準用する行
政機関情報公開法第13条第2項）。しかしながら、非識別加工情報（一元
化後は匿名加工情報）の提供制度は、行政機関等が保有する大量の個人情
報を形式的な基準に基づいて定型的に加工し、民間事業者に提供すること

を企図するものであり、個々の保有個人情報について開示の公益的な必要性を個別に判断したり、当該必要性の判断のため、逐一、第三者の意見を聴取したりすることは、制度の本来的な趣旨にそぐわない側面がある。そこで、行政機関情報公開法第5条第2号ただし書に規定する情報も他の不開示情報と同様に加工元情報から予め削除することとした上で、第三者への意見聴取は全て任意とすることが適当である。」とされたことを受けたものであると解される。さらに、最終報告は「その上で、現行の任意的意見照会に係る規定については、①その効果（第三者が反対の意思を表示した場合には当該第三者を本人とする保有個人情報を非識別加工情報の加工元情報から除外する）を重視し、現行の規定を維持する、②いかなる場合に第三者の意見を聞くべきかについての判断基準が存在せず、安定的な運用が不可能となっていることから、規律の明確化の一環として、規定を削除する、③現行規定の趣旨（加工元情報の本人に広い意味での拒否権・離脱権を与える）を活かしつつ、制度の安定的な運用を可能とするため、ビッグデータ時代に即した新たな規律手法を採用する（例：悉皆性の高い個人情報に関しては、匿名加工情報に加工後も識別される可能性が高いことを考慮して、匿名加工情報の加工基準の一環として、レコード抽出の実施を義務付ける）の3案を選択肢として、法制化作業の中でその扱いを検討することが適当である。」としており、結果として改正法は、②の削除する選択肢を採用して、行政機関個人情報保護法44条の8に相当する規定は置かれていない。

　行政機関等匿名加工情報の前身である行政機関非識別加工情報については、行政機関非識別加工情報の加工対象となる保有個人情報を選定するに当たって、当該保有個人情報が記載されている行政文書に対して情報公開請求があった場合を想定し、個人情報保護制度上の手続に情報公開制度の考え方をミックスしている。すなわち、想定した情報公開請求に対して開

示・不開示等の決定を行うとした場合に、全部不開示となる個人情報（情報公開制度上では、本人情報であることについて原則考慮しないため、「保有個人情報」ではなく「個人情報」となる）については、加工の対象から除外するものとしている。次に、想定した情報公開請求に対して開示・不開示等の決定を行うに当たって、当該個人情報の本人に対して開示・不開示に関する第三者意見照会を行う必要が存する場合には、当該個人情報に該当する保有個人情報が加工対象となる。この意見照会には2つのケースがあり、単に開示・不開示の判断の参考とする必要があることを理由に任意に意見照会を行うものと、基本的に不開示である個人情報について、人の生命、健康、生活又は財産を保護するため公にすることが必要であると認められる情報に該当することを理由に開示の判断をしようとする場合、若しくは公益上特に必要があると認められることを理由に裁量的開示をしようとする場合に、義務として意見照会を行うものに分けられる。条文上は、全部又は一部を開示する場合と意見照会を行う場合の2つのうち、いずれかに該当すれば加工の対象となり、後者の場合、あくまで意見照会を行うことが要件であって、開示・不開示の判断を行うものではない点に留意が必要である（この点については後述する）。

　行政機関非識別加工情報の作成について、行政機関個人情報保護法は44条の8第2項において、意見書の提出の機会を与えられた者が行政機関非識別加工情報の作成に反対する旨の意見書を提出すれば、その者の保有個人情報は加工対象から除外されることとしていた。しかし、上記のとおり、改正法ではこの規定は削除されている。その結果、行政機関個人情報保護法では匿名加工されることに否定的な意見を有する保有個人情報の本人の意思が尊重されていたにもかかわらず（最終報告では現行規定の趣旨として「加工元情報の本人に広い意味での拒否権・離脱権を与える」と表記されている）、法制一元化により、本人の意思に反する場合であって

も、そのことを理由として匿名加工の対象から除外されることはなくなってしまったのである。この点は、改正法が成立する過程においてあまり注目されていないが、上記のとおり最終報告が「悉皆性の高い個人情報に関しては、匿名加工情報に加工後も識別される可能性が高い」と述べているように、匿名加工はあくまで「特定の個人を識別することができないように個人情報を加工」するものであって、特定個人が識別される可能性が完全にゼロになるものではない。その意味において、個人の権利利益が侵害される可能性は否定できないのであるから、改正法が行政機関個人情報保護法44条の8に相当する規定を置かなかったことには大きな疑問が残る。保護よりもデータの利活用の側面を重視するスタンスが明確に表れている例といえるであろう。

　そもそも、改正法60条3項の「行政機関等匿名加工情報」の規定は非常に難解である。行政機関個人情報保護法2条9項2号イとロについても同様であるが、これらの規定については、イは行政機関情報公開法13条の意見聴取手続を要しない場合、すなわち、当該情報が既に公にされているものであるか、同種のケースについて不開示決定を行う取扱いが確立されている場合、あるいは、当該第三者が開示に反対しないことが明らかである場合等に限られ、その他の場合については、ロの行政機関情報公開法13条1項又は2項の規定に基づき意見書の提出の機会を与えることになる個人情報ファイルを対象とすることになると考えられていた。この考え方によれば、ロに該当するものとは、同法18条1項の開示決定等に当たって第三者に意見書提出の機会を与える必要があると行政機関の長が判断するもの、あるいは、同条2項の公益的開示をしようとする場合であるとされる。

　しかし、2条9項2号イが行政機関情報公開法13条の意見聴取手続を要しない場合に限定されるという解釈には大いに疑問があるうえに、柱書かっこ書において保有個人情報に不開示情報が含まれている場合には、当

212

該部分を加工対象から除くこととしているのであるから、わざわざ第三者意見照会の手続を行うことになるものを同項2号ロで規定する意味はなく、意見照会をしようがしまいが、結果的に不開示となる部分は加工対象から除かれることになるのであるから、同号イのみで足りることとなると考えられる。さらに、仮にロの手続の結果として全部または一部開示されるものに限定するのであれば、そのことはロの要件自体において規定すべきではないかという疑問も生じることになるのである。

　このような問題が存する中で、上記の行政機関個人情報保護法の規定は、44条の8第2項により本人の意思でオプトアウトできるという点において意味を有したが、これに相当する規定がない改正法においては、やはり60条3項2号ロの存在意義には疑問があるといわざるを得ない。

　情報公開制度における第三者意見照会の手続は、基本的に処分庁として開示・不開示の判断に十分な確証がない場合に行うものであり、当該第三者から得られた意見に拘束されるものではないといえども、最終的な判断において重要な意味を持つものである。当該情報について行政庁独自には知り得ない事情を把握するという趣旨は非常に重要であり、これまでの制度運用において、意見照会の結果を受けて不開示とされた実例も多数に上る。ただし、制度に関する知識不足や無関心により意見照会が無視されるケースがあることは事実である。この点については、情報公開制度の場合、長年にわたる制度運用の実績が存することから、国民・住民には制度に対する一定の認知度や理解度があるものと考えられるが、匿名加工情報については、制度導入後における国の実績もほとんどなく、国民・住民の認知度や理解度は相当程度低いものと思われる。したがって、同じ第三者意見照会を行う場合であっても、情報公開制度におけるそれについては意見を述べる者が（当該情報が公開されてしまうのではないかというおそれに起因するものと推察される）、行政機関等匿名加工情報の作成に係る意

見照会には関心を示さない場合も想定され（当該情報が直接公開されるものではないことや、オプトアウトの手続がないことも影響するものと思われる）、そのような場合には、本来不開示とすべき保有個人情報が、本人からの意見がないことによって加工対象に含まれてしまう可能性が排除できないことになり、個人情報保護の側面が軽視されている印象を国民・住民に与えてしまうのではないかと懸念される。

　次に、提供についてであるが、最終報告では「『提供』については、現行法が非識別加工情報の提供を公平かつ適正に実施するための手続として提案募集から契約締結に至る一連の手続を定めていることを踏まえれば、一元化後においても当該手続に従った提供を原則とすべきであり、行政機関等が匿名加工情報を外部に提供できるのは、基本的に、ア　提案募集手続を経て契約を締結した者に提供する場合　イ　法令の規定に基づく場合　ウ　加工元の個人情報の提供が可能な場合　に限られるとするのが適当である。」としており、改正法は109条2項で「行政機関の長等は、次の各号のいずれかに該当する場合を除き、行政機関等匿名加工情報を提供してはならない。一　法令に基づく場合（この節の規定に従う場合を含む。）二　保有個人情報を利用目的のために第三者に提供することができる場合において、当該保有個人情報を加工して作成した行政機関等匿名加工情報を当該第三者に提供するとき。」と規定することとなった。削除情報（保有個人情報に該当するものに限る）については、行政機関等匿名加工情報と照合することにより、加工前の個人情報を復元することが可能となるので、法令に基づく場合を除き、利用目的以外の目的のために自ら利用し、又は提供してはならないとされている。

② **提案の募集に関する事項の個人情報ファイル簿への記載（110条）**

　行政機関等匿名加工情報をその事業の用に供しようとする者にとっては、提案を募集する個人情報ファイルとしていかなるものがあるかを認識

するとともに、具体的に提案を行うための準備として何が必要であるかを把握する必要がある。そこで、改正法110条は、75条により公表する個人情報ファイル簿において、提案の募集をする旨を記載しなければならないこととし、記載すべき事項として「提案の募集をする個人情報ファイルである旨」及び「提案を受ける組織の名称及び所在地」を挙げている。

　行政機関個人情報保護法44条の3では、これらのほかに「当該個人情報ファイルが第2条第9項第2号（ロに係る部分に限る。）に該当するときは、第44条の8第1項において準用する行政機関情報公開法第13条第1項又は第2項の規定により意見書の提出の機会が与えられる旨」が挙げられていたが、上記①で触れたとおり、改正法には行政機関個人情報保護法44条の8に相当する規定が置かれていないため、意見書の提出の機会が与えられる旨の記載は行わない。

　既述のとおり、地方公共団体等においては、これまでに個人情報ファイルを作成していないものが多数あるが、改正法第5章第3節の規定により個人情報ファイルと個人情報ファイル簿の作成が必要になるとともに、これを作成しないと行政機関等匿名加工情報の提案募集が行えないことから、未作成の地方公共団体等は、この点においても個人情報ファイルの作成を余儀なくされることになる。ただし、附則7条により「都道府県及び地方自治法第252条の19第1項の指定都市以外の地方公共団体の機関並びに地方独立行政法人」については、当分の間、匿名加工情報の作成・提供等に係る「提案の募集に関する事項の個人情報ファイル簿への記載」及び「提案の募集」については、義務ではなく任意とされているため、本条により直ちに行政機関等匿名加工情報に関する事項を個人情報ファイル簿へ記載しなければならないのは、都道府県及び指定都市だけである。

③　手数料（119条）

　改正法119条では、行政機関等匿名加工情報の利用に関する手数料につ

いて、3項で「第115条の規定により行政機関等匿名加工情報の利用に関する契約を地方公共団体の機関と締結する者は、条例で定めるところにより、実費を勘案して政令で定める額を標準として条例で定める額の手数料を納めなければならない。」とし、4項で「前条第2項において準用する第115条の規定により行政機関等匿名加工情報の利用に関する契約を地方公共団体の機関と締結する者は、条例で定めるところにより、前項の政令で定める額を参酌して政令で定める額を標準として条例で定める額の手数料を納めなければならない。」として、地方公共団体の機関と行政機関等匿名加工情報の利用に関する契約を締結する者が支払う必要がある手数料について定めている。また、地方独立行政法人に関しては、8項から10項において定めが置かれている。

　行政機関等匿名加工情報を作成し、これを民間事業者に提供することは、行政機関等の特定の事務に係る費用であることから、受益者負担の観点からは、提供を受ける民間事業者がその費用を負担すべきと考えられる。このような考え方から、行政機関等匿名加工情報の利用に係る手数料については、基本的に行政機関個人情報保護法の例によるものと考えられる。

　行政機関個人情報保護法における行政機関非識別加工情報については、同法施行令25条において手数料の定めが置かれ、その基本的考え方は、行政事務の効率化の要請と提案に係る事務に要する行政コストの公平な負担の要請の調和を図り、個別の提案に対する行政事務の所要時間が大幅に変動することがない事務については一定額とし、個別の提案に応じて手数料額が大幅に異なり得る事務については、個別の提案の実費に近い金額とし、両者の合計額とするというものである。また、手数料額に算入するのは、当該行政機関非識別加工情報の作成を主たる目的とする作業に必要な時間に限定し、当該行政機関非識別加工情報の作成と関連する作業であっ

216

ても、行政機関の業務の効率化を目的とする場合や、他の行政機関非識別加工情報の作成の準備も目的とする場合には、当該作業に要する時間は、手数料額には算入しないこととしている[23]。

　手数料の対象となる事務は「提案の審査」、「意見書提出の機会の付与」、「審査結果の通知及び契約の締結」、「行政機関非識別加工情報の作成」、「行政機関非識別加工情報の提供」であり、「提案の審査」、「審査結果の通知及び契約の締結」、「行政機関非識別加工情報の提供」については、所要時間（5.28時間）に全庁単価（2016年度の全府省の人件費時間単価3,885.6円と物件費単価136.3円の合計額3,991.9円）を乗じて算定した21,000円（100円未満を切り捨て処理）を徴収することとされている。

　「行政機関非識別加工情報の作成」については、個人情報ファイルの管理方法や保有個人情報の加工方法、加工対象となるデータの多寡によって所要時間が大きく異なるものと考えられることから、一律の手数料額とするのではなく、1時間までごとに3,950円（全庁単価3,991.9円を50円未満切り捨て処理）とされた。

　また、行政機関非識別加工情報の作成を外部委託する場合、委託を受けた者に対して支払う額が加算されることとなっている。

　なお、行政機関個人情報保護法において手数料の対象となっていた「意見書提出の機会の付与」については、改正法がこれを行う規定を置いていないため、当然に行政機関等匿名加工情報の手数料の対象には含まれないこととなる。

　次に、既に作成された行政機関等匿名加工情報について、その提供を受けていない別の事業者が利用に関する契約を締結する場合、行政機関個人情報保護法の考え方によれば、既に作成された行政機関等匿名加工情報の

---

(23)　宇賀・注（1）613頁参照。

利用に関する契約を締結した者と同じ行政機関等匿名加工情報の提供を受けることになるため、最初に当該行政機関等匿名加工情報の利用に関する契約を締結した者と同一の手数料額を支払うことになるものと考えられる。

　また、既に行政機関等匿名加工情報の利用に関する契約を締結して行政機関等匿名加工情報の提供を受けた者が、別の利用目的で当該行政機関等匿名加工情報を利用しようとする場合や当初の利用期間を超えた利用を希望する場合については、行政機関個人情報保護法の考え方によれば、「提案の審査」と「審査結果の通知及び契約の締結」に係る手数料のみを徴収することになるものと思われる。行政機関個人情報保護法の場合には、12,600円の定額とされている。

　地方公共団体の場合、これらの手数料の算定に当たっては、119条3項で「実費を勘案して政令で定める額を標準として条例で定める額」、4項で「前項の政令で定める額を参酌して政令で定める額を標準として条例で定める額」と規定されており、基本的な算定方法は政令で定めるものをそのまま用い、全庁単価や物件単価等の額を当該地方公共団体の実情に合わせて調整することになろう。

④　識別行為の禁止等（121条）

　改正法121条では、1項で「行政機関の長等は、行政機関等匿名加工情報を取り扱うに当たっては、法令に基づく場合を除き、当該行政機関等匿名加工情報の作成に用いられた個人情報に係る本人を識別するために、当該行政機関等匿名加工情報を他の情報と照合してはならない。」と規定し、2項で「行政機関の長等は、行政機関等匿名加工情報、第109条第4項に規定する削除情報及び第116条第1項の規定により行った加工の方法に関する情報（以下この条及び次条において「行政機関等匿名加工情報等」という）の漏えいを防止するために必要なものとして個人情報保護委

員会規則で定める基準に従い、行政機関等匿名加工情報等の適切な管理のために必要な措置を講じなければならない。」として、行政機関の長等に対し、行政機関等匿名加工情報に係る識別行為の禁止及び安全管理措置を義務付けている。

　この点につき、行政機関個人情報保護法では識別行為の禁止に関する規定がなく、これは、行政機関等が民間事業者等から匿名加工情報を取得した場合、取得した匿名加工情報と当該匿名加工情報を作成した民間事業者等が保有する削除記述等を照合可能であること、匿名加工情報は当該行政機関等においては個人情報に該当し、個人情報の管理についての規律（行政機関個人情報保護法6条等）が適用されることがその理由とされていた。改正法は、匿名加工情報を行政機関等においても非個人情報であると整理しているため、最終報告で「民間の匿名加工情報取扱事業者に準じた識別行為禁止義務及び安全管理措置義務を課すことが適当である」とされたことを受け、本条においてこれらの義務を明確に定めたものである。

　なお、同条3項により、行政機関等から行政機関等匿名加工情報等の取扱いの委託（2以上の段階にわたる委託を含む。）を受けた者が受託した業務を行う場合についても、同様の義務が課せられる。

　これらの義務と同様に、民間事業者が作成した匿名加工情報を行政機関等が取り扱うに当たって、当該匿名加工情報に係る削除情報や加工方法を取得すること、当該匿名加工情報を他の情報と照合することも禁止され（123条2項）、安全管理措置の義務も課せられる（同条3項）。委託についても同様である（同条4項）。

（ク）適用除外等（124条）

改正法は124条1項で「第4節の規定は、刑事事件若しくは少年の保護事件に係る裁判、検察官、検察事務官若しくは司法警察職員が行う処分、刑若

しくは保護処分の執行、更生緊急保護又は恩赦に係る保有個人情報（当該裁判、処分若しくは執行を受けた者、更生緊急保護の申出をした者又は恩赦の上申があった者に係るものに限る。）については、適用しない。」と規定している。この規定は、行政機関個人情報保護法45条1項と同旨であるが、従来、この規定の趣旨は、刑事裁判等関係事項に係る個人情報には、個人の前科、収容歴等の情報が含まれており、これが開示請求の対象となると、就職の際に開示請求の結果を提出させるなどの方法で第三者による前科等の審査に用いられ、本人の社会復帰を妨げるなどの弊害が生ずるおそれがあるため、これを防止するという趣旨に基づくものであるとされてきた。そこで、被収容者が収容中に自身の受けた診療録に記録されている保有個人情報について開示請求を行った場合、被収容者に対する診療は、被収容者の処遇の一環として行われるものであるから、これに関する情報についても、別段の定めがない以上、上記の刑事事件に係る裁判に係る保有個人情報に該当するものと解されていた（総務省情報公開・個人情報保護審査会　平成18年度（行個）答申第1号等）。

　しかし、刑事施設に収容されている者が収容中に受けた診療に関する保有個人情報を請求し、不開示の処分を受けたことに関する最判令和3年6月15日裁判所ウェブサイト（令和2年（行ヒ）102号）では、従来の考え方を否定する判決が行われた。すなわち、行政機関個人情報保護法には、診療関係事項に係る保有個人情報を開示請求の対象から除外する旨の規定は設けられておらず、その趣旨は、行政機関が保有する個人情報の開示を受ける国民の利益の重要性に鑑み、開示の範囲を可能な限り広げる観点から、医療行為に関するインフォームド・コンセントの理念等の浸透を背景とする国民の意見、要望等を踏まえ、診療関係事項に係る保有個人情報一般を開示請求の対象とすることにあると解されるとし、2003年の改正によって同法45条1項を新設するに当たっては、社会一般において提供される診療と性質の異なるも

のではない被収容者が収容中に受けた診療に関する保有個人情報について、同法第 4 章の規定を適用しないものとすることが具体的に検討されたことはうかがわれないこと、その他、これが同項所定の保有個人情報に含まれると解すべき根拠は見当たらないことを理由として、被収容者が収容中に受けた診療に関する保有個人情報は、行政機関個人情報保護法45条 1 項所定の保有個人情報に当たらないと解するのが相当であると判示し、当該保有個人情報を開示請求の対象である保有個人情報と認めた。

　この最高裁の判決は、行政機関の長等の今後の制度運用に大きな影響を与えるものと思われる。

（ケ）地方公共団体に置く審議会等への諮問（129条）

　審議会への諮問については、前記（カ）でも述べたところであるが、改正法129条は「地方公共団体の機関は、条例で定めるところにより、第 3 章第 3 節の施策を講ずる場合その他の場合において、個人情報の適正な取扱いを確保するため専門的な知見に基づく意見を聴くことが特に必要であると認めるときは、審議会その他の合議制の機関に諮問することができる。」と規定し、法制一元化後も、地方公共団体の機関が、個人情報保護制度に関する専門的な知見に基づく意見を審議会等から聴くことができる旨定めている。

　最終報告では、「地域における行政を自主的かつ総合的に実施する役割を広く担う地方公共団体においては、住民と直接的に関わる施策を実施することが多く、これに伴い必然的に大量かつ多様な個人情報を保有することになることから、個人の権利利益の保護のため、各地方公共団体が独自に条例によるルール化を図り、必要な保護措置を講じてきた経緯がある。法制化後も、地方公共団体等が地域の課題に対処するため、国による対応を待つことなく独自の施策を展開することは依然として求められるものであり、これに伴い保有する個人情報について、法律の範囲内で、必要最小限の独自の保護

措置を講じることについては、否定されるべきものではないと考えられる。また、これまでの地方公共団体等における個人情報保護行政実務の積み重ねや、情報公開制度など他の事務への影響に十分に配意し、制度の安定性を確保する必要がある。」と述べられている。地方公共団体におけるこれまでの個人情報保護制度の適正な運用の確保や独自の創意工夫に関して、個人情報保護審議会等の諮問機関は、極めて重要な役割を果たしてきたものといえる。

　その意味で、本条において、引き続き地方公共団体等が審議会への諮問・答申を経て、地域の課題に対処し、安定的な制度運用を図っていくための手続が定められた意義は大きいものと思われる。一方で、既述のとおり、国はこのような審議会について、個別の個人情報の取扱いの判断に際して諮問を受けるものから、定型的な事例についての事前の運用ルールの検討も含めた地方公共団体等における個人情報保護制度の運用やその在り方についての調査審議に重点が移行していくことになると考えており、その理由として、法律による共通ルールについて国がガイドライン等を示し、地方公共団体等はこれに基づきあらかじめ定型的な事例について運用ルールを決めておくことで個別事案に対処できることを挙げている。しかし、地方公共団体が行う個人情報を取り扱う多種多様な事務事業について、網羅的にガイドライン等を定めることには無理があり、引き続き、個別の個人情報の取扱いの判断に際して審議会等に意見を聴く必要性は残るのではないかと考えられる。本条の立法趣旨が上記のようなものであったとしても、地方公共団体が個別の個人情報の取扱いの判断に際して審議会等に意見を聴くことは、個人情報の適正な取扱いを確保するため専門的な知見に基づく意見を聴くことが特に必要であると認められる以上違法ではないと解され、この問題については、改正法施行に際してのガイドライン等の内容を踏まえ、個人情報保護委員会がどのように地方公共団体等の当該制度運用に対して関与を行うのかを注視してい

く必要があると思われる。

（コ）個人情報保護委員会による行政機関等の監視等

　これまで、個人情報保護委員会は、地方公共団体の個人情報の取扱いに関しては、特定個人情報を除き監督権限を有していなかった。しかし、最終報告においては、「今般の一元化は、独立規制機関である個人情報保護委員会が、民間事業者、国の行政機関、独立行政法人等、地方公共団体等の 4 者における個人情報及び匿名加工情報（以下『個人情報等』という）の取扱いを一元的に監視監督する体制を構築しようとするものであるから、一元化後は、行政機関等における個人情報等の取扱い全般についての監視権限を個人情報保護委員会に付与することが適当である。」とされ、さらに、「GDPR 十分性認定への対応を始めとする国際的な制度調和の観点から、独立規制機関である個人情報保護委員会が我が国の個人情報保護法制全体を一元的に所管する体制を構築することが求められているが、その趣旨は地方公共団体等の個人情報保護制度についても同様に及ぼすべきであることから、地方公共団体等における個人情報の取扱いについての監視権限を個人情報保護委員会に付与することが適当である。その具体的内容は、国の行政機関等に対するものと同等のものとするのが適当である。」とされたことを受け、改正法では156条から159条において、行政機関等の義務等を定めた第 5 章の規定の円滑な運用を確保するため必要があると認めるときは、地方公共団体の機関、独立行政法人等及び地方独立行政法人に対しても、資料の提出要求や指導及び助言、勧告等の監督権限を行使することができるものとされた。

　一方で、地方公共団体は、166条 1 項に基づき、地方公共団体の機関、地方独立行政法人及び事業者等による個人情報の適正な取扱いを確保するために必要があると認めるときは、個人情報保護委員会に対し、必要な情報の提供又は技術的な助言を求めることができ、同条 2 項により、個人情報保護委

員会は、当該求めに対して必要な情報の提供又は技術的な助言を行うものとする旨が定められた。

　さらに、167条1項により、「地方公共団体の長は、この法律の規定に基づき個人情報の保護に関する条例を定めたときは、遅滞なく、個人情報保護委員会規則で定めるところにより、その旨及びその内容を委員会に届け出なければならない。」とされ、個人情報保護委員会は、同条2項に基づき、1項の規定による届出があったときは、当該届出に係る事項をインターネットの利用その他適切な方法により公表しなければならないこととされた。

　今回の法制一元化により、個人情報保護委員会は改正法に基づき全ての地方公共団体等を監視し、必要に応じて助言や指導・勧告を行い、地方公共団体等がこれに従わない場合、国は地方自治法245条の5により是正の要求を行うことができるのであるが（地方自治法245条の5に係る「各大臣」には個人情報保護委員会は含まれないため、是正の要求は内閣総理大臣が行うものと解される）、個人情報の収集から廃棄に至るまでの個人情報の取扱い、開示・訂正・利用停止請求に係る開示・不開示の処分、行政機関等匿名加工情報の作成・提供等手続など、監視等の対象となる事務は広範囲にわたる。今後、個人情報保護委員会の体制強化が図られることとされているが、従来からの所掌事項である民間企業における個人情報の取扱いのほか、2,000近くの団体に係る膨大なボリュームの事務を処理する人的体制が個人情報保護委員会に整備されることは現実的ではないと思われ、その意味においては、地方公共団体における個人情報保護審査会や個人情報保護審議会等の役割が、引き続き重要になってくるものと考えられる。実際に、個人情報保護委員会が個別の個人情報の取扱いや開示・不開示の判断の妥当性にどの程度関与してくるかは現時点では予測できないが、少なくとも個人情報の保護に関して、地方公共団体等の多くは、その長い制度運用の実績に対し、住民から一定の信頼を得ているものと思われ、利活用の面を重視した統一ルールに

基づく考え方を一方的に押し付けるのではなく、各地方公共団体の地域特性やこれまでの創意工夫を尊重し、住民が納得できる制度運用を目指した関与の在り方を探求していくべきであろう。

（サ）施行期日

　改正法の施行期日については、行政機関個人情報保護法および独立行政法人等個人情報保護法の内容を個人情報保護法に統合する部分は、附則 1 条 4 号により、公布の日から起算して 1 年を超えない範囲内において政令で定める日とされている。ただし、地方公共団体及び地方独立行政法人の保有する個人情報等の取扱いに関する事項については、附則 1 条 7 号により、公布の日から起算して 2 年を超えない範囲内において政令で定める日とされている。

3 ｜ 地方公共団体等における例規整備

（1）はじめに

　第 2 節では、改正法により地方公共団体等がどのような影響を受けるかについて見てきたが、第 3 節では、改正法の施行までに地方公共団体等がどのような例規整備を行う必要があるのかについて解説していくこととする。

　なお、今回の法制一元化に関しては、地方公共団体等の適正な制度運用を図るため、国においてガイドライン等が作成されることとなっており、地方公共団体の例規整備に大きな影響を及ぼすことが予想される。現時点ではその内容が明らかではないため、本節における例規整備の解説は、概略部分のみとなることをあらかじめお断りしておきたい。

(2) 基本的な考え方

　改正法の施行により、行政機関個人情報保護法等は廃止されることとなるが、地方公共団体における個人情報保護条例が直接廃止されるわけではなく、改正法が統一的に個人情報の取扱い等について定めた結果、改正法の規定が直接地方公共団体等についても効力を持つことになり、改正法の規定に違反する地方公共団体の個人情報保護条例の規定は無効となる（地方自治法14条1項）。定義等を含め、数多くの規定がこれに該当するものと解され、改正法が条例で定めることを許容している事項以外のものについては、法に反する規定が許されないことになる。

　地方公共団体等としては、これらのことを踏まえて、改正法の施行までに個人情報保護条例をいったん廃止し、法が許容する事項のみを規定する新たな条例を制定するか、既存の個人情報保護条例を改正法に適合するように大幅に改正する必要がある。

　この点については、マイナンバー制度が導入された際に、行政手続における特定の個人を識別するための番号の利用等に関する法律5条及び31条（現行32条）により、地方公共団体等はマイナンバー制度に係る条例等の整備（新設、個人情報保護条例の改正等）が必要となり、個人情報保護条例とは別に特定個人情報に係る条例を新設するケースと、個人情報保護条例を改正して対応するケースに大きく分かれた[24]。しかし、今回の法制一元化に伴う条例整備に関しては、一般法である個人情報保護条例のほかに特別法としてのマイナンバー条例を整備する場合と異なり、基本条例そのものの置き換えが必要となるものであり、廃止・新設、条例改正のいずれのアプローチを採るにしても、最終的に規定すべき内容は同じものになると考えられるので、各地方公共団体等の判断（作業量等を考慮）で選択すれば良いのではないかと思われる。

　ただし、個人情報保護法が統一的な規律を定めたことを受け、条例には法で認められている追加的事項のみを規定するのか、上記マイナンバー法に係る条例整備の時に一部の地方公共団体が採用した、法と同じ内容についても条例で改めて網羅的に規定を置くのかという点については、意見が分かれるものと考えられる。おそらく、国としては前者の形式を想定しているものと思われるが、住民の視点に立てば、これまでは個人情報保護条例において規律されていた当該地方公共団体の個人情報等の取扱いについて、今後、改正法と新たな条例の双方を見なければならないという状況は、決して好ましいものとはいえず、不便になったと感じる住民も多数いるのではないかと想定される。今回の改正法は180条を超える長く複雑な法律であり、定義だけ見ても、２条のほかに地方公共団体に関係するものとして60条もあるなど、分かりやすいものとはいい難い。そこで、法に違反しない内容が定められているのであれば、条例で網羅的に規定することも問題はないと解されるので、地方公共団体等としては、どのような条例の内容・構成とするのかについて、住民サイドに立った観点からの検討が望まれているものといえよう。一方で、網羅的な規定方法を採用した場合、将来的な法改正に伴う条例改正の手続が煩雑になるという欠点があり、規模の小さい地方公共団体にとっては、人員配置上専任職員が少なく、作業に関する負担が大きいという点も無視できない大きな問題である。

　なお、個人情報保護条例の廃止・新設や改正を行うことにより、関係する

(24)　詳しくは、宇賀克也監修、高野祥一・苅田元洋・富山由衣・上村友和・白戸謙一著『完全対応　自治体職員のための番号法解説［実例編］〜条例整備・特定個人情報保護評価・住民基本台帳事務〜』（第一法規、2015年）２〜43頁、高野祥一「番号法を受けた条例整備——東京都の取り組みについて」ジュリスト2016年３月号（2016年）68〜75頁、高野祥一・富山由衣「番号法施行に向けた東京都の取り組み〜例規整備と特定個人情報保護〜」（『情報公開の実務』・『個人情報保護の実務』別冊IP vol.34、第一法規、2015年）８〜32頁を参照されたい。

マイナンバー条例及び情報公開条例にも影響が生じることが予想されるので、その点も留意が必要である。マイナンバー法は、個人情報の定義について容易識別型を採用しており、開示・訂正等の請求において任意代理人を認めているなど、改正法と共通する点も見られるが、地方公共団体等におけるマイナンバー条例（個人情報保護条例とは別に、マイナンバー条例を整備している場合）は、個人情報保護条例の特則として位置付けられているものであり、個人情報保護条例の廃止や大幅な改正により、開示請求に関する手続や手数料の定め等を中心に影響が生じると考えられる。また、情報公開条例については、個人情報保護審査会が改正法により行審法81条1項又は2項の機関とされたことから、情報公開審査会についても基本的に同様の位置づけとせざるを得ないものと考えられるが、建議機能の問題等、個人情報保護審査会と共通する問題が生じる。手数料の定めについても、開示請求に関して申請手数料を徴収している地方公共団体等は少ないが、個人情報保護条例と平仄を合わせる必要があり、その改正を検討することになろう（情報公開条例についても、今後法制一元化の議論がなされることになると思われ、国の動きに注視していく必要がある）。

（3）例規整備が必要な事項とその内容

（ア）条例で定める必要がある事項

① 条例要配慮個人情報（60条5項）

　第2節で述べたように、地方公共団体の個人情報保護条例の中には、要配慮個人情報の定義を置かず、個人情報の収集制限規定においてセンシティブ情報の原則収集禁止を定めているものがある。このような地方公共団体については、改正法の施行により2条3項の要配慮個人情報の定義が直接適用されることとなる。したがって、その範囲について追加の必要がなければ、そのような地方公共団体等は、特に「条例要配慮個人情報」を

定める必要はない。

　既に個人情報保護条例で要配慮個人情報の定義を規定している地方公共団体等については、改正法における要配慮個人情報の規定（例示事項）が多くの個人情報保護条例で規定しているそれとは異なる場合があり、「LGBTに関する事項」「生活保護の受給」「一定の地域の出身である事実」等は法の規定には含まれていない。これらの事項については、60条5項に基づき、地方公共団体等が条例で「条例要配慮個人情報」として追加的に定めることができる。

　なお、センシティブ情報の収集制限を個人情報保護条例で定めていた地方公共団体等が、条例で改めて要配慮個人情報の原則的な収集制限について定めることができるかという点についてであるが、改正法は、直接に収集制限の規定がなくても、個人情報の保有は法令の定める所掌事務の遂行に必要な場合に利用目的の達成に必要な範囲内でのみ認められているものであり（61条）、改正法上個人情報を保有できる範囲と、上記のような収集制限規定がある条例上で要配慮個人情報等の個人情報を保有できる範囲とは、概ね同様であるという考え方に基づいていることから、条例で改めて原則的な収集制限規定を置くことを必ずしも排除するものではないと解される。ただし、条例で規定可能な事項は必要最小限にするというのがそもそもの法制一元化の趣旨であることを踏まえれば、個人情報保護委員会が、当該規定は必要ないという旨の助言等を地方公共団体等に行うことはあり得ると思われ、また、ガイドライン等において原則収集禁止と同旨の内容が定められる可能性も高いので、ガイドライン等の内容を確認したうえで検討すべき問題であろう。

② 　個人情報取扱事務登録簿（75条5項）

　改正法は、地方公共団体等にも個人情報ファイル簿の作成・公表を義務付けているが（75条1項）、既述のとおり、多くの地方公共団体等が個人

情報を取り扱う事務に関する登録簿を作成し公表している実態があること
を考慮し、同条5項で、地方公共団体等が個人情報ファイル簿とは別の個
人情報の保有の状況に関する事項を記載した帳簿を作成し、公表すること
を認めている。よって、これまで個人情報保護条例で個人情報取扱事務登
録簿を作成・公表してきた地方公共団体等は、改めて条例で定めることに
より、引き続き当該事務登録簿の利用が認められることになる。

　ただし、個人情報取扱事務登録簿を作成・公表していることによって、
個人情報ファイル簿の作成・公表が免除されるわけではない点に注意が必
要である。個人情報取扱事務登録簿を既に作成・公表している地方公共団
体等であっても、加えて個人情報ファイル簿の作成・公表を行わなければ
ならない。

③　保有個人情報の開示請求に係る不開示情報（78条2項）

　改正法は、78条1項1号から7号で保有個人情報の開示請求に係る不開
示情報を定めているが、これらの情報は、地方公共団体が個人情報保護条
例で定める不開示（非開示）情報と同一ではない場合がある。仮に規定の
文言が違っていても、開示しないこととする情報の内容が同一のものを意
味している場合には問題ないが、改正法の不開示情報とは異なる情報を不
開示情報として規定している場合、そのような情報は改めて条例で不開示
情報として追加的に規定する必要がある（同条2項）。

　ただし、同項では、「行政機関情報公開法第5条に規定する不開示情報
に準ずる情報であって情報公開条例において開示しないこととされている
もののうち当該情報公開条例との整合性を確保するために不開示とする必
要があるもの」という要件が付されていることに留意が必要である。これ
までに長く運用してきた個人情報保護条例上の不開示情報が、この要件に
該当しないものとされる可能性はほとんどないものと考えられるが、例え
ば都条例12条2項が「未成年者又は成年被後見人の法定代理人は、本人に

代わって開示請求をすることができる。ただし、当該開示請求が、本人の
利益に反することが明確である場合はこの限りでない。」と規定して、本
人の利益に反することが明確な場合は開示請求権を認めていないのに対
し、改正法にはこのような規定は置かれていない。仮にそのような開示請
求があった場合、改正法では78条１項１号の「開示請求者（第76条第２項
の規定により代理人が本人に代わって開示請求をする場合にあっては、当
該本人をいう。次号及び第３号、次条第２項並びに第86条第１項において
同じ。）の生命、健康、生活又は財産を害するおそれがある情報」に該当
するものとして不開示にするという対応になると想定されるが、「本人の
利益に反すること」の内容が「（本人の）生命、健康、生活又は財産を害
するおそれがある」に含まれるか否かについて疑義が生じる可能性があり
（都条例の運用においては、満15歳以上の未成年者の法定代理人からの開
示請求にあっては、当該未成年者本人が保有個人情報を開示することに同
意していない場合、原則的に当該規定に該当するとして開示請求を却下す
るものとしているが、改正法にはそのような趣旨の定めがない）、条例で
改めてそのような趣旨の定めを置くことが許されるかが問題となる。

　この点については、改正法78条１項１号の規定の趣旨が本人の権利利益
を保護することにある以上、仮に都条例12条２項のような規定を条例で定
めても、改正法に反するものとは解されないと考えられ、問題になる可能
性は低いであろう。ただし、東京都の運用にある「満15歳以上」という点
については、果たして15歳という年齢が妥当であるか否かについて議論に
なる可能性は否定できないと思われる。

　次に、都条例16条９号では他人の特定個人情報を不開示（非開示）情報
として定めている。その趣旨としては、マイナンバー法15条が「何人も、
第19条各号のいずれかに該当して特定個人情報の提供を受けることができ
る場合を除き、他人（自己と同一の世帯に属する者以外の者をいう。第20

条において同じ。）に対し、個人番号の提供を求めてはならない。」と規定しているのに対し、世帯を同一にしていない夫婦（事実婚の場合を含む。）や家族等を考えた場合、夫婦や家族の個人番号、特定個人情報については、事実上互いに知り得る情報であると思われ、開示請求を行った保有個人情報の中にこのような他人の特定個人情報が含まれているケースでは、改正法78条1項2号イの「法令の規定により又は慣行として開示請求者が知ることができ、又は知ることが予定されている情報」に当たるのではないかという疑義が生じること、特定個人情報は裁量開示の対象にはならないこと等を考慮し、マイナンバー法の特定個人情報に係る厳格な制限の趣旨を踏まえ、開示請求者以外の他人の特定個人情報については、例外なく非開示とすべきとしたものとされている[25]。

また、都条例16条8号ロでは、「未成年者又は成年被後見人の法定代理人が2人以上いる場合であって、法定代理人の1人による開示請求がなされたときにおいて、開示することが他の法定代理人の利益に反すると認められる情報」も不開示（非開示）情報として規定しているが、改正法にはそのような規定はなく、これに該当する情報が78条1項1号又は2号に当たると解されるかについては疑問がある。

これらのことから、地方公共団体等が条例で不開示情報を定める場合については、これまでの当該地方公共団体における個人情報保護条例の運用実績や地域の特性等を尊重し、個人情報保護委員会の関与は明らかに法に反する場合に限るべきであろう。

④　開示請求に関する手数料（89条）

改正法89条2項は「地方公共団体の機関に対し開示請求をする者は、条例で定めるところにより、実費の範囲内において条例で定める額の手数料

---

(25)　詳しくは、髙野他・注（24）40〜41頁参照。

を納めなければならない。」と規定し、同条7項は「地方独立行政法人に対し開示請求をする者は、地方独立行政法人の定めるところにより、手数料を納めなければならない。」と定めていることから、地方公共団体等は、開示請求に係る手数料を条例等において定めなければならない。

　この手数料については、前節で述べたとおり申請手数料と開示実施手数料に分けられ、情報公開法や行政機関個人情報保護法は申請手数料を徴取していることから、改正法も同様に「開示請求をする者は」という表現で申請手数料を前提とした定めとなっている。

　しかし、地方公共団体の個人情報保護条例では、閲覧だけであれば無料であることが一般的であり、法制一元化により申請手数料の支払いが必要になるということについては批判的な意見も聞かれる。地方公共団体等が住民サービスの観点から申請手数料を無料にすることは、同条3項が「できる限り利用しやすい額とするよう配慮しなければならない」としていることから見て、必ずしも法の趣旨に反するとは解されず、開示実施手数料についてのみ、実費相当として従来と同じ金額とする条例の定めも認められて良いのではないかと考える。この点は、国としての対応が注目されるところである。

　1点注意しておかなければならないのは、「手数料」と「実費負担」の問題である。従来、個人情報保護条例における開示の実施（写しの交付）に要する費用について、「手数料」という言葉を使わず、「費用を負担しなければならない」というような規定となっている地方公共団体等が多数見受けられる。実費相当のコピー代を負担させるという趣旨と解され、これを手数料と位置付けていないものもあると思われるが、改正法89条では「手数料」と定められていることから、実費負担の考え方であっても、地方自治法上の手数料として条例で定める必要があると解される。

　なお、地方公共団体等の中には、情報公開条例の運用も含め、開示請求

者が特段の理由もなく開示の実施を無視する、拒否するなどの行為により、当該開示請求に係る写しの交付用のコピーが引き取られることなく所管課に残されるとともに、開示の実施に要した手数料を徴収できないという事態が少なからずあった経験を踏まえ、条例において、開示実施の催告をしても開示請求者が正当な理由なくこれに応じない場合に、開示の実施をしたものとみなして開示手数料を徴収する旨の規定を定めているものが見受けられる（都条例22条2項）。情報公開条例でそのような規定を定めていても、個人情報保護条例では定めていないケースもあるが、これは、保有個人情報の開示請求においては、情報公開請求とは異なり、権利濫用的な大量請求やそれに係る写しの交付の受取り拒否のようなケースは生じないであろうとの推測によるものと解される。しかし、これまでに地方公共団体等の事例において権利濫用と認定されたものの中には、情報公開請求だけでなく、保有個人情報の開示請求も含まれている場合があり、保有個人情報の開示請求において、必ずしも上記のような規定の必要性が否定されるわけではないと思われる。開示請求に係る申請手数料の徴収は、開示の実施後に手数料の支払いを拒否するような事態を予防する効果が認められるというメリットを有することから、その意味も含めて、地方公共団体等が条例で手数料の徴収に関する規定を定めるに際しては、様々な角度からの検討を行うべきであろう（事務局案では、「国と異なる手数料とすることも可能ですが、各地方公共団体において、法律の趣旨を踏まえ、条例で適切に定める必要があります。なお、現行の個人情報保護条例では、行政機関個人情報保護法と異なり、従量制の開示（の実施）に係る手数料を徴収している例が見られますが、実費の範囲内であれば、引き続き、従量制の開示手数料を定めることが許容されます。」、「条例において手数料の額を無料とすることは、そのような条例を定めること自体が一定の住民の合意が得られたことの帰結と見なしうることから、許容される。」とさ

234

れている）。

⑤　行政機関等匿名加工情報の利用に関する手数料（119条）

　改正法は、行政機関等匿名加工情報の利用に関する契約を地方公共団体の機関と締結する者について、119条3項で「第115条の規定により行政機関等匿名加工情報の利用に関する契約を地方公共団体の機関と締結する者は、条例で定めるところにより、実費を勘案して政令で定める額を標準として条例で定める額の手数料を納めなければならない。」と規定し、同条4項で「前条第2項において準用する第115条の規定により行政機関等匿名加工情報の利用に関する契約を地方公共団体の機関と締結する者は、条例で定めるところにより、前項の政令で定める額を参酌して政令で定める額を標準として条例で定める額の手数料を納めなければならない。」と定めている。

　また、地方独立行政法人については、同条8項と9項で同旨の定めが置かれている。

　「実費を勘案して政令で定める額を標準として条例で定める額」とされていることから、その原価計算に当たっては、行政機関個人情報保護法における国の考え方を基本とすれば良いのではないかと思われる。その概要については前節（キ）③で述べたところであるので、ここでは省略するが、既に個人情報保護条例において非識別加工情報の提供制度を規定している鳥取県の場合、(a)「提案の審査」、「審査結果の通知及び契約の締結」、「実施機関非識別加工情報の提供」については、19,000円、(b)「実施機関非識別加工情報の作成」については、1時間までごとに3,600円とされている。また、(c) 既に作成された実施機関非識別加工情報について、その提供を受けていない別の事業者が利用に関する契約を締結する場合は、最初に当該実施機関非識別加工情報の利用に関する契約を締結した者と同一の手数料額となり、(d) 既に実施機関非識別加工情報の利用に

235

関する契約を締結して実施機関非識別加工情報の提供を受けた者が、別の利用目的で当該実施機関非識別加工情報を利用しようとする場合や当初の利用期間を超えた利用を希望する場合については、11,400円とされている。和歌山県は、（a）から（d）まで全て国の行政機関個人情報保護法における額と同一の額としており、市川市は、（a）と（b）合わせて21,000円（当該実施機関非識別加工情報の作成の委託をする場合にあっては、その額に当該実施機関非識別加工情報の本人の延べ数に１円を乗じて得た額を加算した額）、（c）は最初に当該実施機関非識別加工情報の利用に関する契約を締結した者と同一の手数料額、（d）は21,000円とされている。

（イ）条例で定めることができる事項

改正法108条では「この節の規定は、地方公共団体が、保有個人情報の開示、訂正及び利用停止の手続並びに審査請求の手続に関する事項について、この節の規定に反しない限り、条例で必要な規定を定めることを妨げるものではない。」と規定している。想定される典型的な事例として、個人情報保護条例で口頭による簡易な開示請求の手続を定めていたような場合が挙げられ、条例で定めることにより、引き続き口頭による簡易な開示請求が認められることになる。

そこで、開示請求や訂正請求等に関する決定期限について、改正法の定める日数（例えば開示請求に係る決定期限は83条１項により原則30日以内）と異なる期限を設けることは許されるのかという疑問が生じる。この点については、少なくとも法の期限より短い日数とすることで住民に不利益が生じることはないのであるから、従来の個人情報保護条例で定めていた改正法より短い日数を、地方公共団体等が改めて条例で定めることは許されるものと解される（事務局案では、「開示等の処理の日数について、条例で30日以内の任意の期間とすることは認められるものです。また、第83条第２項の延長可

能な期間についても、30日以内の任意の期間とすることは認められるものです。その際、第84条で『60日以内』とされている期間は第83条第1項及び第2項の期間の合計であることから、例えば、条例で第1項の期間を『15日以内』とし、第2項の期間を『20日以内』とした場合には、条例で第84条の期間を『35日以内』として、整合を図る必要があります。」とされている。）。

　一方で、改正法が定める期限より長い日数を定めることは、法の規定に違反するものとして許されないことになろう。

　次に、条例で定めることが可能な事項の範囲についてであるが、このことに関し、改正法5条は「地方公共団体は、この法律の趣旨にのっとり、国の施策との整合性に配慮しつつ、その地方公共団体の区域の特性に応じて、地方公共団体の機関、地方独立行政法人及び当該区域内の事業者等による個人情報の適正な取扱いを確保するために必要な施策を策定し、及びこれを実施する責務を有する。」と規定していることから、個別条項において条例で定めることを予定しているもの（条例要配慮個人情報、個人情報取扱事務登録簿、審議会等への諮問手続、行政機関等匿名加工情報に係る手数料）及び保有個人情報の開示、訂正及び利用停止の手続並びに審査請求の手続に関する事項以外は、地方公共団体等が条例で定めることを一切禁止しているのか否かという点が問題となる。

　繰り返しになるが、最終報告では「地域における行政を自主的かつ総合的に実施する役割を広く担う地方公共団体においては、住民と直接的に関わる施策を実施することが多く、これに伴い必然的に大量かつ多様な個人情報を保有することになることから、個人の権利利益の保護のため、各地方公共団体が独自に条例によるルール化を図り、必要な保護措置を講じてきた経緯がある。法制化後も、地方公共団体等が地域の課題に対処するため、国による対応を待つことなく独自の施策を展開することは依然として求められるものであり、これに伴い保有する個人情報について、法律の範囲内で、必要最小

限の独自の保護措置を講じることについては、否定されるべきものではないと考えられる。また、これまでの地方公共団体等における個人情報保護行政実務の積み重ねや、情報公開制度など他の事務への影響に十分に配意し、制度の安定性を確保する必要がある。」と述べられており、必ずしも上記の事項に限定されるものではないようにも解されるが、「必要最小限」の意味するところが上記の事項であるとする考え方も採り得ると思われ、おそらく国はこの考え方に立っているのではないかと推察される（事務局案では、「改正法は、個人情報保護と情報の流通の両立に必要な全国的な共通ルールを法律で設定することを趣旨としています。そのため、独自の保護措置は、法律の範囲内で、必要最小限のものに限り、条例で定めることができることとなります。その観点から、地方公共団体が条例で定めることが想定される事項については、改正法に規定が設けられています。そのため、個人情報保護や情報の流通に直接影響を与える事項について、改正法に特段の規定がないものを条例で定めることは想定していません。」とされている。）。

　そうであるとするならば、例えば、個人情報を取り扱う事務を開始する際に審議会の意見を聴取する手続（一種のプライバシー影響評価の機能を有する）を義務付ける規定を条例で定めるのは許されないことになると思われるが、既述のとおり、様々な地方公共団体等の個人情報を取り扱う事務について、網羅的に統一的な考え方をガイドライン等で示すことは困難であると考えられ（少なくとも国が直接取り扱うことのない個人情報について、これを取り扱う地方公共団体の事務については、国にノウハウやスキルの蓄積がなく、改正法施行当初から十分なガイドライン等を示すことは難しいと思われ、地方公共団体等における制度運用の混乱が予想される）、個人情報保護委員会のリソースも考慮すれば、地方公共団体等における個人情報保護審議会等の第三者機関が果たす役割は、依然として大きな意義を有するものといえよう。少なくとも、国民・住民の権利利益の保護にとって有益であると考

えられる事項については、上記の限定的な考え方によらず、柔軟に地方公共団体等の独自性を認めて良いのではないだろうか（事務局案では、129条の「特に必要があると認めるとき」について、「定型的な案件の取扱いについて、国の法令やガイドラインにしたがった運用ルールの細則を事前に設定しておくことで個人情報の適正かつ効果的な活用が図られる場合」及び「地方公共団体等が法律の範囲内で地域の特殊性に応じた必要性から独自の個人情報保護に関する施策を実施する場合で、地域の代表者や有識者等からの意見を聴取することが特に必要である場合」が想定されるとしており、「いわゆる『オンライン結合制限』や目的外利用制限などに関する規律として、個別案件における個人情報の取扱いについて、審議会等への諮問を行うことは許容されません。」とされている）。

　最後に、条例で定めることができる事項の範囲に関連して、死者の情報の問題に触れておきたい。

　前節でも触れたように、改正法2条1項柱書で「この法律において『個人情報』とは、生存する個人に関する情報であって」と定められており、死者の情報はこれには含まれない。しかし、地方公共団体等の個人情報保護条例の中には、死者の情報も個人情報として保護してきたものがあり、最終報告でも「死者に関する情報は、現行の個情法及び行政機関個人情報保護法等の定めと同様、「個人情報」には含まれないものと整理されるが、地方公共団体において、別途、個人情報とは別のものとして、死者に関する情報の保護についての規定を設け、必要な保護を図ることは考えられる。」とされており、これまでの地方公共団体等における個人情報保護制度の規律レベルより低下しないよう、独自の措置を講じることを許容しているものと解される。

　ただし、ここで言う「個人情報とは別のものとして、死者に関する情報の保護についての規定を設け」の意味するところには注意が必要であり、改正法108条は「保有個人情報の開示、訂正及び利用停止の手続……」とされて

いることから、そもそも個人情報には含まれない死者の情報は、同条を根拠として条例で定めることができるものには当たらない。また、改正法5条についても「個人情報の適正な取扱いを確保するために必要な施策を策定し」とされていることから、同様に、個人情報に含まれない死者の情報は射程外と解される。

　そこで、地方公共団体等が条例で「『個人情報』とは、個人に関する情報であって、……」と規定することは許されないし、新たに定める条例の中に死者の情報に関する規定を置くことも基本的には想定されていないのではないかと思われる。地方公共団体等が死者の情報について保護措置を定めるのであれば、別途「死者の情報の保護に関する条例」のようなものを整備するという形が基本になると考えられるが、最終報告が「死者に関する情報の保護についての規定を設け」としていること、秦野市個人情報保護条例（平成17年条例第15号）42条では、個人情報ではない保有法人情報の開示に関して「第3章第1節の規定は、保有法人情報（実施機関の職員が職務上作成し、又は取得した法人情報（法人その他の団体に関する情報又は事業を営む個人のその事業に関する情報で、特定の法人その他の団体又は個人が識別され、又は他の情報と照合することで特定の法人その他の団体又は個人が識別され得るものをいう。）で、行政情報として、その実施機関が保有しているものをいう。）の開示について準用する。」と規定していること等から、新たに定める条例の中に死者の情報に関する規定を置くという方法も採り得るものと解される。ただし、その場合に準用する規定の内容が多岐にわたるのであれば、それは必ずしも住民にとって分かりやすい規定とはいえず、死者に関する規律のみを別途定めた方が一覧性等の点でメリットがあることも考慮し、どのような保護措置を講ずるかについて慎重に検討すべきであろう（事務局案では、「改正法の対象となる『個人情報』は、『生存する個人』に関する情報に限られています［第2条第1項］。条例によって死者に関する情報を個

人情報に含めることは、改正法によるルールの共通化の趣旨に反するため、許容されません。他方、個人情報保護制度とは別に、法律に抵触しない限度で、条例において死者に関する情報の取扱いについての規定を設け、適正な管理を図るための措置を講じることは妨げられません。」とされている）。

（ウ）規則、要綱等について

　改正法の施行に合わせて、各地方公共団体等がどのような条例等を整備するのかによって、規則や要綱で定めるべき事項には相違が生じるが、保有個人情報取扱事務登録簿を引き続き利用する場合の届出書等の様式、開示・訂正・利用停止の請求書、決定通知書、意見照会書等の様式、開示請求者の確認に関する事項、個人情報保護審査会や個人情報保護審議会の組織及び運営に関する事項等が規則で定めるべき事項となろう。施行通達に関しては、改正法の規定事項については国が通達等を発出するものと考えられることから、基本的に条例規定事項について記載することになるものと思われる。

　要綱に関しては、運用上の事務手続に関する詳細な事項が定められるものであり、これに関しては、国が定めるガイドライン等の内容に大きく影響を受けるものであることから、現時点で本書においては解説することができないが、ガイドライン等の内容が明らかになり次第、別途詳説することを予定している。

※　事務局案においては、「個人情報保護法の施行に係る関係条例の条文イメージ」として、個人情報保護法施行条例、個人情報保護審査会条例等の規定例が示されているが、「今後内容の変更があり得る」としたうえで、「本資料に記載の規定例は、そのままの形で条例化されることは想定しておらず、あくまで、現時点における自治体担当者の概要把握の一助となることを期待して、示すものである。」とされている点に留意する必要がある。

4 おわりに

　筆者は、地方公共団体の職員として、長きにわたり個人情報保護制度の運用に携わった経験を有するが、今回の個人情報保護法制一元化については、まさに青天の霹靂とも言うべき事態であり、短期間に法制度の基本構造が変更されたことについては、全国的に十分な議論を経た変更であったか、国民への周知は十分図られているかという点において、大いに疑問を感じている。本書が改正法に関する解説本という性格のものであることから、ここではその詳細は述べないが、様々な団体組織や国民からの反対意見、そして地方公共団体等からの異議について、それらが十分に検討・考慮されたものとは到底言い難く、データの利活用の推進という方針の下に、一元化を前提として駆け足のプロセスで行われた感は否めない。

　確かに、GDPR 十分性認定のための対応の必要性、地方公共団体等の業務におけるデジタル化の推進、個人情報保護条例未制定の一部事務組合への対応等、法制一元化の意義として首肯できる点はいくつもあるが、2000個問題と呼ばれる分権型個人情報保護法制を批判する意見の中に見られるように、データの利活用への障壁ばかりを強調し、保護を重視する国民・住民の意見に沿って独自の相違工夫を凝らして安定的な制度運用を行ってきた地方公共団体等の実績を重視しない考え方については、それが真に多くの国民・住民の思いに応えているものであるか、改めて検証すべきと思われる。これまでに、行政機関非識別加工情報の提供事例がほとんどないことや、地方公共団体等に対して民間事業者が非識別加工情報に関するニーズや相談を行った事例も極めて少数であるという事実も、上記の疑問を生じさせる大きな要因である。また、データの利活用を重視する考えの中には、個人情報そのものとしての利活用と加工情報としての利活用を明確に区別していないものも

あるように思われ、前者と後者では利活用の意味合いが大きく異なることから、その点の十分な整理も必要であろう。都道府県と指定都市に義務化された行政機関等匿名加工情報の作成・提供については、他の地方公共団体等にこれを導入する前に、個人情報ファイル及び同ファイル簿の作成等で多くの労力と時間を要する作業を強いることになった点等に関して、それに見合ったニーズが本当に存在するのか、施行後の状況を注視し、改めて評価・検討していかなければならない。加えて、個人情報保護制度とともに車の両輪と例えられる情報公開制度について、その法制一元化の議論がこの後に控えていることを、我々は忘れてはならない。

　これまで見てきたように、今回の個人情報保護法制一元化が地方公共団体等に与える影響は、個人情報保護制度開始以来、地方公共団体等が経験したことのない極めて大きなものであり、根本的な制度の考え方が一新されるものであることから、地方公共団体等にとっては、相当程度の準備期間が必要となることは言うまでもない。改正法の施行日がその意味で十分な期間を置いたものであるかについては、今後、国がどの程度迅速にガイドライン等を定めて公表できるかにかかっているものといえよう。

　最後に、本稿が、限られた時間の中で法制一元化への対応を鋭意行っている地方公共団体等の職員の方々にとって一助になるとともに、住民の方々にとっても新たに構築された制度を理解するうえで参考になれば幸いである。

＊本稿の作成に際しては、東京都生活文化局情報公開課の平松優太氏に、多くの協力と貴重な意見を頂いた。この場を借りて、厚く御礼を申し上げたい。
＊脱稿後、「【特集】個人情報保護制度の一元化と自治体の対応」自治実務セミナー2021年9月号と「【特集】2021年個人情報保護法改正」ジュリスト2021年8月号に接した。

資料編

個人情報の
保護に関する法律

個人情報の保護に関する法律

(平成15年 5 月30日法律第57号)

最終改正：令和 3 年 5 月19日法律第37号〔公布の日から起算して 2 年を超えない範
　　　　囲内において、各規定につき、政令で定める日〕

目次

第1章　総　則

（目的）

第1条　この法律は、デジタル社会の進展に伴い個人情報の利用が著しく拡大していることに鑑み、個人情報の適正な取扱いに関し、基本理念及び政府による基本方針の作成その他の個人情報の保護に関する施策の基本となる事項を定め、国及び地方公共団体の責務等を明らかにし、個人情報を取り扱う事業者及び行政機関等についてこれらの特性に応じて遵守すべき義務等を定めるとともに、個人情報保護委員会を設置することにより、行政機関等の事務及び事業の適正かつ円滑な運営を図り、並びに個人情報の適正かつ効果的な活用が新たな産業の創出並びに活力ある経済社会及び豊かな国民生活の実現に資するものであることその他の個人情報の有用性に配慮しつつ、個人の権利利益を保護することを目的とする。

（定義）

第2条　この法律において「個人情報」とは、生存する個人に関する情報であって、次の各号のいずれかに該当するものをいう。

　一　当該情報に含まれる氏名、生年月日その他の記述等（文書、図画若しくは電磁的記録（電磁的方式（電子的方式、磁気的方式その他人の知覚によっては認識することができない方式をいう。次項第2号において同じ。）で作られる記録をいう。以下同じ。）に記載され、若しくは記録され、又は音声、動作その他の方法を用いて表された一切の事項（個人識別符号を除く。）をいう。以下

同じ。）により特定の個人を識別することができるもの（他の情報と容易に照合することができ、それにより特定の個人を識別することができることとなるものを含む。）

二　個人識別符号が含まれるもの

2　この法律において「個人識別符号」とは、次の各号のいずれかに該当する文字、番号、記号その他の符号のうち、政令で定めるものをいう。

一　特定の個人の身体の一部の特徴を電子計算機の用に供するために変換した文字、番号、記号その他の符号であって、当該特定の個人を識別することができるもの

二　個人に提供される役務の利用若しくは個人に販売される商品の購入に関し割り当てられ、又は個人に発行されるカードその他の書類に記載され、若しくは電磁的方式により記録された文字、番号、記号その他の符号であって、その利用者若しくは購入者又は発行を受ける者ごとに異なるものとなるように割り当てられ、又は記載され、若しくは記録されることにより、特定の利用者若しくは購入者又は発行を受ける者を識別することができるもの

3　この法律において「要配慮個人情報」とは、本人の人種、信条、社会的身分、病歴、犯罪の経歴、犯罪により害を被った事実その他本人に対する不当な差別、偏見その他の不利益が生じないようにその取扱いに特に配慮を要するものとして政令で定める記述等が含まれる個人情報をいう。

4　この法律において個人情報について「本人」とは、個人情報によって識別される特定の個人をいう。

5　この法律において「仮名加工情報」とは、次の各号に掲げる個人情報の区分に応じて当該各号に定める措置を講じて他の情報と照合しない限り特定の個人を識別することができないように個人情報を加工して得られる個人に関する情報をいう。

一　第1項第1号に該当する個人情報　当該個人情報に含まれる記述等の一部を削除すること（当該一部の記述等を復元することのできる規則性を有しない方法により他の記述等に置き換えることを含む。）。

二　第1項第2号に該当する個人情報　当該個人情報に含まれる個人識別符号の全部を削除すること（当該個人識別符号を復元することのできる規則性を有しない方法により他の記述等に置き換えることを含む。）。

6　この法律において「匿名加工情報」とは、次の各号に掲げる個人情報の区分に

応じて当該各号に定める措置を講じて特定の個人を識別することができないように個人情報を加工して得られる個人に関する情報であって、当該個人情報を復元することができないようにしたものをいう。

　一　第1項第1号に該当する個人情報　当該個人情報に含まれる記述等の一部を削除すること（当該一部の記述等を復元することのできる規則性を有しない方法により他の記述等に置き換えることを含む。）。

　二　第1項第2号に該当する個人情報　当該個人情報に含まれる個人識別符号の全部を削除すること（当該個人識別符号を復元することのできる規則性を有しない方法により他の記述等に置き換えることを含む。）。

7　この法律において「個人関連情報」とは、生存する個人に関する情報であって、個人情報、仮名加工情報及び匿名加工情報のいずれにも該当しないものをいう。

8　この法律において「行政機関」とは、次に掲げる機関をいう。

　一　法律の規定に基づき内閣に置かれる機関（内閣府を除く。）及び内閣の所轄の下に置かれる機関

　二　内閣府、宮内庁並びに内閣府設置法（平成11年法律第89号）第49条第1項及び第2項に規定する機関（これらの機関のうち第4号の政令で定める機関が置かれる機関にあっては、当該政令で定める機関を除く。）

　三　国家行政組織法（昭和23年法律第120号）第3条第2項に規定する機関（第5号の政令で定める機関が置かれる機関にあっては、当該政令で定める機関を除く。）

　四　内閣府設置法第39条及び第55条並びに宮内庁法（昭和22年法律第70号）第16条第2項の機関並びに内閣府設置法第40条及び第56条（宮内庁法第18条第1項において準用する場合を含む。）の特別の機関で、政令で定めるもの

　五　国家行政組織法第8条の2の施設等機関及び同法第8条の3の特別の機関で、政令で定めるもの

　六　会計検査院

9　この法律において「独立行政法人等」とは、独立行政法人通則法（平成11年法律第103号）第2条第1項に規定する独立行政法人及び別表第1に掲げる法人をいう。

10　この法律において「地方独立行政法人」とは、地方独立行政法人法（平成15年法律第118号）第2条第1項に規定する地方独立行政法人をいう。

11　この法律において「行政機関等」とは、次に掲げる機関をいう。

一　行政機関

二　地方公共団体の機関（議会を除く。次章、第３章及び第69条第２項第３号を除き、以下同じ。）

三　独立行政法人等（別表第２に掲げる法人を除く。第16条第２項第３号、第63条、第78条第１項第７号イ及びロ、第89条第４項から第６項まで、第119条第５項から第７項まで並びに第125条第２項において同じ。）

四　地方独立行政法人（地方独立行政法人法第21条第１号に掲げる業務を主たる目的とするもの又は同条第２号若しくは第３号（チに係る部分に限る。）に掲げる業務を目的とするものを除く。第16条第２項第４号、第63条、第78条第１項第７号イ及びロ、第89条第７項から第９項まで、第119条第８項から第10項まで並びに第125条第２項において同じ。）

（基本理念）

第３条　個人情報は、個人の人格尊重の理念の下に慎重に取り扱われるべきものであることに鑑み、その適正な取扱いが図られなければならない。

第２章　国及び地方公共団体の責務等

（国の責務）

第４条　国は、この法律の趣旨にのっとり、国の機関、地方公共団体の機関、独立行政法人等、地方独立行政法人及び事業者等による個人情報の適正な取扱いを確保するために必要な施策を総合的に策定し、及びこれを実施する責務を有する。

（地方公共団体の責務）

第５条　地方公共団体は、この法律の趣旨にのっとり、国の施策との整合性に配慮しつつ、その地方公共団体の区域の特性に応じて、地方公共団体の機関、地方独立行政法人及び当該区域内の事業者等による個人情報の適正な取扱いを確保するために必要な施策を策定し、及びこれを実施する責務を有する。

（法制上の措置等）

第６条　政府は、個人情報の性質及び利用方法に鑑み、個人の権利利益の一層の保護を図るため特にその適正な取扱いの厳格な実施を確保する必要がある個人情報について、保護のための格別の措置が講じられるよう必要な法制上の措置その他の措置を講ずるとともに、国際機関その他の国際的な枠組みへの協力を通じて、各国政府と共同して国際的に整合のとれた個人情報に係る制度を構築するために必要な措置を講ずるものとする。

第３章　個人情報の保護に関する施策等

第1節　個人情報の保護に関する基本方針

第7条　政府は、個人情報の保護に関する施策の総合的かつ一体的な推進を図るため、個人情報の保護に関する基本方針（以下「基本方針」という。）を定めなければならない。

2　基本方針は、次に掲げる事項について定めるものとする。

一　個人情報の保護に関する施策の推進に関する基本的な方向

二　国が講ずべき個人情報の保護のための措置に関する事項

三　地方公共団体が講ずべき個人情報の保護のための措置に関する基本的な事項

四　独立行政法人等が講ずべき個人情報の保護のための措置に関する基本的な事項

五　地方独立行政法人が講ずべき個人情報の保護のための措置に関する基本的な事項

六　第16条第2項に規定する個人情報取扱事業者、同条第5項に規定する仮名加工情報取扱事業者及び同条第6項に規定する匿名加工情報取扱事業者並びに第51条第1項に規定する認定個人情報保護団体が講ずべき個人情報の保護のための措置に関する基本的な事項

七　個人情報の取扱いに関する苦情の円滑な処理に関する事項

八　その他個人情報の保護に関する施策の推進に関する重要事項

3　内閣総理大臣は、個人情報保護委員会が作成した基本方針の案について閣議の決定を求めなければならない。

4　内閣総理大臣は、前項の規定による閣議の決定があったときは、遅滞なく、基本方針を公表しなければならない。

5　前2項の規定は、基本方針の変更について準用する。

第2節　国の施策

（国の機関等が保有する個人情報の保護）

第8条　国は、その機関が保有する個人情報の適正な取扱いが確保されるよう必要な措置を講ずるものとする。

2　国は、独立行政法人等について、その保有する個人情報の適正な取扱いが確保されるよう必要な措置を講ずるものとする。

（地方公共団体等への支援）

第9条　国は、地方公共団体が策定し、又は実施する個人情報の保護に関する施策及び国民又は事業者等が個人情報の適正な取扱いの確保に関して行う活動を支援

するため、情報の提供、地方公共団体又は事業者等が講ずべき措置の適切かつ有効な実施を図るための指針の策定その他の必要な措置を講ずるものとする。

（苦情処理のための措置）

第10条　国は、個人情報の取扱いに関し事業者と本人との間に生じた苦情の適切かつ迅速な処理を図るために必要な措置を講ずるものとする。

（個人情報の適正な取扱いを確保するための措置）

第11条　国は、地方公共団体との適切な役割分担を通じ、次章に規定する個人情報取扱事業者による個人情報の適正な取扱いを確保するために必要な措置を講ずるものとする。

2　国は、第5章に規定する地方公共団体及び地方独立行政法人による個人情報の適正な取扱いを確保するために必要な措置を講ずるものとする。

第3節　地方公共団体の施策

（地方公共団体の機関等が保有する個人情報の保護）

第12条　地方公共団体は、その機関が保有する個人情報の適正な取扱いが確保されるよう必要な措置を講ずるものとする。

2　地方公共団体は、その設立に係る地方独立行政法人について、その保有する個人情報の適正な取扱いが確保されるよう必要な措置を講ずるものとする。

（区域内の事業者等への支援）

第13条　地方公共団体は、個人情報の適正な取扱いを確保するため、その区域内の事業者及び住民に対する支援に必要な措置を講ずるよう努めなければならない。

（苦情の処理のあっせん等）

第14条　地方公共団体は、個人情報の取扱いに関し事業者と本人との間に生じた苦情が適切かつ迅速に処理されるようにするため、苦情の処理のあっせんその他必要な措置を講ずるよう努めなければならない。

第4節　国及び地方公共団体の協力

第15条　国及び地方公共団体は、個人情報の保護に関する施策を講ずるにつき、相協力するものとする。

第4章　個人情報取扱事業者等の義務等

第1節　総則

（定義）

第16条　この章及び第8章において「個人情報データベース等」とは、個人情報を含む情報の集合物であって、次に掲げるもの（利用方法からみて個人の権利利益

を害するおそれが少ないものとして政令で定めるものを除く。）をいう。

一　特定の個人情報を電子計算機を用いて検索することができるように体系的に構成したもの

二　前号に掲げるもののほか、特定の個人情報を容易に検索することができるように体系的に構成したものとして政令で定めるもの

2　この章及び第6章から第8章までにおいて「個人情報取扱事業者」とは、個人情報データベース等を事業の用に供している者をいう。ただし、次に掲げる者を除く。

一　国の機関

二　地方公共団体

三　独立行政法人等

四　地方独立行政法人

3　この章において「個人データ」とは、個人情報データベース等を構成する個人情報をいう。

4　この章において「保有個人データ」とは、個人情報取扱事業者が、開示、内容の訂正、追加又は削除、利用の停止、消去及び第三者への提供の停止を行うことのできる権限を有する個人データであって、その存否が明らかになることにより公益その他の利益が害されるものとして政令で定めるもの以外のものをいう。

5　この章、第6章及び第7章において「仮名加工情報取扱事業者」とは、仮名加工情報を含む情報の集合物であって、特定の仮名加工情報を電子計算機を用いて検索することができるように体系的に構成したものその他特定の仮名加工情報を容易に検索することができるように体系的に構成したものとして政令で定めるもの（第41条第1項において「仮名加工情報データベース等」という。）を事業の用に供している者をいう。ただし、第2項各号に掲げる者を除く。

6　この章、第6章及び第7章において「匿名加工情報取扱事業者」とは、匿名加工情報を含む情報の集合物であって、特定の匿名加工情報を電子計算機を用いて検索することができるように体系的に構成したものその他特定の匿名加工情報を容易に検索することができるように体系的に構成したものとして政令で定めるもの（第43条第1項において「匿名加工情報データベース等」という。）を事業の用に供している者をいう。ただし、第2項各号に掲げる者を除く。

7　この章、第6章及び第7章において「個人関連情報取扱事業者」とは、個人関連情報を含む情報の集合物であって、特定の個人関連情報を電子計算機を用いて

検索することができるように体系的に構成したものその他特定の個人関連情報を容易に検索することができるように体系的に構成したものとして政令で定めるもの（第31条第1項において「個人関連情報データベース等」という。）を事業の用に供している者をいう。ただし、第2項各号に掲げる者を除く。

8　この章において「学術研究機関等」とは、大学その他の学術研究を目的とする機関若しくは団体又はそれらに属する者をいう。

第2節　個人情報取扱事業者及び個人関連情報取扱事業者の義務

（利用目的の特定）

第17条　個人情報取扱事業者は、個人情報を取り扱うに当たっては、その利用の目的（以下「利用目的」という。）をできる限り特定しなければならない。

2　個人情報取扱事業者は、利用目的を変更する場合には、変更前の利用目的と関連性を有すると合理的に認められる範囲を超えて行ってはならない。

（利用目的による制限）

第18条　個人情報取扱事業者は、あらかじめ本人の同意を得ないで、前条の規定により特定された利用目的の達成に必要な範囲を超えて、個人情報を取り扱ってはならない。

2　個人情報取扱事業者は、合併その他の事由により他の個人情報取扱事業者から事業を承継することに伴って個人情報を取得した場合は、あらかじめ本人の同意を得ないで、承継前における当該個人情報の利用目的の達成に必要な範囲を超えて、当該個人情報を取り扱ってはならない。

3　前2項の規定は、次に掲げる場合については、適用しない。

　一　法令（条例を含む。以下この章において同じ。）に基づく場合

　二　人の生命、身体又は財産の保護のために必要がある場合であって、本人の同意を得ることが困難であるとき。

　三　公衆衛生の向上又は児童の健全な育成の推進のために特に必要がある場合であって、本人の同意を得ることが困難であるとき。

　四　国の機関若しくは地方公共団体又はその委託を受けた者が法令の定める事務を遂行することに対して協力する必要がある場合であって、本人の同意を得ることにより当該事務の遂行に支障を及ぼすおそれがあるとき。

　五　当該個人情報取扱事業者が学術研究機関等である場合であって、当該個人情報を学術研究の用に供する目的（以下この章において「学術研究目的」という。）で取り扱う必要があるとき（当該個人情報を取り扱う目的の一部が学術

研究目的である場合を含み、個人の権利利益を不当に侵害するおそれがある場合を除く。)。

　　六　学術研究機関等に個人データを提供する場合であって、当該学術研究機関等が当該個人データを学術研究目的で取り扱う必要があるとき（当該個人データを取り扱う目的の一部が学術研究目的である場合を含み、個人の権利利益を不当に侵害するおそれがある場合を除く。)。

（不適正な利用の禁止）

第19条　個人情報取扱事業者は、違法又は不当な行為を助長し、又は誘発するおそれがある方法により個人情報を利用してはならない。

（適正な取得）

第20条　個人情報取扱事業者は、偽りその他不正の手段により個人情報を取得してはならない。

2　個人情報取扱事業者は、次に掲げる場合を除くほか、あらかじめ本人の同意を得ないで、要配慮個人情報を取得してはならない。

　　一　法令に基づく場合

　　二　人の生命、身体又は財産の保護のために必要がある場合であって、本人の同意を得ることが困難であるとき。

　　三　公衆衛生の向上又は児童の健全な育成の推進のために特に必要がある場合であって、本人の同意を得ることが困難であるとき。

　　四　国の機関若しくは地方公共団体又はその委託を受けた者が法令の定める事務を遂行することに対して協力する必要がある場合であって、本人の同意を得ることにより当該事務の遂行に支障を及ぼすおそれがあるとき。

　　五　当該個人情報取扱事業者が学術研究機関等である場合であって、当該要配慮個人情報を学術研究目的で取り扱う必要があるとき（当該要配慮個人情報を取り扱う目的の一部が学術研究目的である場合を含み、個人の権利利益を不当に侵害するおそれがある場合を除く。)。

　　六　学術研究機関等から当該要配慮個人情報を取得する場合であって、当該要配慮個人情報を学術研究目的で取得する必要があるとき（当該要配慮個人情報を取得する目的の一部が学術研究目的である場合を含み、個人の権利利益を不当に侵害するおそれがある場合を除く。)（当該個人情報取扱事業者と当該学術研究機関等が共同して学術研究を行う場合に限る。)。

　　七　当該要配慮個人情報が、本人、国の機関、地方公共団体、学術研究機関等、

第57条第１項各号に掲げる者その他個人情報保護委員会規則で定める者により公開されている場合

八　その他前各号に掲げる場合に準ずるものとして政令で定める場合

（取得に際しての利用目的の通知等）

第21条　個人情報取扱事業者は、個人情報を取得した場合は、あらかじめその利用目的を公表している場合を除き、速やかに、その利用目的を、本人に通知し、又は公表しなければならない。

2　個人情報取扱事業者は、前項の規定にかかわらず、本人との間で契約を締結することに伴って契約書その他の書面（電磁的記録を含む。以下この項において同じ。）に記載された当該本人の個人情報を取得する場合その他本人から直接書面に記載された当該本人の個人情報を取得する場合は、あらかじめ、本人に対し、その利用目的を明示しなければならない。ただし、人の生命、身体又は財産の保護のために緊急に必要がある場合は、この限りでない。

3　個人情報取扱事業者は、利用目的を変更した場合は、変更された利用目的について、本人に通知し、又は公表しなければならない。

4　前３項の規定は、次に掲げる場合については、適用しない。

一　利用目的を本人に通知し、又は公表することにより本人又は第三者の生命、身体、財産その他の権利利益を害するおそれがある場合

二　利用目的を本人に通知し、又は公表することにより当該個人情報取扱事業者の権利又は正当な利益を害するおそれがある場合

三　国の機関又は地方公共団体が法令の定める事務を遂行することに対して協力する必要がある場合であって、利用目的を本人に通知し、又は公表することにより当該事務の遂行に支障を及ぼすおそれがあるとき。

四　取得の状況からみて利用目的が明らかであると認められる場合

（データ内容の正確性の確保等）

第22条　個人情報取扱事業者は、利用目的の達成に必要な範囲内において、個人データを正確かつ最新の内容に保つとともに、利用する必要がなくなったときは、当該個人データを遅滞なく消去するよう努めなければならない。

（安全管理措置）

第23条　個人情報取扱事業者は、その取り扱う個人データの漏えい、滅失又は毀損の防止その他の個人データの安全管理のために必要かつ適切な措置を講じなければならない。

（従業者の監督）

第24条　個人情報取扱事業者は、その従業者に個人データを取り扱わせるに当たっては、当該個人データの安全管理が図られるよう、当該従業者に対する必要かつ適切な監督を行わなければならない。

（委託先の監督）

第25条　個人情報取扱事業者は、個人データの取扱いの全部又は一部を委託する場合は、その取扱いを委託された個人データの安全管理が図られるよう、委託を受けた者に対する必要かつ適切な監督を行わなければならない。

（漏えい等の報告等）

第26条　個人情報取扱事業者は、その取り扱う個人データの漏えい、滅失、毀損その他の個人データの安全の確保に係る事態であって個人の権利利益を害するおそれが大きいものとして個人情報保護委員会規則で定めるものが生じたときは、個人情報保護委員会規則で定めるところにより、当該事態が生じた旨を個人情報保護委員会に報告しなければならない。ただし、当該個人情報取扱事業者が、他の個人情報取扱事業者又は行政機関等から当該個人データの取扱いの全部又は一部の委託を受けた場合であって、個人情報保護委員会規則で定めるところにより、当該事態が生じた旨を当該他の個人情報取扱事業者又は行政機関等に通知したときは、この限りでない。

2　前項に規定する場合には、個人情報取扱事業者（同項ただし書の規定による通知をした者を除く。）は、本人に対し、個人情報保護委員会規則で定めるところにより、当該事態が生じた旨を通知しなければならない。ただし、本人への通知が困難な場合であって、本人の権利利益を保護するため必要なこれに代わるべき措置をとるときは、この限りでない。

（第三者提供の制限）

第27条　個人情報取扱事業者は、次に掲げる場合を除くほか、あらかじめ本人の同意を得ないで、個人データを第三者に提供してはならない。

一　法令に基づく場合

二　人の生命、身体又は財産の保護のために必要がある場合であって、本人の同意を得ることが困難であるとき。

三　公衆衛生の向上又は児童の健全な育成の推進のために特に必要がある場合であって、本人の同意を得ることが困難であるとき。

四　国の機関若しくは地方公共団体又はその委託を受けた者が法令の定める事務

を遂行することに対して協力する必要がある場合であって、本人の同意を得ることにより当該事務の遂行に支障を及ぼすおそれがあるとき。

　五　当該個人情報取扱事業者が学術研究機関等である場合であって、当該個人データの提供が学術研究の成果の公表又は教授のためやむを得ないとき（個人の権利利益を不当に侵害するおそれがある場合を除く。）。

　六　当該個人情報取扱事業者が学術研究機関等である場合であって、当該個人データを学術研究目的で提供する必要があるとき（当該個人データを提供する目的の一部が学術研究目的である場合を含み、個人の権利利益を不当に侵害するおそれがある場合を除く。）（当該個人情報取扱事業者と当該第三者が共同して学術研究を行う場合に限る。）。

　七　当該第三者が学術研究機関等である場合であって、当該第三者が当該個人データを学術研究目的で取り扱う必要があるとき（当該個人データを取り扱う目的の一部が学術研究目的である場合を含み、個人の権利利益を不当に侵害するおそれがある場合を除く。）。

２　個人情報取扱事業者は、第三者に提供される個人データについて、本人の求めに応じて当該本人が識別される個人データの第三者への提供を停止することとしている場合であって、次に掲げる事項について、個人情報保護委員会規則で定めるところにより、あらかじめ、本人に通知し、又は本人が容易に知り得る状態に置くとともに、個人情報保護委員会に届け出たときは、前項の規定にかかわらず、当該個人データを第三者に提供することができる。ただし、第三者に提供される個人データが要配慮個人情報又は第20条第１項の規定に違反して取得されたもの若しくは他の個人情報取扱事業者からこの項本文の規定により提供されたもの（その全部又は一部を複製し、又は加工したものを含む。）である場合は、この限りでない。

　一　第三者への提供を行う個人情報取扱事業者の氏名又は名称及び住所並びに法人にあっては、その代表者（法人でない団体で代表者又は管理人の定めのあるものにあっては、その代表者又は管理人。以下この条、第30条第１項第１号及び第32条第１項第１号において同じ。）の氏名

　二　第三者への提供を利用目的とすること。

　三　第三者に提供される個人データの項目

　四　第三者に提供される個人データの取得の方法

　五　第三者への提供の方法

六　本人の求めに応じて当該本人が識別される個人データの第三者への提供を停止すること。

七　本人の求めを受け付ける方法

八　その他個人の権利利益を保護するために必要なものとして個人情報保護委員会規則で定める事項

3　個人情報取扱事業者は、前項第1号に掲げる事項に変更があったとき又は同項の規定による個人データの提供をやめたときは遅滞なく、同項第3号から第5号まで、第7号又は第8号に掲げる事項を変更しようとするときはあらかじめ、その旨について、個人情報保護委員会規則で定めるところにより、本人に通知し、又は本人が容易に知り得る状態に置くとともに、個人情報保護委員会に届け出なければならない。

4　個人情報保護委員会は、第2項の規定による届出があったときは、個人情報保護委員会規則で定めるところにより、当該届出に係る事項を公表しなければならない。前項の規定による届出があったときも、同様とする。

5　次に掲げる場合において、当該個人データの提供を受ける者は、前各項の規定の適用については、第三者に該当しないものとする。

一　個人情報取扱事業者が利用目的の達成に必要な範囲内において個人データの取扱いの全部又は一部を委託することに伴って当該個人データが提供される場合

二　合併その他の事由による事業の承継に伴って個人データが提供される場合

三　特定の者との間で共同して利用される個人データが当該特定の者に提供される場合であって、その旨並びに共同して利用される個人データの項目、共同して利用する者の範囲、利用する者の利用目的並びに当該個人データの管理について責任を有する者の氏名又は名称及び住所並びに法人にあっては、その代表者の氏名について、あらかじめ、本人に通知し、又は本人が容易に知り得る状態に置いているとき。

6　個人情報取扱事業者は、前項第3号に規定する個人データの管理について責任を有する者の氏名、名称若しくは住所又は法人にあっては、その代表者の氏名に変更があったときは遅滞なく、同号に規定する利用する者の利用目的又は当該責任を有する者を変更しようとするときはあらかじめ、その旨について、本人に通知し、又は本人が容易に知り得る状態に置かなければならない。

（外国にある第三者への提供の制限）

第28条 個人情報取扱事業者は、外国（本邦の域外にある国又は地域をいう。以下この条及び第31条第1項第2号において同じ。）（個人の権利利益を保護する上で我が国と同等の水準にあると認められる個人情報の保護に関する制度を有している外国として個人情報保護委員会規則で定めるものを除く。以下この条及び同号において同じ。）にある第三者（個人データの取扱いについてこの節の規定により個人情報取扱事業者が講ずべきこととされている措置に相当する措置（第3項において「相当措置」という。）を継続的に講ずるために必要なものとして個人情報保護委員会規則で定める基準に適合する体制を整備している者を除く。以下この項及び次項並びに同号において同じ。）に個人データを提供する場合には、前条第1項各号に掲げる場合を除くほか、あらかじめ外国にある第三者への提供を認める旨の本人の同意を得なければならない。この場合においては、同条の規定は、適用しない。

2　個人情報取扱事業者は、前項の規定により本人の同意を得ようとする場合には、個人情報保護委員会規則で定めるところにより、あらかじめ、当該外国における個人情報の保護に関する制度、当該第三者が講ずる個人情報の保護のための措置その他当該本人に参考となるべき情報を当該本人に提供しなければならない。

3　個人情報取扱事業者は、個人データを外国にある第三者（第1項に規定する体制を整備している者に限る。）に提供した場合には、個人情報保護委員会規則で定めるところにより、当該第三者による相当措置の継続的な実施を確保するために必要な措置を講ずるとともに、本人の求めに応じて当該必要な措置に関する情報を当該本人に提供しなければならない。

（第三者提供に係る記録の作成等）

第29条 個人情報取扱事業者は、個人データを第三者（第16条第2項各号に掲げる者を除く。以下この条及び次条（第31条第3項において読み替えて準用する場合を含む。）において同じ。）に提供したときは、個人情報保護委員会規則で定めるところにより、当該個人データを提供した年月日、当該第三者の氏名又は名称その他の個人情報保護委員会規則で定める事項に関する記録を作成しなければならない。ただし、当該個人データの提供が第27条第1項各号又は第5項各号のいずれか（前条第1項の規定による個人データの提供にあっては、第27条第1項各号のいずれか）に該当する場合は、この限りでない。

2　個人情報取扱事業者は、前項の記録を、当該記録を作成した日から個人情報保護委員会規則で定める期間保存しなければならない。

（第三者提供を受ける際の確認等）

第30条　個人情報取扱事業者は、第三者から個人データの提供を受けるに際しては、個人情報保護委員会規則で定めるところにより、次に掲げる事項の確認を行わなければならない。ただし、当該個人データの提供が第27条第1項各号又は第5項各号のいずれかに該当する場合は、この限りでない。

　　一　当該第三者の氏名又は名称及び住所並びに法人にあっては、その代表者の氏名

　　二　当該第三者による当該個人データの取得の経緯

2　前項の第三者は、個人情報取扱事業者が同項の規定による確認を行う場合において、当該個人情報取扱事業者に対して、当該確認に係る事項を偽ってはならない。

3　個人情報取扱事業者は、第1項の規定による確認を行ったときは、個人情報保護委員会規則で定めるところにより、当該個人データの提供を受けた年月日、当該確認に係る事項その他の個人情報保護委員会規則で定める事項に関する記録を作成しなければならない。

4　個人情報取扱事業者は、前項の記録を、当該記録を作成した日から個人情報保護委員会規則で定める期間保存しなければならない。

（個人関連情報の第三者提供の制限等）

第31条　個人関連情報取扱事業者は、第三者が個人関連情報（個人関連情報データベース等を構成するものに限る。以下この章及び第6章において同じ。）を個人データとして取得することが想定されるときは、第27条第1項各号に掲げる場合を除くほか、次に掲げる事項について、あらかじめ個人情報保護委員会規則で定めるところにより確認することをしないで、当該個人関連情報を当該第三者に提供してはならない。

　　一　当該第三者が個人関連情報取扱事業者から個人関連情報の提供を受けて本人が識別される個人データとして取得することを認める旨の当該本人の同意が得られていること。

　　二　外国にある第三者への提供にあっては、前号の本人の同意を得ようとする場合において、個人情報保護委員会規則で定めるところにより、あらかじめ、当該外国における個人情報の保護に関する制度、当該第三者が講ずる個人情報の保護のための措置その他当該本人に参考となるべき情報が当該本人に提供されていること。

2　第28条第3項の規定は、前項の規定により個人関連情報取扱事業者が個人関連
　情報を提供する場合について準用する。この場合において、同条第3項中「講ず
　るとともに、本人の求めに応じて当該必要な措置に関する情報を当該本人に提供
　し」とあるのは、「講じ」と読み替えるものとする。

3　前条第2項から第4項までの規定は、第1項の規定により個人関連情報取扱事
　業者が確認する場合について準用する。この場合において、同条第3項中「の提
　供を受けた」とあるのは、「を提供した」と読み替えるものとする。

（保有個人データに関する事項の公表等）

第32条　個人情報取扱事業者は、保有個人データに関し、次に掲げる事項について、
　本人の知り得る状態（本人の求めに応じて遅滞なく回答する場合を含む。）に置
　かなければならない。

　一　当該個人情報取扱事業者の氏名又は名称及び住所並びに法人にあっては、そ
　　の代表者の氏名

　二　全ての保有個人データの利用目的（第21条第4項第1号から第3号までに該
　　当する場合を除く。）

　三　次項の規定による求め又は次条第1項（同条第5項において準用する場合を
　　含む。）、第34条第1項若しくは第35条第1項、第3項若しくは第5項の規定に
　　よる請求に応じる手続（第38条第2項の規定により手数料の額を定めたときは、
　　その手数料の額を含む。）

　四　前3号に掲げるもののほか、保有個人データの適正な取扱いの確保に関し必
　　要な事項として政令で定めるもの

2　個人情報取扱事業者は、本人から、当該本人が識別される保有個人データの利
　用目的の通知を求められたときは、本人に対し、遅滞なく、これを通知しなけれ
　ばならない。ただし、次の各号のいずれかに該当する場合は、この限りでない。

　一　前項の規定により当該本人が識別される保有個人データの利用目的が明らか
　　な場合

　二　第21条第4項第1号から第3号までに該当する場合

3　個人情報取扱事業者は、前項の規定に基づき求められた保有個人データの利用
　目的を通知しない旨の決定をしたときは、本人に対し、遅滞なく、その旨を通知
　しなければならない。

（開示）

第33条　本人は、個人情報取扱事業者に対し、当該本人が識別される保有個人デー

タの電磁的記録の提供による方法その他の個人情報保護委員会規則で定める方法による開示を請求することができる。

2　個人情報取扱事業者は、前項の規定による請求を受けたときは、本人に対し、同項の規定により当該本人が請求した方法（当該方法による開示に多額の費用を要する場合その他の当該方法による開示が困難である場合にあっては、書面の交付による方法）により、遅滞なく、当該保有個人データを開示しなければならない。ただし、開示することにより次の各号のいずれかに該当する場合は、その全部又は一部を開示しないことができる。

一　本人又は第三者の生命、身体、財産その他の権利利益を害するおそれがある場合

二　当該個人情報取扱事業者の業務の適正な実施に著しい支障を及ぼすおそれがある場合

三　他の法令に違反することとなる場合

3　個人情報取扱事業者は、第1項の規定による請求に係る保有個人データの全部若しくは一部について開示しない旨の決定をしたとき、当該保有個人データが存在しないとき、又は同項の規定により本人が請求した方法による開示が困難であるときは、本人に対し、遅滞なく、その旨を通知しなければならない。

4　他の法令の規定により、本人に対し第2項本文に規定する方法に相当する方法により当該本人が識別される保有個人データの全部又は一部を開示することとされている場合には、当該全部又は一部の保有個人データについては、第1項及び第2項の規定は、適用しない。

5　第1項から第3項までの規定は、当該本人が識別される個人データに係る第29条第1項及び第30条第3項の記録（その存否が明らかになることにより公益その他の利益が害されるものとして政令で定めるものを除く。第37条第2項において「第三者提供記録」という。）について準用する。

（訂正等）

第34条　本人は、個人情報取扱事業者に対し、当該本人が識別される保有個人データの内容が事実でないときは、当該保有個人データの内容の訂正、追加又は削除（以下この条において「訂正等」という。）を請求することができる。

2　個人情報取扱事業者は、前項の規定による請求を受けた場合には、その内容の訂正等に関して他の法令の規定により特別の手続が定められている場合を除き、利用目的の達成に必要な範囲内において、遅滞なく必要な調査を行い、その結果

に基づき、当該保有個人データの内容の訂正等を行わなければならない。

3　個人情報取扱事業者は、第１項の規定による請求に係る保有個人データの内容の全部若しくは一部について訂正等を行ったとき、又は訂正等を行わない旨の決定をしたときは、本人に対し、遅滞なく、その旨（訂正等を行ったときは、その内容を含む。）を通知しなければならない。

（利用停止等）

第35条　本人は、個人情報取扱事業者に対し、当該本人が識別される保有個人データが第18条若しくは第19条の規定に違反して取り扱われているとき、又は第20条の規定に違反して取得されたものであるときは、当該保有個人データの利用の停止又は消去（以下この条において「利用停止等」という。）を請求することができる。

2　個人情報取扱事業者は、前項の規定による請求を受けた場合であって、その請求に理由があることが判明したときは、違反を是正するために必要な限度で、遅滞なく、当該保有個人データの利用停止等を行わなければならない。ただし、当該保有個人データの利用停止等に多額の費用を要する場合その他の利用停止等を行うことが困難な場合であって、本人の権利利益を保護するため必要なこれに代わるべき措置をとるときは、この限りでない。

3　本人は、個人情報取扱事業者に対し、当該本人が識別される保有個人データが第27条第１項又は第28条の規定に違反して第三者に提供されているときは、当該保有個人データの第三者への提供の停止を請求することができる。

4　個人情報取扱事業者は、前項の規定による請求を受けた場合であって、その請求に理由があることが判明したときは、遅滞なく、当該保有個人データの第三者への提供を停止しなければならない。ただし、当該保有個人データの第三者への提供の停止に多額の費用を要する場合その他の第三者への提供を停止することが困難な場合であって、本人の権利利益を保護するため必要なこれに代わるべき措置をとるときは、この限りでない。

5　本人は、個人情報取扱事業者に対し、当該本人が識別される保有個人データを当該個人情報取扱事業者が利用する必要がなくなった場合、当該本人が識別される保有個人データに係る第26条第１項本文に規定する事態が生じた場合その他当該本人が識別される保有個人データの取扱いにより当該本人の権利又は正当な利益が害されるおそれがある場合には、当該保有個人データの利用停止等又は第三者への提供の停止を請求することができる。

6　個人情報取扱事業者は、前項の規定による請求を受けた場合であって、その請求に理由があることが判明したときは、本人の権利利益の侵害を防止するために必要な限度で、遅滞なく、当該保有個人データの利用停止等又は第三者への提供の停止を行わなければならない。ただし、当該保有個人データの利用停止等又は第三者への提供の停止に多額の費用を要する場合その他の利用停止等又は第三者への提供の停止を行うことが困難な場合であって、本人の権利利益を保護するため必要なこれに代わるべき措置をとるときは、この限りでない。

7　個人情報取扱事業者は、第1項若しくは第5項の規定による請求に係る保有個人データの全部若しくは一部について利用停止等を行ったとき若しくは利用停止等を行わない旨の決定をしたとき、又は第3項若しくは第5項の規定による請求に係る保有個人データの全部若しくは一部について第三者への提供を停止したとき若しくは第三者への提供を停止しない旨の決定をしたときは、本人に対し、遅滞なく、その旨を通知しなければならない。

（理由の説明）

第36条　個人情報取扱事業者は、第32条第3項、第33条第3項（同条第5項において準用する場合を含む。）、第34条第3項又は前条第7項の規定により、本人から求められ、又は請求された措置の全部又は一部について、その措置をとらない旨を通知する場合又はその措置と異なる措置をとる旨を通知する場合には、本人に対し、その理由を説明するよう努めなければならない。

（開示等の請求等に応じる手続）

第37条　個人情報取扱事業者は、第32条第2項の規定による求め又は第33条第1項（同条第5項において準用する場合を含む。次条第1項及び第39条において同じ。）、第34条第1項若しくは第35条第1項、第3項若しくは第5項の規定による請求（以下この条及び第54条第1項において「開示等の請求等」という。）に関し、政令で定めるところにより、その求め又は請求を受け付ける方法を定めることができる。この場合において、本人は、当該方法に従って、開示等の請求等を行わなければならない。

2　個人情報取扱事業者は、本人に対し、開示等の請求等に関し、その対象となる保有個人データ又は第三者提供記録を特定するに足りる事項の提示を求めることができる。この場合において、個人情報取扱事業者は、本人が容易かつ的確に開示等の請求等をすることができるよう、当該保有個人データ又は当該第三者提供記録の特定に資する情報の提供その他本人の利便を考慮した適切な措置をとらな

ければならない。

3　開示等の請求等は、政令で定めるところにより、代理人によってすることができる。

4　個人情報取扱事業者は、前3項の規定に基づき開示等の請求等に応じる手続を定めるに当たっては、本人に過重な負担を課するものとならないよう配慮しなければならない。

（手数料）

第38条　個人情報取扱事業者は、第32条第2項の規定による利用目的の通知を求められたとき又は第33条第1項の規定による開示の請求を受けたときは、当該措置の実施に関し、手数料を徴収することができる。

2　個人情報取扱事業者は、前項の規定により手数料を徴収する場合は、実費を勘案して合理的であると認められる範囲内において、その手数料の額を定めなければならない。

（事前の請求）

第39条　本人は、第33条第1項、第34条第1項又は第35条第1項、第3項若しくは第5項の規定による請求に係る訴えを提起しようとするときは、その訴えの被告となるべき者に対し、あらかじめ、当該請求を行い、かつ、その到達した日から2週間を経過した後でなければ、その訴えを提起することができない。ただし、当該訴えの被告となるべき者がその請求を拒んだときは、この限りでない。

2　前項の請求は、その請求が通常到達すべきであった時に、到達したものとみなす。

3　前2項の規定は、第33条第1項、第34条第1項又は第35条第1項、第3項若しくは第5項の規定による請求に係る仮処分命令の申立てについて準用する。

（個人情報取扱事業者による苦情の処理）

第40条　個人情報取扱事業者は、個人情報の取扱いに関する苦情の適切かつ迅速な処理に努めなければならない。

2　個人情報取扱事業者は、前項の目的を達成するために必要な体制の整備に努めなければならない。

第3節　仮名加工情報取扱事業者等の義務

（仮名加工情報の作成等）

第41条　個人情報取扱事業者は、仮名加工情報（仮名加工情報データベース等を構成するものに限る。以下この章及び第6章において同じ。）を作成するときは、

他の情報と照合しない限り特定の個人を識別することができないようにするために必要なものとして個人情報保護委員会規則で定める基準に従い、個人情報を加工しなければならない。

2　個人情報取扱事業者は、仮名加工情報を作成したとき、又は仮名加工情報及び当該仮名加工情報に係る削除情報等（仮名加工情報の作成に用いられた個人情報から削除された記述等及び個人識別符号並びに前項の規定により行われた加工の方法に関する情報をいう。以下この条及び次条第3項において読み替えて準用する第7項において同じ。）を取得したときは、削除情報等の漏えいを防止するために必要なものとして個人情報保護委員会規則で定める基準に従い、削除情報等の安全管理のための措置を講じなければならない。

3　仮名加工情報取扱事業者（個人情報取扱事業者である者に限る。以下この条において同じ。）は、第18条の規定にかかわらず、法令に基づく場合を除くほか、第17条第1項の規定により特定された利用目的の達成に必要な範囲を超えて、仮名加工情報（個人情報であるものに限る。以下この条において同じ。）を取り扱ってはならない。

4　仮名加工情報についての第21条の規定の適用については、同条第1項及び第3項中「、本人に通知し、又は公表し」とあるのは「公表し」と、同条第4項第1号から第3号までの規定中「本人に通知し、又は公表する」とあるのは「公表する」とする。

5　仮名加工情報取扱事業者は、仮名加工情報である個人データ及び削除情報等を利用する必要がなくなったときは、当該個人データ及び削除情報等を遅滞なく消去するよう努めなければならない。この場合においては、第22条の規定は、適用しない。

6　仮名加工情報取扱事業者は、第27条第1項及び第2項並びに第28条第1項の規定にかかわらず、法令に基づく場合を除くほか、仮名加工情報である個人データを第三者に提供してはならない。この場合において、第27条第5項中「前各項」とあるのは「第41条第6項」と、同項第3号中「、本人に通知し、又は本人が容易に知り得る状態に置いて」とあるのは「公表して」と、同条第6項中「、本人に通知し、又は本人が容易に知り得る状態に置かなければ」とあるのは「公表しなければ」と、第29条第1項ただし書中「第27条第1項各号又は第5項各号のいずれか（前条第1項の規定による個人データの提供にあっては、第27条第1項各号のいずれか）」とあり、及び第30条第1項ただし書中「第27条第1項各号又は

第 5 項各号のいずれか」とあるのは「法令に基づく場合又は第27条第 5 項各号の
いずれか」とする。

7　仮名加工情報取扱事業者は、仮名加工情報を取り扱うに当たっては、当該仮名
加工情報の作成に用いられた個人情報に係る本人を識別するために、当該仮名加
工情報を他の情報と照合してはならない。

8　仮名加工情報取扱事業者は、仮名加工情報を取り扱うに当たっては、電話をか
け、郵便若しくは民間事業者による信書の送達に関する法律（平成14年法律第99
号）第 2 条第 6 項に規定する一般信書便事業者若しくは同条第 9 項に規定する特
定信書便事業者による同条第 2 項に規定する信書便により送付し、電報を送達し、
ファクシミリ装置若しくは電磁的方法（電子情報処理組織を使用する方法その他
の情報通信の技術を利用する方法であって個人情報保護委員会規則で定めるもの
をいう。）を用いて送信し、又は住居を訪問するために、当該仮名加工情報に含
まれる連絡先その他の情報を利用してはならない。

9　仮名加工情報、仮名加工情報である個人データ及び仮名加工情報である保有個
人データについては、第17条第 2 項、第26条及び第32条から第39条までの規定は、
適用しない。

（仮名加工情報の第三者提供の制限等）

第42条　仮名加工情報取扱事業者は、法令に基づく場合を除くほか、仮名加工情報
（個人情報であるものを除く。次項及び第 3 項において同じ。）を第三者に提供し
てはならない。

2　第27条第 5 項及び第 6 項の規定は、仮名加工情報の提供を受ける者について準
用する。この場合において、同条第 5 項中「前各項」とあるのは「第42条第 1
項」と、同項第 1 号中「個人情報取扱事業者」とあるのは「仮名加工情報取扱事
業者」と、同項第 3 号中「、本人に通知し、又は本人が容易に知り得る状態に置
いて」とあるのは「公表して」と、同条第 6 項中「個人情報取扱事業者」とある
のは「仮名加工情報取扱事業者」と、「、本人に通知し、又は本人が容易に知り
得る状態に置かなければ」とあるのは「公表しなければ」と読み替えるものとす
る。

3　第23条から第25条まで、第40条並びに前条第 7 項及び第 8 項の規定は、仮名加
工情報取扱事業者による仮名加工情報の取扱いについて準用する。この場合にお
いて、第23条中「漏えい、滅失又は毀損」とあるのは「漏えい」と、前条第 7 項
中「ために、」とあるのは「ために、削除情報等を取得し、又は」と読み替える

ものとする。

第４節　匿名加工情報取扱事業者等の義務

（匿名加工情報の作成等）

第43条　個人情報取扱事業者は、匿名加工情報（匿名加工情報データベース等を構成するものに限る。以下この章及び第６章において同じ。）を作成するときは、特定の個人を識別すること及びその作成に用いる個人情報を復元することができないようにするために必要なものとして個人情報保護委員会規則で定める基準に従い、当該個人情報を加工しなければならない。

2　個人情報取扱事業者は、匿名加工情報を作成したときは、その作成に用いた個人情報から削除した記述等及び個人識別符号並びに前項の規定により行った加工の方法に関する情報の漏えいを防止するために必要なものとして個人情報保護委員会規則で定める基準に従い、これらの情報の安全管理のための措置を講じなければならない。

3　個人情報取扱事業者は、匿名加工情報を作成したときは、個人情報保護委員会規則で定めるところにより、当該匿名加工情報に含まれる個人に関する情報の項目を公表しなければならない。

4　個人情報取扱事業者は、匿名加工情報を作成して当該匿名加工情報を第三者に提供するときは、個人情報保護委員会規則で定めるところにより、あらかじめ、第三者に提供される匿名加工情報に含まれる個人に関する情報の項目及びその提供の方法について公表するとともに、当該第三者に対して、当該提供に係る情報が匿名加工情報である旨を明示しなければならない。

5　個人情報取扱事業者は、匿名加工情報を作成して自ら当該匿名加工情報を取り扱うに当たっては、当該匿名加工情報の作成に用いられた個人情報に係る本人を識別するために、当該匿名加工情報を他の情報と照合してはならない。

6　個人情報取扱事業者は、匿名加工情報を作成したときは、当該匿名加工情報の安全管理のために必要かつ適切な措置、当該匿名加工情報の作成その他の取扱いに関する苦情の処理その他の当該匿名加工情報の適正な取扱いを確保するために必要な措置を自ら講じ、かつ、当該措置の内容を公表するよう努めなければならない。

（匿名加工情報の提供）

第44条　匿名加工情報取扱事業者は、匿名加工情報（自ら個人情報を加工して作成したものを除く。以下この節において同じ。）を第三者に提供するときは、個人

情報保護委員会規則で定めるところにより、あらかじめ、第三者に提供される匿名加工情報に含まれる個人に関する情報の項目及びその提供の方法について公表するとともに、当該第三者に対して、当該提供に係る情報が匿名加工情報である旨を明示しなければならない。

（識別行為の禁止）

第45条　匿名加工情報取扱事業者は、匿名加工情報を取り扱うに当たっては、当該匿名加工情報の作成に用いられた個人情報に係る本人を識別するために、当該個人情報から削除された記述等若しくは個人識別符号若しくは第43条第1項若しくは第116条第1項（同条第2項において準用する場合を含む。）の規定により行われた加工の方法に関する情報を取得し、又は当該匿名加工情報を他の情報と照合してはならない。

（安全管理措置等）

第46条　匿名加工情報取扱事業者は、匿名加工情報の安全管理のために必要かつ適切な措置、匿名加工情報の取扱いに関する苦情の処理その他の匿名加工情報の適正な取扱いを確保するために必要な措置を自ら講じ、かつ、当該措置の内容を公表するよう努めなければならない。

第5節　民間団体による個人情報の保護の推進

（認定）

第47条　個人情報取扱事業者、仮名加工情報取扱事業者又は匿名加工情報取扱事業者（以下この章において「個人情報取扱事業者等」という。）の個人情報、仮名加工情報又は匿名加工情報（以下この章において「個人情報等」という。）の適正な取扱いの確保を目的として次に掲げる業務を行おうとする法人（法人でない団体で代表者又は管理人の定めのあるものを含む。次条第3号ロにおいて同じ。）は、個人情報保護委員会の認定を受けることができる。

　　一　業務の対象となる個人情報取扱事業者等（以下この節において「対象事業者」という。）の個人情報等の取扱いに関する第53条の規定による苦情の処理

　　二　個人情報等の適正な取扱いの確保に寄与する事項についての対象事業者に対する情報の提供

　　三　前2号に掲げるもののほか、対象事業者の個人情報等の適正な取扱いの確保に関し必要な業務

２　前項の認定は、対象とする個人情報取扱事業者等の事業の種類その他の業務の範囲を限定して行うことができる。

3　第１項の認定を受けようとする者は、政令で定めるところにより、個人情報保護委員会に申請しなければならない。

4　個人情報保護委員会は、第１項の認定をしたときは、その旨（第２項の規定により業務の範囲を限定する認定にあっては、その認定に係る業務の範囲を含む。）を公示しなければならない。

（欠格条項）

第48条　次の各号のいずれかに該当する者は、前条第１項の認定を受けることができない。

一　この法律の規定により刑に処せられ、その執行を終わり、又は執行を受けることがなくなった日から２年を経過しない者

二　第155条第１項の規定により認定を取り消され、その取消しの日から２年を経過しない者

三　その業務を行う役員（法人でない団体で代表者又は管理人の定めのあるものの代表者又は管理人を含む。以下この条において同じ。）のうちに、次のいずれかに該当する者があるもの

　　イ　禁錮以上の刑に処せられ、又はこの法律の規定により刑に処せられ、その執行を終わり、又は執行を受けることがなくなった日から２年を経過しない者

　　ロ　第155条第１項の規定により認定を取り消された法人において、その取消しの日前30日以内にその役員であった者でその取消しの日から２年を経過しない者

（認定の基準）

第49条　個人情報保護委員会は、第47条第１項の認定の申請が次の各号のいずれにも適合していると認めるときでなければ、その認定をしてはならない。

一　第47条第１項各号に掲げる業務を適正かつ確実に行うに必要な業務の実施の方法が定められているものであること。

二　第47条第１項各号に掲げる業務を適正かつ確実に行うに足りる知識及び能力並びに経理的基礎を有するものであること。

三　第47条第１項各号に掲げる業務以外の業務を行っている場合には、その業務を行うことによって同項各号に掲げる業務が不公正になるおそれがないものであること。

（変更の認定等）

第50条　第47条第1項の認定（同条第2項の規定により業務の範囲を限定する認定を含む。次条第1項及び第155条第1項第5号において同じ。）を受けた者は、その認定に係る業務の範囲を変更しようとするときは、個人情報保護委員会の認定を受けなければならない。ただし、個人情報保護委員会規則で定める軽微な変更については、この限りでない。

2　第47条第3項及び第4項並びに前条の規定は、前項の変更の認定について準用する。

（廃止の届出）

第51条　第47条第1項の認定（前条第1項の変更の認定を含む。）を受けた者（以下この節及び第6章において「認定個人情報保護団体」という。）は、その認定に係る業務（以下この節及び第6章において「認定業務」という。）を廃止しようとするときは、政令で定めるところにより、あらかじめ、その旨を個人情報保護委員会に届け出なければならない。

2　個人情報保護委員会は、前項の規定による届出があったときは、その旨を公示しなければならない。

（対象事業者）

第52条　認定個人情報保護団体は、認定業務の対象となることについて同意を得た個人情報取扱事業者等を対象事業者としなければならない。この場合において、第54条第4項の規定による措置をとったにもかかわらず、対象事業者が同条第1項に規定する個人情報保護指針を遵守しないときは、当該対象事業者を認定業務の対象から除外することができる。

2　認定個人情報保護団体は、対象事業者の氏名又は名称を公表しなければならない。

（苦情の処理）

第53条　認定個人情報保護団体は、本人その他の関係者から対象事業者の個人情報等の取扱いに関する苦情について解決の申出があったときは、その相談に応じ、申出人に必要な助言をし、その苦情に係る事情を調査するとともに、当該対象事業者に対し、その苦情の内容を通知してその迅速な解決を求めなければならない。

2　認定個人情報保護団体は、前項の申出に係る苦情の解決について必要があると認めるときは、当該対象事業者に対し、文書若しくは口頭による説明を求め、又は資料の提出を求めることができる。

3　対象事業者は、認定個人情報保護団体から前項の規定による求めがあったとき

は、正当な理由がないのに、これを拒んではならない。

（個人情報保護指針）

第54条　認定個人情報保護団体は、対象事業者の個人情報等の適正な取扱いの確保のために、個人情報に係る利用目的の特定、安全管理のための措置、開示等の請求等に応じる手続その他の事項又は仮名加工情報若しくは匿名加工情報に係る作成の方法、その情報の安全管理のための措置その他の事項に関し、消費者の意見を代表する者その他の関係者の意見を聴いて、この法律の規定の趣旨に沿った指針（以下この節及び第6章において「個人情報保護指針」という。）を作成するよう努めなければならない。

2　認定個人情報保護団体は、前項の規定により個人情報保護指針を作成したときは、個人情報保護委員会規則で定めるところにより、遅滞なく、当該個人情報保護指針を個人情報保護委員会に届け出なければならない。これを変更したときも、同様とする。

3　個人情報保護委員会は、前項の規定による個人情報保護指針の届出があったときは、個人情報保護委員会規則で定めるところにより、当該個人情報保護指針を公表しなければならない。

4　認定個人情報保護団体は、前項の規定により個人情報保護指針が公表されたときは、対象事業者に対し、当該個人情報保護指針を遵守させるため必要な指導、勧告その他の措置をとらなければならない。

（目的外利用の禁止）

第55条　認定個人情報保護団体は、認定業務の実施に際して知り得た情報を認定業務の用に供する目的以外に利用してはならない。

（名称の使用制限）

第56条　認定個人情報保護団体でない者は、認定個人情報保護団体という名称又はこれに紛らわしい名称を用いてはならない。

第6節　雑則

（適用除外）

第57条　個人情報取扱事業者等及び個人関連情報取扱事業者のうち次の各号に掲げる者については、その個人情報等及び個人関連情報を取り扱う目的の全部又は一部がそれぞれ当該各号に規定する目的であるときは、この章の規定は、適用しない。

一　放送機関、新聞社、通信社その他の報道機関（報道を業として行う個人を含

む。）　報道の用に供する目的

二　著述を業として行う者　著述の用に供する目的

三　宗教団体　宗教活動（これに付随する活動を含む。）の用に供する目的

四　政治団体　政治活動（これに付随する活動を含む。）の用に供する目的

2　前項第1号に規定する「報道」とは、不特定かつ多数の者に対して客観的事実を事実として知らせること（これに基づいて意見又は見解を述べることを含む。）をいう。

3　第1項各号に掲げる個人情報取扱事業者等は、個人データ、仮名加工情報又は匿名加工情報の安全管理のために必要かつ適切な措置、個人情報等の取扱いに関する苦情の処理その他の個人情報等の適正な取扱いを確保するために必要な措置を自ら講じ、かつ、当該措置の内容を公表するよう努めなければならない。

（適用の特例）

第58条　個人情報取扱事業者又は匿名加工情報取扱事業者のうち次に掲げる者については、第32条から第39条まで及び第4節の規定は、適用しない。

一　別表第2に掲げる法人

二　地方独立行政法人のうち地方独立行政法人法第21条第1号に掲げる業務を主たる目的とするもの又は同条第2号若しくは第3号（チに係る部分に限る。）に掲げる業務を目的とするもの

2　次の各号に掲げる者が行う当該各号に定める業務における個人情報、仮名加工情報又は個人関連情報の取扱いについては、個人情報取扱事業者、仮名加工情報取扱事業者又は個人関連情報取扱事業者による個人情報、仮名加工情報又は個人関連情報の取扱いとみなして、この章（第32条から第39条まで及び第4節を除く。）及び第6章から第8章までの規定を適用する。

一　地方公共団体の機関　医療法（昭和23年法律第205号）第1条の5第1項に規定する病院（次号において「病院」という。）及び同条第2項に規定する診療所並びに学校教育法（昭和22年法律第26号）第1条に規定する大学の運営

二　独立行政法人労働者健康安全機構　病院の運営

（学術研究機関等の責務）

第59条　個人情報取扱事業者である学術研究機関等は、学術研究目的で行う個人情報の取扱いについて、この法律の規定を遵守するとともに、その適正を確保するために必要な措置を自ら講じ、かつ、当該措置の内容を公表するよう努めなければならない。

第5章　行政機関等の義務等

第1節　総則

（定義）

第60条　この章及び第8章において「保有個人情報」とは、行政機関等の職員（独立行政法人等及び地方独立行政法人にあっては、その役員を含む。以下この章及び第8章において同じ。）が職務上作成し、又は取得した個人情報であって、当該行政機関等の職員が組織的に利用するものとして、当該行政機関等が保有しているものをいう。ただし、行政文書（行政機関の保有する情報の公開に関する法律（平成11年法律第42号。以下この章において「行政機関情報公開法」という。）第2条第2項に規定する行政文書をいう。）、法人文書（独立行政法人等の保有する情報の公開に関する法律（平成13年法律第140号。以下この章において「独立行政法人等情報公開法」という。）第2条第2項に規定する法人文書（同項第4号に掲げるものを含む。）をいう。）又は地方公共団体等行政文書（地方公共団体の機関又は地方独立行政法人の職員が職務上作成し、又は取得した文書、図画及び電磁的記録であって、当該地方公共団体の機関又は地方独立行政法人の職員が組織的に用いるものとして、当該地方公共団体の機関又は地方独立行政法人が保有しているもの（行政機関情報公開法第2条第2項各号に掲げるものに相当するものとして政令で定めるものを除く。）をいう。）（以下この章において「行政文書等」という。）に記録されているものに限る。

2　この章及び第8章において「個人情報ファイル」とは、保有個人情報を含む情報の集合物であって、次に掲げるものをいう。

一　一定の事務の目的を達成するために特定の保有個人情報を電子計算機を用いて検索することができるように体系的に構成したもの

二　前号に掲げるもののほか、一定の事務の目的を達成するために氏名、生年月日、その他の記述等により特定の保有個人情報を容易に検索することができるように体系的に構成したもの

3　この章において「行政機関等匿名加工情報」とは、次の各号のいずれにも該当する個人情報ファイルを構成する保有個人情報の全部又は一部（これらの一部に行政機関情報公開法第5条に規定する不開示情報（同条第1号に掲げる情報を除き、同条第2号ただし書に規定する情報を含む。以下この項において同じ。）、独立行政法人等情報公開法第5条に規定する不開示情報（同条第1号に掲げる情報を除き、同条第2号ただし書に規定する情報を含む。）又は地方公共団体の情報

公開条例（地方公共団体の機関又は地方独立行政法人の保有する情報の公開を請求する住民等の権利について定める地方公共団体の条例をいう。以下この章において同じ。）に規定する不開示情報（行政機関情報公開法第5条に規定する不開示情報に相当するものをいう。）が含まれているときは、これらの不開示情報に該当する部分を除く。）を加工して得られる匿名加工情報をいう。

一　第75条第2項各号のいずれかに該当するもの又は同条第3項の規定により同条第1項に規定する個人情報ファイル簿に掲載しないこととされるものでないこと。

二　行政機関情報公開法第3条に規定する行政機関の長、独立行政法人等情報公開法第2条第1項に規定する独立行政法人等、地方公共団体の機関又は地方独立行政法人に対し、当該個人情報ファイルを構成する保有個人情報が記録されている行政文書等の開示の請求（行政機関情報公開法第3条、独立行政法人等情報公開法第3条又は情報公開条例の規定による開示の請求をいう。）があったとしたならば、これらの者が次のいずれかを行うこととなるものであること。

　　イ　当該行政文書等に記録されている保有個人情報の全部又は一部を開示する旨の決定をすること。

　　ロ　行政機関情報公開法第13条第1項若しくは第2項、独立行政法人等情報公開法第14条第1項若しくは第2項又は情報公開条例（行政機関情報公開法第13条第1項又は第2項の規定に相当する規定を設けているものに限る。）の規定により意見書の提出の機会を与えること。

三　行政機関等の事務及び事業の適正かつ円滑な運営に支障のない範囲内で、第116条第1項の基準に従い、当該個人情報ファイルを構成する保有個人情報を加工して匿名加工情報を作成することができるものであること。

4　この章において「行政機関等匿名加工情報ファイル」とは、行政機関等匿名加工情報を含む情報の集合物であって、次に掲げるものをいう。

一　特定の行政機関等匿名加工情報を電子計算機を用いて検索することができるように体系的に構成したもの

二　前号に掲げるもののほか、特定の行政機関等匿名加工情報を容易に検索することができるように体系的に構成したものとして政令で定めるもの

5　この章において「条例要配慮個人情報」とは、地方公共団体の機関又は地方独立行政法人が保有する個人情報（要配慮個人情報を除く。）のうち、地域の特性その他の事情に応じて、本人に対する不当な差別、偏見その他の不利益が生じな

いようにその取扱いに特に配慮を要するものとして地方公共団体が条例で定める記述等が含まれる個人情報をいう。

第2節　行政機関等における個人情報等の取扱い

（個人情報の保有の制限等）

第61条　行政機関等は、個人情報を保有するに当たっては、法令（条例を含む。第66条第2項第3号及び第4号、第69条第2項第2号及び第3号並びに第4節において同じ。）の定める所掌事務又は業務を遂行するため必要な場合に限り、かつ、その利用目的をできる限り特定しなければならない。

2　行政機関等は、前項の規定により特定された利用目的の達成に必要な範囲を超えて、個人情報を保有してはならない。

3　行政機関等は、利用目的を変更する場合には、変更前の利用目的と相当の関連性を有すると合理的に認められる範囲を超えて行ってはならない。

（利用目的の明示）

第62条　行政機関等は、本人から直接書面（電磁的記録を含む。）に記録された当該本人の個人情報を取得するときは、次に掲げる場合を除き、あらかじめ、本人に対し、その利用目的を明示しなければならない。

一　人の生命、身体又は財産の保護のために緊急に必要があるとき。

二　利用目的を本人に明示することにより、本人又は第三者の生命、身体、財産その他の権利利益を害するおそれがあるとき。

三　利用目的を本人に明示することにより、国の機関、独立行政法人等、地方公共団体又は地方独立行政法人が行う事務又は事業の適正な遂行に支障を及ぼすおそれがあるとき。

四　取得の状況からみて利用目的が明らかであると認められるとき。

（不適正な利用の禁止）

第63条　行政機関の長（第2条第8項第4号及び第5号の政令で定める機関にあっては、その機関ごとに政令で定める者をいう。以下この章及び第174条において同じ。）、地方公共団体の機関、独立行政法人等及び地方独立行政法人（以下この章及び次章において「行政機関の長等」という。）は、違法又は不当な行為を助長し、又は誘発するおそれがある方法により個人情報を利用してはならない。

（適正な取得）

第64条　行政機関の長等は、偽りその他不正の手段により個人情報を取得してはならない。

（正確性の確保）

第65条　行政機関の長等は、利用目的の達成に必要な範囲内で、保有個人情報が過去又は現在の事実と合致するよう努めなければならない。

（安全管理措置）

第66条　行政機関の長等は、保有個人情報の漏えい、滅失又は毀損の防止その他の保有個人情報の安全管理のために必要かつ適切な措置を講じなければならない。

2　前項の規定は、次の各号に掲げる者が当該各号に定める業務を行う場合における個人情報の取扱いについて準用する。

　　一　行政機関等から個人情報の取扱いの委託を受けた者　当該委託を受けた業務

　　二　指定管理者（地方自治法（昭和22年法律第67号）第244条の2第3項に規定する指定管理者をいう。）　公の施設（同法第244条第1項に規定する公の施設をいう。）の管理の業務

　　三　第58条第1項各号に掲げる者　法令に基づき行う業務であって政令で定めるもの

　　四　第58条第2項各号に掲げる者　同項各号に定める業務のうち法令に基づき行う業務であって政令で定めるもの

　　五　前各号に掲げる者から当該各号に定める業務の委託（2以上の段階にわたる委託を含む。）を受けた者　当該委託を受けた業務

（従事者の義務）

第67条　個人情報の取扱いに従事する行政機関等の職員若しくは職員であった者、前条第2項各号に定める業務に従事している者若しくは従事していた者又は行政機関等において個人情報の取扱いに従事している派遣労働者（労働者派遣事業の適正な運営の確保及び派遣労働者の保護等に関する法律（昭和60年法律第88号）第2条第2号に規定する派遣労働者をいう。以下この章及び第176条において同じ。）若しくは従事していた派遣労働者は、その業務に関して知り得た個人情報の内容をみだりに他人に知らせ、又は不当な目的に利用してはならない。

（漏えい等の報告等）

第68条　行政機関の長等は、保有個人情報の漏えい、滅失、毀損その他の保有個人情報の安全の確保に係る事態であって個人の権利利益を害するおそれが大きいものとして個人情報保護委員会規則で定めるものが生じたときは、個人情報保護委員会規則で定めるところにより、当該事態が生じた旨を個人情報保護委員会に報告しなければならない。

2　前項に規定する場合には、行政機関の長等は、本人に対し、個人情報保護委員会規則で定めるところにより、当該事態が生じた旨を通知しなければならない。ただし、次の各号のいずれかに該当するときは、この限りでない。

一　本人への通知が困難な場合であって、本人の権利利益を保護するため必要なこれに代わるべき措置をとるとき。

二　当該保有個人情報に第78条第１項各号に掲げる情報のいずれかが含まれるとき。

（利用及び提供の制限）

第69条　行政機関の長等は、法令に基づく場合を除き、利用目的以外の目的のために保有個人情報を自ら利用し、又は提供してはならない。

2　前項の規定にかかわらず、行政機関の長等は、次の各号のいずれかに該当すると認めるときは、利用目的以外の目的のために保有個人情報を自ら利用し、又は提供することができる。ただし、保有個人情報を利用目的以外の目的のために自ら利用し、又は提供することによって、本人又は第三者の権利利益を不当に侵害するおそれがあると認められるときは、この限りでない。

一　本人の同意があるとき、又は本人に提供するとき。

二　行政機関等が法令の定める所掌事務又は業務の遂行に必要な限度で保有個人情報を内部で利用する場合であって、当該保有個人情報を利用することについて相当の理由があるとき。

三　他の行政機関、独立行政法人等、地方公共団体の機関又は地方独立行政法人に保有個人情報を提供する場合において、保有個人情報の提供を受ける者が、法令の定める事務又は業務の遂行に必要な限度で提供に係る個人情報を利用し、かつ、当該個人情報を利用することについて相当の理由があるとき。

四　前３号に掲げる場合のほか、専ら統計の作成又は学術研究の目的のために保有個人情報を提供するとき、本人以外の者に提供することが明らかに本人の利益になるとき、その他保有個人情報を提供することについて特別の理由があるとき。

3　前項の規定は、保有個人情報の利用又は提供を制限する他の法令の規定の適用を妨げるものではない。

4　行政機関の長等は、個人の権利利益を保護するため特に必要があると認めるときは、保有個人情報の利用目的以外の目的のための行政機関等の内部における利用を特定の部局若しくは機関又は職員に限るものとする。

（保有個人情報の提供を受ける者に対する措置要求）

第70条　行政機関の長等は、利用目的のために又は前条第2項第3号若しくは第4号の規定に基づき、保有個人情報を提供する場合において、必要があると認めるときは、保有個人情報の提供を受ける者に対し、提供に係る個人情報について、その利用の目的若しくは方法の制限その他必要な制限を付し、又はその漏えいの防止その他の個人情報の適切な管理のために必要な措置を講ずることを求めるものとする。

（外国にある第三者への提供の制限）

第71条　行政機関の長等は、外国（本邦の域外にある国又は地域をいう。以下この条において同じ。）（個人の権利利益を保護する上で我が国と同等の水準にあると認められる個人情報の保護に関する制度を有している外国として個人情報保護委員会規則で定めるものを除く。以下この条において同じ。）にある第三者（第16条第3項に規定する個人データの取扱いについて前章第2節の規定により同条第2項に規定する個人情報取扱事業者が講ずべきこととされている措置に相当する措置（第3項において「相当措置」という。）を継続的に講ずるために必要なものとして個人情報保護委員会規則で定める基準に適合する体制を整備している者を除く。以下この項及び次項において同じ。）に利用目的以外の目的のために保有個人情報を提供する場合には、法令に基づく場合及び第69条第2項第4号に掲げる場合を除くほか、あらかじめ外国にある第三者への提供を認める旨の本人の同意を得なければならない。

2　行政機関の長等は、前項の規定により本人の同意を得ようとする場合には、個人情報保護委員会規則で定めるところにより、あらかじめ、当該外国における個人情報の保護に関する制度、当該第三者が講ずる個人情報の保護のための措置その他当該本人に参考となるべき情報を当該本人に提供しなければならない。

3　行政機関の長等は、保有個人情報を外国にある第三者（第1項に規定する体制を整備している者に限る。）に利用目的以外の目的のために提供した場合には、法令に基づく場合及び第69条第2項第4号に掲げる場合を除くほか、個人情報保護委員会規則で定めるところにより、当該第三者による相当措置の継続的な実施を確保するために必要な措置を講ずるとともに、本人の求めに応じて当該必要な措置に関する情報を当該本人に提供しなければならない。

（個人関連情報の提供を受ける者に対する措置要求）

第72条　行政機関の長等は、第三者に個人関連情報を提供する場合（当該第三者が

当該個人関連情報を個人情報として取得することが想定される場合に限る。）に
おいて、必要があると認めるときは、当該第三者に対し、提供に係る個人関連情
報について、その利用の目的若しくは方法の制限その他必要な制限を付し、又は
その漏えいの防止その他の個人関連情報の適切な管理のために必要な措置を講ず
ることを求めるものとする。

（仮名加工情報の取扱いに係る義務）

第73条　行政機関の長等は、法令に基づく場合を除くほか、仮名加工情報（個人情
　　報であるものを除く。以下この条及び第128条において同じ。）を第三者（当該仮
　　名加工情報の取扱いの委託を受けた者を除く。）に提供してはならない。

2　行政機関の長等は、その取り扱う仮名加工情報の漏えいの防止その他仮名加工
　情報の安全管理のために必要かつ適切な措置を講じなければならない。

3　行政機関の長等は、仮名加工情報を取り扱うに当たっては、法令に基づく場合
　を除き、当該仮名加工情報の作成に用いられた個人情報に係る本人を識別するた
　めに、削除情報等（仮名加工情報の作成に用いられた個人情報から削除された記
　述等及び個人識別符号並びに第41条第1項の規定により行われた加工の方法に関
　する情報をいう。）を取得し、又は当該仮名加工情報を他の情報と照合してはな
　らない。

4　行政機関の長等は、仮名加工情報を取り扱うに当たっては、法令に基づく場合
　を除き、電話をかけ、郵便若しくは民間事業者による信書の送達に関する法律第
　2条第6項に規定する一般信書便事業者若しくは同条第9項に規定する特定信書
　便事業者による同条第2項に規定する信書便により送付し、電報を送達し、ファ
　クシミリ装置若しくは電磁的方法（電子情報処理組織を使用する方法その他の情
　報通信の技術を利用する方法であって個人情報保護委員会規則で定めるものをい
　う。）を用いて送信し、又は住居を訪問するために、当該仮名加工情報に含まれ
　る連絡先その他の情報を利用してはならない。

5　前各項の規定は、行政機関の長等から仮名加工情報の取扱いの委託（2以上の
　段階にわたる委託を含む。）を受けた者が受託した業務を行う場合について準用
　する。

第3節　個人情報ファイル

（個人情報ファイルの保有等に関する事前通知）

第74条　行政機関（会計検査院を除く。以下この条において同じ。）が個人情報
　　ファイルを保有しようとするときは、当該行政機関の長は、あらかじめ、個人情

報保護委員会に対し、次に掲げる事項を通知しなければならない。通知した事項を変更しようとするときも、同様とする。

一　個人情報ファイルの名称

二　当該機関の名称及び個人情報ファイルが利用に供される事務をつかさどる組織の名称

三　個人情報ファイルの利用目的

四　個人情報ファイルに記録される項目（以下この節において「記録項目」という。）及び本人（他の個人の氏名、生年月日その他の記述等によらないで検索し得る者に限る。次項第9号において同じ。）として個人情報ファイルに記録される個人の範囲（以下この節において「記録範囲」という。）

五　個人情報ファイルに記録される個人情報（以下この節において「記録情報」という。）の収集方法

六　記録情報に要配慮個人情報が含まれるときは、その旨

七　記録情報を当該機関以外の者に経常的に提供する場合には、その提供先

八　次条第3項の規定に基づき、記録項目の一部若しくは第5号若しくは前号に掲げる事項を次条第1項に規定する個人情報ファイル簿に記載しないこととするとき、又は個人情報ファイルを同項に規定する個人情報ファイル簿に掲載しないこととするときは、その旨

九　第76条第1項、第90条第1項又は第98条第1項の規定による請求を受理する組織の名称及び所在地

十　第90条第1項ただし書又は第98条第1項ただし書に該当するときは、その旨

十一　その他政令で定める事項

2　前項の規定は、次に掲げる個人情報ファイルについては、適用しない。

一　国の安全、外交上の秘密その他の国の重大な利益に関する事項を記録する個人情報ファイル

二　犯罪の捜査、租税に関する法律の規定に基づく犯則事件の調査又は公訴の提起若しくは維持のために作成し、又は取得する個人情報ファイル

三　当該機関の職員又は職員であった者に係る個人情報ファイルであって、専らその人事、給与若しくは福利厚生に関する事項又はこれらに準ずる事項を記録するもの（当該機関が行う職員の採用試験に関する個人情報ファイルを含む。）

四　専ら試験的な電子計算機処理の用に供するための個人情報ファイル

五　前項の規定による通知に係る個人情報ファイルに記録されている記録情報の

全部又は一部を記録した個人情報ファイルであって、その利用目的、記録項目
及び記録範囲が当該通知に係るこれらの事項の範囲内のもの

六　1年以内に消去することとなる記録情報のみを記録する個人情報ファイル

七　資料その他の物品若しくは金銭の送付又は業務上必要な連絡のために利用す
る記録情報を記録した個人情報ファイルであって、送付又は連絡の相手方の氏
名、住所その他の送付又は連絡に必要な事項のみを記録するもの

八　職員が学術研究の用に供するためその発意に基づき作成し、又は取得する個
人情報ファイルであって、記録情報を専ら当該学術研究の目的のために利用す
るもの

九　本人の数が政令で定める数に満たない個人情報ファイル

十　第3号から前号までに掲げる個人情報ファイルに準ずるものとして政令で定
める個人情報ファイル

十一　第60条第2項第2号に係る個人情報ファイル

3　行政機関の長は、第1項に規定する事項を通知した個人情報ファイルについて、
当該行政機関がその保有をやめたとき、又はその個人情報ファイルが前項第9号
に該当するに至ったときは、遅滞なく、個人情報保護委員会に対しその旨を通知
しなければならない。

（個人情報ファイル簿の作成及び公表）

第75条　行政機関の長等は、政令で定めるところにより、当該行政機関の長等の属
する行政機関等が保有している個人情報ファイルについて、それぞれ前条第1項
第1号から第7号まで、第9号及び第10号に掲げる事項その他政令で定める事項
を記載した帳簿（以下この章において「個人情報ファイル簿」という。）を作成
し、公表しなければならない。

2　前項の規定は、次に掲げる個人情報ファイルについては、適用しない。

一　前条第2項第1号から第10号までに掲げる個人情報ファイル

二　前項の規定による公表に係る個人情報ファイルに記録されている記録情報の
全部又は一部を記録した個人情報ファイルであって、その利用目的、記録項目
及び記録範囲が当該公表に係るこれらの事項の範囲内のもの

三　前号に掲げる個人情報ファイルに準ずるものとして政令で定める個人情報
ファイル

3　第1項の規定にかかわらず、行政機関の長等は、記録項目の一部若しくは前条
第1項第5号若しくは第7号に掲げる事項を個人情報ファイル簿に記載し、又は

個人情報ファイルを個人情報ファイル簿に掲載することにより、利用目的に係る事務又は事業の性質上、当該事務又は事業の適正な遂行に著しい支障を及ぼすおそれがあると認めるときは、その記録項目の一部若しくは事項を記載せず、又はその個人情報ファイルを個人情報ファイル簿に掲載しないことができる。

4　地方公共団体の機関又は地方独立行政法人についての第1項の規定の適用については、同項中「定める事項」とあるのは、「定める事項並びに記録情報に条例要配慮個人情報が含まれているときは、その旨」とする。

5　前各項の規定は、地方公共団体の機関又は地方独立行政法人が、条例で定めるところにより、個人情報ファイル簿とは別の個人情報の保有の状況に関する事項を記載した帳簿を作成し、公表することを妨げるものではない。

第4節　開示、訂正及び利用停止

第1款　開示

（開示請求権）

第76条　何人も、この法律の定めるところにより、行政機関の長等に対し、当該行政機関の長等の属する行政機関等の保有する自己を本人とする保有個人情報の開示を請求することができる。

2　未成年者若しくは成年被後見人の法定代理人又は本人の委任による代理人（以下この節において「代理人」と総称する。）は、本人に代わって前項の規定による開示の請求（以下この節及び第127条において「開示請求」という。）をすることができる。

（開示請求の手続）

第77条　開示請求は、次に掲げる事項を記載した書面（第3項において「開示請求書」という。）を行政機関の長等に提出してしなければならない。

一　開示請求をする者の氏名及び住所又は居所

二　開示請求に係る保有個人情報が記録されている行政文書等の名称その他の開示請求に係る保有個人情報を特定するに足りる事項

2　前項の場合において、開示請求をする者は、政令で定めるところにより、開示請求に係る保有個人情報の本人であること（前条第2項の規定による開示請求にあっては、開示請求に係る保有個人情報の本人の代理人であること）を示す書類を提示し、又は提出しなければならない。

3　行政機関の長等は、開示請求書に形式上の不備があると認めるときは、開示請求をした者（以下この節において「開示請求者」という。）に対し、相当の期間

を定めて、その補正を求めることができる。この場合において、行政機関の長等は、開示請求者に対し、補正の参考となる情報を提供するよう努めなければならない。

（保有個人情報の開示義務）

第78条　行政機関の長等は、開示請求があったときは、開示請求に係る保有個人情報に次の各号に掲げる情報（以下この節において「不開示情報」という。）のいずれかが含まれている場合を除き、開示請求者に対し、当該保有個人情報を開示しなければならない。

一　開示請求者（第76条第2項の規定により代理人が本人に代わって開示請求をする場合にあっては、当該本人をいう。次号及び第3号、次条第2項並びに第86条第1項において同じ。）の生命、健康、生活又は財産を害するおそれがある情報

二　開示請求者以外の個人に関する情報（事業を営む個人の当該事業に関する情報を除く。）であって、当該情報に含まれる氏名、生年月日その他の記述等により開示請求者以外の特定の個人を識別することができるもの（他の情報と照合することにより、開示請求者以外の特定の個人を識別することができることとなるものを含む。）若しくは個人識別符号が含まれるもの又は開示請求者以外の特定の個人を識別することはできないが、開示することにより、なお開示請求者以外の個人の権利利益を害するおそれがあるもの。ただし、次に掲げる情報を除く。

イ　法令の規定により又は慣行として開示請求者が知ることができ、又は知ることが予定されている情報

ロ　人の生命、健康、生活又は財産を保護するため、開示することが必要であると認められる情報

ハ　当該個人が公務員等（国家公務員法（昭和22年法律第120号）第2条第1項に規定する国家公務員（独立行政法人通則法第2条第4項に規定する行政執行法人の職員を除く。）、独立行政法人等の職員、地方公務員法（昭和25年法律第261号）第2条に規定する地方公務員及び地方独立行政法人の職員をいう。）である場合において、当該情報がその職務の遂行に係る情報であるときは、当該情報のうち、当該公務員等の職及び当該職務遂行の内容に係る部分

三　法人その他の団体（国、独立行政法人等、地方公共団体及び地方独立行政法

人を除く。以下この号において「法人等」という。）に関する情報又は開示請求者以外の事業を営む個人の当該事業に関する情報であって、次に掲げるもの。ただし、人の生命、健康、生活又は財産を保護するため、開示することが必要であると認められる情報を除く。

イ　開示することにより、当該法人等又は当該個人の権利、競争上の地位その他正当な利益を害するおそれがあるもの

ロ　行政機関等の要請を受けて、開示しないとの条件で任意に提供されたものであって、法人等又は個人における通例として開示しないこととされているものその他の当該条件を付することが当該情報の性質、当時の状況等に照らして合理的であると認められるもの

四　行政機関の長が第82条各項の決定（以下この節において「開示決定等」という。）をする場合において、開示することにより、国の安全が害されるおそれ、他国若しくは国際機関との信頼関係が損なわれるおそれ又は他国若しくは国際機関との交渉上不利益を被るおそれがあると当該行政機関の長が認めることにつき相当の理由がある情報

五　行政機関の長又は地方公共団体の機関（都道府県の機関に限る。）が開示決定等をする場合において、開示することにより、犯罪の予防、鎮圧又は捜査、公訴の維持、刑の執行その他の公共の安全と秩序の維持に支障を及ぼすおそれがあると当該行政機関の長又は地方公共団体の機関が認めることにつき相当の理由がある情報

六　国の機関、独立行政法人等、地方公共団体及び地方独立行政法人の内部又は相互間における審議、検討又は協議に関する情報であって、開示することにより、率直な意見の交換若しくは意思決定の中立性が不当に損なわれるおそれ、不当に国民の間に混乱を生じさせるおそれ又は特定の者に不当に利益を与え若しくは不利益を及ぼすおそれがあるもの

七　国の機関、独立行政法人等、地方公共団体又は地方独立行政法人が行う事務又は事業に関する情報であって、開示することにより、次に掲げるおそれその他当該事務又は事業の性質上、当該事務又は事業の適正な遂行に支障を及ぼすおそれがあるもの

イ　独立行政法人等、地方公共団体の機関又は地方独立行政法人が開示決定等をする場合において、国の安全が害されるおそれ、他国若しくは国際機関との信頼関係が損なわれるおそれ又は他国若しくは国際機関との交渉上不利益

を被るおそれ

　　ロ　独立行政法人等、地方公共団体の機関（都道府県の機関を除く。）又は地方独立行政法人が開示決定等をする場合において、犯罪の予防、鎮圧又は捜査その他の公共の安全と秩序の維持に支障を及ぼすおそれ

　　ハ　監査、検査、取締り、試験又は租税の賦課若しくは徴収に係る事務に関し、正確な事実の把握を困難にするおそれ又は違法若しくは不当な行為を容易にし、若しくはその発見を困難にするおそれ

　　ニ　契約、交渉又は争訟に係る事務に関し、国、独立行政法人等、地方公共団体又は地方独立行政法人の財産上の利益又は当事者としての地位を不当に害するおそれ

　　ホ　調査研究に係る事務に関し、その公正かつ能率的な遂行を不当に阻害するおそれ

　　ヘ　人事管理に係る事務に関し、公正かつ円滑な人事の確保に支障を及ぼすおそれ

　　ト　独立行政法人等、地方公共団体が経営する企業又は地方独立行政法人に係る事業に関し、その企業経営上の正当な利益を害するおそれ

２　地方公共団体の機関又は地方独立行政法人についての前項の規定の適用については、同項中「掲げる情報（」とあるのは、「掲げる情報（情報公開条例の規定により開示することとされている情報として条例で定めるものを除く。）又は行政機関情報公開法第５条に規定する不開示情報に準ずる情報であって情報公開条例において開示しないこととされているもののうち当該情報公開条例との整合性を確保するために不開示とする必要があるものとして条例で定めるもの（」とする。

（部分開示）

第79条　行政機関の長等は、開示請求に係る保有個人情報に不開示情報が含まれている場合において、不開示情報に該当する部分を容易に区分して除くことができるときは、開示請求者に対し、当該部分を除いた部分につき開示しなければならない。

２　開示請求に係る保有個人情報に前条第１項第２号の情報（開示請求者以外の特定の個人を識別することができるものに限る。）が含まれている場合において、当該情報のうち、氏名、生年月日その他の開示請求者以外の特定の個人を識別することができることとなる記述等及び個人識別符号の部分を除くことにより、開

示しても、開示請求者以外の個人の権利利益が害されるおそれがないと認められるときは、当該部分を除いた部分は、同号の情報に含まれないものとみなして、前項の規定を適用する。

（裁量的開示）

第80条　行政機関の長等は、開示請求に係る保有個人情報に不開示情報が含まれている場合であっても、個人の権利利益を保護するため特に必要があると認めるときは、開示請求者に対し、当該保有個人情報を開示することができる。

（保有個人情報の存否に関する情報）

第81条　開示請求に対し、当該開示請求に係る保有個人情報が存在しているか否かを答えるだけで、不開示情報を開示することとなるときは、行政機関の長等は、当該保有個人情報の存否を明らかにしないで、当該開示請求を拒否することができる。

（開示請求に対する措置）

第82条　行政機関の長等は、開示請求に係る保有個人情報の全部又は一部を開示するときは、その旨の決定をし、開示請求者に対し、その旨、開示する保有個人情報の利用目的及び開示の実施に関し政令で定める事項を書面により通知しなければならない。ただし、第62条第2号又は第3号に該当する場合における当該利用目的については、この限りでない。

2　行政機関の長等は、開示請求に係る保有個人情報の全部を開示しないとき（前条の規定により開示請求を拒否するとき、及び開示請求に係る保有個人情報を保有していないときを含む。）は、開示をしない旨の決定をし、開示請求者に対し、その旨を書面により通知しなければならない。

（開示決定等の期限）

第83条　開示決定等は、開示請求があった日から30日以内にしなければならない。ただし、第77条第3項の規定により補正を求めた場合にあっては、当該補正に要した日数は、当該期間に算入しない。

2　前項の規定にかかわらず、行政機関の長等は、事務処理上の困難その他正当な理由があるときは、同項に規定する期間を30日以内に限り延長することができる。この場合において、行政機関の長等は、開示請求者に対し、遅滞なく、延長後の期間及び延長の理由を書面により通知しなければならない。

（開示決定等の期限の特例）

第84条　開示請求に係る保有個人情報が著しく大量であるため、開示請求があった

日から60日以内にその全てについて開示決定等をすることにより事務の遂行に著しい支障が生ずるおそれがある場合には、前条の規定にかかわらず、行政機関の長等は、開示請求に係る保有個人情報のうちの相当の部分につき当該期間内に開示決定等をし、残りの保有個人情報については相当の期間内に開示決定等をすれば足りる。この場合において、行政機関の長等は、同条第1項に規定する期間内に、開示請求者に対し、次に掲げる事項を書面により通知しなければならない。

一　この条の規定を適用する旨及びその理由

二　残りの保有個人情報について開示決定等をする期限

（事案の移送）

第85条　行政機関の長等は、開示請求に係る保有個人情報が当該行政機関の長等が属する行政機関等以外の行政機関等から提供されたものであるとき、その他他の行政機関の長等において開示決定等をすることにつき正当な理由があるときは、当該他の行政機関の長等と協議の上、当該他の行政機関の長等に対し、事案を移送することができる。この場合においては、移送をした行政機関の長等は、開示請求者に対し、事案を移送した旨を書面により通知しなければならない。

2　前項の規定により事案が移送されたときは、移送を受けた行政機関の長等において、当該開示請求についての開示決定等をしなければならない。この場合において、移送をした行政機関の長等が移送前にした行為は、移送を受けた行政機関の長等がしたものとみなす。

3　前項の場合において、移送を受けた行政機関の長等が第82条第1項の決定（以下この節において「開示決定」という。）をしたときは、当該行政機関の長等は、開示の実施をしなければならない。この場合において、移送をした行政機関の長等は、当該開示の実施に必要な協力をしなければならない。

（第三者に対する意見書提出の機会の付与等）

第86条　開示請求に係る保有個人情報に国、独立行政法人等、地方公共団体、地方独立行政法人及び開示請求者以外の者（以下この条、第105条第2項第3号及び第107条第1項において「第三者」という。）に関する情報が含まれているときは、行政機関の長等は、開示決定等をするに当たって、当該情報に係る第三者に対し、政令で定めるところにより、当該第三者に関する情報の内容その他政令で定める事項を通知して、意見書を提出する機会を与えることができる。

2　行政機関の長等は、次の各号のいずれかに該当するときは、開示決定に先立ち、当該第三者に対し、政令で定めるところにより、開示請求に係る当該第三者に関

する情報の内容その他政令で定める事項を書面により通知して、意見書を提出する機会を与えなければならない。ただし、当該第三者の所在が判明しない場合は、この限りでない。

　一　第三者に関する情報が含まれている保有個人情報を開示しようとする場合であって、当該第三者に関する情報が第78条第1項第2号ロ又は同項第3号ただし書に規定する情報に該当すると認められるとき。

　二　第三者に関する情報が含まれている保有個人情報を第80条の規定により開示しようとするとき。

3　行政機関の長等は、前2項の規定により意見書の提出の機会を与えられた第三者が当該第三者に関する情報の開示に反対の意思を表示した意見書を提出した場合において、開示決定をするときは、開示決定の日と開示を実施する日との間に少なくとも2週間を置かなければならない。この場合において、行政機関の長等は、開示決定後直ちに、当該意見書（第105条において「反対意見書」という。）を提出した第三者に対し、開示決定をした旨及びその理由並びに開示を実施する日を書面により通知しなければならない。

（開示の実施）

第87条　保有個人情報の開示は、当該保有個人情報が、文書又は図画に記録されているときは閲覧又は写しの交付により、電磁的記録に記録されているときはその種別、情報化の進展状況等を勘案して行政機関等が定める方法により行う。ただし、閲覧の方法による保有個人情報の開示にあっては、行政機関の長等は、当該保有個人情報が記録されている文書又は図画の保存に支障を生ずるおそれがあると認めるとき、その他正当な理由があるときは、その写しにより、これを行うことができる。

2　行政機関等は、前項の規定に基づく電磁的記録についての開示の方法に関する定めを一般の閲覧に供しなければならない。

3　開示決定に基づき保有個人情報の開示を受ける者は、政令で定めるところにより、当該開示決定をした行政機関の長等に対し、その求める開示の実施の方法その他の政令で定める事項を申し出なければならない。

4　前項の規定による申出は、第82条第1項に規定する通知があった日から30日以内にしなければならない。ただし、当該期間内に当該申出をすることができないことにつき正当な理由があるときは、この限りでない。

（他の法令による開示の実施との調整）

第88条　行政機関の長等は、他の法令の規定により、開示請求者に対し開示請求に係る保有個人情報が前条第1項本文に規定する方法と同一の方法で開示することとされている場合（開示の期間が定められている場合にあっては、当該期間内に限る。）には、同項本文の規定にかかわらず、当該保有個人情報については、当該同一の方法による開示を行わない。ただし、当該他の法令の規定に一定の場合には開示をしない旨の定めがあるときは、この限りでない。

2　他の法令の規定に定める開示の方法が縦覧であるときは、当該縦覧を前条第1項本文の閲覧とみなして、前項の規定を適用する。

（手数料）

第89条　行政機関の長に対し開示請求をする者は、政令で定めるところにより、実費の範囲内において政令で定める額の手数料を納めなければならない。

2　地方公共団体の機関に対し開示請求をする者は、条例で定めるところにより、実費の範囲内において条例で定める額の手数料を納めなければならない。

3　前2項の手数料の額を定めるに当たっては、できる限り利用しやすい額とするよう配慮しなければならない。

4　独立行政法人等に対し開示請求をする者は、独立行政法人等の定めるところにより、手数料を納めなければならない。

5　前項の手数料の額は、実費の範囲内において、かつ、第1項の手数料の額を参酌して、独立行政法人等が定める。

6　独立行政法人等は、前2項の規定による定めを一般の閲覧に供しなければならない。

7　地方独立行政法人に対し開示請求をする者は、地方独立行政法人の定めるところにより、手数料を納めなければならない。

8　前項の手数料の額は、実費の範囲内において、かつ、第2項の条例で定める手数料の額を参酌して、地方独立行政法人が定める。

9　地方独立行政法人は、前2項の規定による定めを一般の閲覧に供しなければならない。

第2款　訂正

（訂正請求権）

第90条　何人も、自己を本人とする保有個人情報（次に掲げるものに限る。第98条第1項において同じ。）の内容が事実でないと思料するときは、この法律の定めるところにより、当該保有個人情報を保有する行政機関の長等に対し、当該保有

個人情報の訂正（追加又は削除を含む。以下この節において同じ。）を請求することができる。ただし、当該保有個人情報の訂正に関して他の法令の規定により特別の手続が定められているときは、この限りでない。

一　開示決定に基づき開示を受けた保有個人情報

二　開示決定に係る保有個人情報であって、第88条第1項の他の法令の規定により開示を受けたもの

2　代理人は、本人に代わって前項の規定による訂正の請求（以下この節及び第127条において「訂正請求」という。）をすることができる。

3　訂正請求は、保有個人情報の開示を受けた日から90日以内にしなければならない。

（訂正請求の手続）

第91条　訂正請求は、次に掲げる事項を記載した書面（第3項において「訂正請求書」という。）を行政機関の長等に提出してしなければならない。

一　訂正請求をする者の氏名及び住所又は居所

二　訂正請求に係る保有個人情報の開示を受けた日その他当該保有個人情報を特定するに足りる事項

三　訂正請求の趣旨及び理由

2　前項の場合において、訂正請求をする者は、政令で定めるところにより、訂正請求に係る保有個人情報の本人であること（前条第2項の規定による訂正請求にあっては、訂正請求に係る保有個人情報の本人の代理人であること）を示す書類を提示し、又は提出しなければならない。

3　行政機関の長等は、訂正請求書に形式上の不備があると認めるときは、訂正請求をした者（以下この節において「訂正請求者」という。）に対し、相当の期間を定めて、その補正を求めることができる。

（保有個人情報の訂正義務）

第92条　行政機関の長等は、訂正請求があった場合において、当該訂正請求に理由があると認めるときは、当該訂正請求に係る保有個人情報の利用目的の達成に必要な範囲内で、当該保有個人情報の訂正をしなければならない。

（訂正請求に対する措置）

第93条　行政機関の長等は、訂正請求に係る保有個人情報の訂正をするときは、その旨の決定をし、訂正請求者に対し、その旨を書面により通知しなければならない。

2　行政機関の長等は、訂正請求に係る保有個人情報の訂正をしないときは、その
旨の決定をし、訂正請求者に対し、その旨を書面により通知しなければならない。
（訂正決定等の期限）
第94条　前条各項の決定（以下この節において「訂正決定等」という。）は、訂正
請求があった日から30日以内にしなければならない。ただし、第91条第3項の規
定により補正を求めた場合にあっては、当該補正に要した日数は、当該期間に算
入しない。
2　前項の規定にかかわらず、行政機関の長等は、事務処理上の困難その他正当な
理由があるときは、同項に規定する期間を30日以内に限り延長することができる。
この場合において、行政機関の長等は、訂正請求者に対し、遅滞なく、延長後の
期間及び延長の理由を書面により通知しなければならない。
（訂正決定等の期限の特例）
第95条　行政機関の長等は、訂正決定等に特に長期間を要すると認めるときは、前
条の規定にかかわらず、相当の期間内に訂正決定等をすれば足りる。この場合に
おいて、行政機関の長等は、同条第1項に規定する期間内に、訂正請求者に対し、
次に掲げる事項を書面により通知しなければならない。
一　この条の規定を適用する旨及びその理由
二　訂正決定等をする期限
（事案の移送）
第96条　行政機関の長等は、訂正請求に係る保有個人情報が第85条第3項の規定に
基づく開示に係るものであるとき、その他他の行政機関の長等において訂正決定
等をすることにつき正当な理由があるときは、当該他の行政機関の長等と協議の
上、当該他の行政機関の長等に対し、事案を移送することができる。この場合に
おいては、移送をした行政機関の長等は、訂正請求者に対し、事案を移送した旨
を書面により通知しなければならない。
2　前項の規定により事案が移送されたときは、移送を受けた行政機関の長等にお
いて、当該訂正請求についての訂正決定等をしなければならない。この場合にお
いて、移送をした行政機関の長等が移送前にした行為は、移送を受けた行政機関
の長等がしたものとみなす。
3　前項の場合において、移送を受けた行政機関の長等が第93条第1項の決定（以
下この項及び次条において「訂正決定」という。）をしたときは、移送をした行
政機関の長等は、当該訂正決定に基づき訂正の実施をしなければならない。

（保有個人情報の提供先への通知）

第97条　行政機関の長等は、訂正決定に基づく保有個人情報の訂正の実施をした場合において、必要があると認めるときは、当該保有個人情報の提供先に対し、遅滞なく、その旨を書面により通知するものとする。

第3款　利用停止

（利用停止請求権）

第98条　何人も、自己を本人とする保有個人情報が次の各号のいずれかに該当すると思料するときは、この法律の定めるところにより、当該保有個人情報を保有する行政機関の長等に対し、当該各号に定める措置を請求することができる。ただし、当該保有個人情報の利用の停止、消去又は提供の停止（以下この節において「利用停止」という。）に関して他の法令の規定により特別の手続が定められているときは、この限りでない。

　　一　第61条第2項の規定に違反して保有されているとき、第63条の規定に違反して取り扱われているとき、第64条の規定に違反して取得されたものであるとき、又は第69条第1項及び第2項の規定に違反して利用されているとき　当該保有個人情報の利用の停止又は消去

　　二　第69条第1項及び第2項又は第71条第1項の規定に違反して提供されているとき　当該保有個人情報の提供の停止

2　代理人は、本人に代わって前項の規定による利用停止の請求（以下この節及び第127条において「利用停止請求」という。）をすることができる。

3　利用停止請求は、保有個人情報の開示を受けた日から90日以内にしなければならない。

（利用停止請求の手続）

第99条　利用停止請求は、次に掲げる事項を記載した書面（第3項において「利用停止請求書」という。）を行政機関の長等に提出してしなければならない。

　　一　利用停止請求をする者の氏名及び住所又は居所

　　二　利用停止請求に係る保有個人情報の開示を受けた日その他当該保有個人情報を特定するに足りる事項

　　三　利用停止請求の趣旨及び理由

2　前項の場合において、利用停止請求をする者は、政令で定めるところにより、利用停止請求に係る保有個人情報の本人であること（前条第2項の規定による利用停止請求にあっては、利用停止請求に係る保有個人情報の本人の代理人である

こと）を示す書類を提示し、又は提出しなければならない。

3　行政機関の長等は、利用停止請求書に形式上の不備があると認めるときは、利用停止請求をした者（以下この節において「利用停止請求者」という。）に対し、相当の期間を定めて、その補正を求めることができる。

（保有個人情報の利用停止義務）

第100条　行政機関の長等は、利用停止請求があった場合において、当該利用停止請求に理由があると認めるときは、当該行政機関の長等の属する行政機関等における個人情報の適正な取扱いを確保するために必要な限度で、当該利用停止請求に係る保有個人情報の利用停止をしなければならない。ただし、当該保有個人情報の利用停止をすることにより、当該保有個人情報の利用目的に係る事務又は事業の性質上、当該事務又は事業の適正な遂行に著しい支障を及ぼすおそれがあると認められるときは、この限りでない。

（利用停止請求に対する措置）

第101条　行政機関の長等は、利用停止請求に係る保有個人情報の利用停止をするときは、その旨の決定をし、利用停止請求者に対し、その旨を書面により通知しなければならない。

2　行政機関の長等は、利用停止請求に係る保有個人情報の利用停止をしないときは、その旨の決定をし、利用停止請求者に対し、その旨を書面により通知しなければならない。

（利用停止決定等の期限）

第102条　前条各項の決定（以下この節において「利用停止決定等」という。）は、利用停止請求があった日から30日以内にしなければならない。ただし、第99条第3項の規定により補正を求めた場合にあっては、当該補正に要した日数は、当該期間に算入しない。

2　前項の規定にかかわらず、行政機関の長等は、事務処理上の困難その他正当な理由があるときは、同項に規定する期間を30日以内に限り延長することができる。この場合において、行政機関の長等は、利用停止請求者に対し、遅滞なく、延長後の期間及び延長の理由を書面により通知しなければならない。

（利用停止決定等の期限の特例）

第103条　行政機関の長等は、利用停止決定等に特に長期間を要すると認めるときは、前条の規定にかかわらず、相当の期間内に利用停止決定等をすれば足りる。この場合において、行政機関の長等は、同条第1項に規定する期間内に、利用停

止請求者に対し、次に掲げる事項を書面により通知しなければならない。

一　この条の規定を適用する旨及びその理由

二　利用停止決定等をする期限

第4款　審査請求

（審理員による審理手続に関する規定の適用除外等）

第104条　行政機関の長等（地方公共団体の機関又は地方独立行政法人を除く。次項及び次条において同じ。）に対する開示決定等、訂正決定等、利用停止決定等又は開示請求、訂正請求若しくは利用停止請求に係る不作為に係る審査請求については、行政不服審査法（平成26年法律第68号）第9条、第17条、第24条、第2章第3節及び第4節並びに第50条第2項の規定は、適用しない。

2　行政機関の長等に対する開示決定等、訂正決定等、利用停止決定等又は開示請求、訂正請求若しくは利用停止請求に係る不作為に係る審査請求についての行政不服審査法第2章の規定の適用については、同法第11条第2項中「第9条第1項の規定により指名された者（以下「審理員」という。）」とあるのは「第4条（個人情報の保護に関する法律（平成15年法律第57号）第107条第2項の規定に基づく政令を含む。）の規定により審査請求がされた行政庁（第14条の規定により引継ぎを受けた行政庁を含む。以下「審査庁」という。）」と、同法第13条第1項及び第2項中「審理員」とあるのは「審査庁」と、同法第25条第7項中「あったとき、又は審理員から第40条に規定する執行停止をすべき旨の意見書が提出されたとき」とあるのは「あったとき」と、同法第44条中「行政不服審査会等」とあるのは「情報公開・個人情報保護審査会（審査庁が会計検査院長である場合にあっては、別に法律で定める審査会。第50条第1項第4号において同じ。）」と、「受けたとき（前条第1項の規定による諮問を要しない場合（同項第2号又は第3号に該当する場合を除く。）にあっては審理員意見書が提出されたとき、同項第2号又は第3号に該当する場合にあっては同項第2号又は第3号に規定する議を経たとき）」とあるのは「受けたとき」と、同法第50条第1項第4号中「審理員意見書又は行政不服審査会等若しくは審議会等」とあるのは「情報公開・個人情報保護審査会」とする。

（審査会への諮問）

第105条　開示決定等、訂正決定等、利用停止決定等又は開示請求、訂正請求若しくは利用停止請求に係る不作為について審査請求があったときは、当該審査請求に対する裁決をすべき行政機関の長等は、次の各号のいずれかに該当する場合を

除き、情報公開・個人情報保護審査会（審査請求に対する裁決をすべき行政機関の長等が会計検査院長である場合にあっては、別に法律で定める審査会）に諮問しなければならない。

一　審査請求が不適法であり、却下する場合

二　裁決で、審査請求の全部を認容し、当該審査請求に係る保有個人情報の全部を開示することとする場合（当該保有個人情報の開示について反対意見書が提出されている場合を除く。）

三　裁決で、審査請求の全部を認容し、当該審査請求に係る保有個人情報の訂正をすることとする場合

四　裁決で、審査請求の全部を認容し、当該審査請求に係る保有個人情報の利用停止をすることとする場合

2　前項の規定により諮問をした行政機関の長等は、次に掲げる者に対し、諮問をした旨を通知しなければならない。

一　審査請求人及び参加人（行政不服審査法第13条第4項に規定する参加人をいう。以下この項及び第107条第1項第2号において同じ。）

二　開示請求者、訂正請求者又は利用停止請求者（これらの者が審査請求人又は参加人である場合を除く。）

三　当該審査請求に係る保有個人情報の開示について反対意見書を提出した第三者（当該第三者が審査請求人又は参加人である場合を除く。）

3　前2項の規定は、地方公共団体の機関又は地方独立行政法人について準用する。この場合において、第1項中「情報公開・個人情報保護審査会（審査請求に対する裁決をすべき行政機関の長等が会計検査院長である場合にあっては、別に法律で定める審査会）」とあるのは、「行政不服審査法第81条第1項又は第2項の機関」と読み替えるものとする。

（地方公共団体の機関等における審理員による審理手続に関する規定の適用除外等）

第106条　地方公共団体の機関又は地方独立行政法人に対する開示決定等、訂正決定等、利用停止決定等又は開示請求、訂正請求若しくは利用停止請求に係る不作為に係る審査請求については、行政不服審査法第9条第1項から第3項まで、第17条、第40条、第42条、第2章第4節及び第50条第2項の規定は、適用しない。

2　地方公共団体の機関又は地方独立行政法人に対する開示決定等、訂正決定等、利用停止決定等又は開示請求、訂正請求若しくは利用停止請求に係る不作為に係

る審査請求についての次の表の上欄に掲げる行政不服審査法の規定の適用については、これらの規定中同表の中欄に掲げる字句は、それぞれ同表の下欄に掲げる字句とするほか、必要な技術的読替えは、政令で定める。

第9条第4項	前項に規定する場合において、審査庁	第4条又は個人情報の保護に関する法律（平成15年法律第57号）第107条第2項の規定に基づく条例の規定により審査請求がされた行政庁（第14条の規定により引継ぎを受けた行政庁を含む。以下「審査庁」という。）
	前項において読み替えて適用する第31条第1項	同法第106条第2項において読み替えて適用する第31条第1項
	前項において読み替えて適用する第34条	同法第106条第2項において読み替えて適用する第34条
	前項において読み替えて適用する第36条	同法第106条第2項において読み替えて適用する第36条
第11条第2項	第9条第1項の規定により指名された者（以下「審理員」という。）	審査庁
第13条第1項及び第2項、第28条、第30条、第31条、第32条第3項、第33条から第37条まで、第38条第1項から第3項まで及び第5項、第39条並びに第41条第1項及び第2項	審理員	審査庁
第25条第7項	執行停止の申立てがあったとき、又は審理員から第40条に規定する執行停止をすべき旨の意見書が提出されたとき	執行停止の申立てがあったとき
第29条第1項	審理員は、審査庁から指名されたときは、直ちに	審査庁は、審査請求がされたときは、第24条の規定により当該審査請求を却下する場合を除き、速やかに
第29条第2項	審理員は	審査庁は、審査庁が処分庁等以外である場合にあっては
	提出を求める	提出を求め、審査庁が処分庁等である場合にあっては、相当の期間内に、弁明書を作成する
第29条第5項	審理員は	審査庁は、第2項の規定により
	提出があったとき	提出があったとき、又は弁明書を作成したとき

第30条第3項	参加人及び処分庁等	参加人及び処分庁等（処分庁等が審査庁である場合にあっては、参加人）
	審査請求人及び処分庁等	審査請求人及び処分庁等（処分庁等が審査庁である場合にあっては、審査請求人）
第31条第2項	審理関係人	審理関係人（処分庁等が審査庁である場合にあっては、審査請求人及び参加人。以下この節及び第50条第1項第3号において同じ。）
第41条第3項	審理員が	審査庁が
	終結した旨並びに次条第1項に規定する審理員意見書及び事件記録（審査請求書、弁明書その他審査請求に係る事件に関する書類その他の物件のうち政令で定めるものをいう。同条第2項及び第43条第2項において同じ。）を審査庁に提出する予定時期を通知するものとする。当該予定時期を変更したときも、同様とする	終結した旨を通知するものとする
第44条	行政不服審査会等	第81条第1項又は第2項の機関
	受けたとき（前条第1項の規定による諮問を要しない場合（同項第2号又は第3号に該当する場合を除く。）にあっては審理員意見書が提出されたとき、同項第2号又は第3号に該当する場合にあっては同項第2号又は第3号に規定する議を経たとき）	受けたとき
第50条第1項第4号	審理員意見書又は行政不服審査会等若しくは審議会等	第81条第1項又は第2項の機関
第81条第3項において準用する第74条	第43条第1項の規定により審査会に諮問をした審査庁	審査庁

（第三者からの審査請求を棄却する場合等における手続等）

第107条　第86条第3項の規定は、次の各号のいずれかに該当する裁決をする場合について準用する。

　一　開示決定に対する第三者からの審査請求を却下し、又は棄却する裁決

　二　審査請求に係る開示決定等（開示請求に係る保有個人情報の全部を開示する旨の決定を除く。）を変更し、当該審査請求に係る保有個人情報を開示する旨の裁決（第三者である参加人が当該第三者に関する情報の開示に反対の意思を表示している場合に限る。）

2　開示決定等、訂正決定等、利用停止決定等又は開示請求、訂正請求若しくは利用停止請求に係る不作為についての審査請求については、政令（地方公共団体の

機関又は地方独立行政法人にあっては、条例）で定めるところにより、行政不服審査法第4条の規定の特例を設けることができる。

第5款　条例との関係

第108条　この節の規定は、地方公共団体が、保有個人情報の開示、訂正及び利用停止の手続並びに審査請求の手続に関する事項について、この節の規定に反しない限り、条例で必要な規定を定めることを妨げるものではない。

第5節　行政機関等匿名加工情報の提供等

（行政機関等匿名加工情報の作成及び提供等）

第109条　行政機関の長等は、この節の規定に従い、行政機関等匿名加工情報（行政機関等匿名加工情報ファイルを構成するものに限る。以下この節において同じ。）を作成することができる。

2　行政機関の長等は、次の各号のいずれかに該当する場合を除き、行政機関等匿名加工情報を提供してはならない。

一　法令に基づく場合（この節の規定に従う場合を含む。）

二　保有個人情報を利用目的のために第三者に提供することができる場合において、当該保有個人情報を加工して作成した行政機関等匿名加工情報を当該第三者に提供するとき。

3　第69条の規定にかかわらず、行政機関の長等は、法令に基づく場合を除き、利用目的以外の目的のために削除情報（保有個人情報に該当するものに限る。）を自ら利用し、又は提供してはならない。

4　前項の「削除情報」とは、行政機関等匿名加工情報の作成に用いた保有個人情報から削除した記述等及び個人識別符号をいう。

（提案の募集に関する事項の個人情報ファイル簿への記載）

第110条　行政機関の長等は、当該行政機関の長等の属する行政機関等が保有している個人情報ファイルが第60条第3項各号のいずれにも該当すると認めるときは、当該個人情報ファイルについては、個人情報ファイル簿に次に掲げる事項を記載しなければならない。この場合における当該個人情報ファイルについての第75条第1項の規定の適用については、同項中「第10号」とあるのは、「第10号並びに第110条各号」とする。

一　第112条第1項の提案の募集をする個人情報ファイルである旨

二　第112条第1項の提案を受ける組織の名称及び所在地

（提案の募集）

第111条　行政機関の長等は、個人情報保護委員会規則で定めるところにより、定期的に、当該行政機関の長等の属する行政機関等が保有している個人情報ファイル（個人情報ファイル簿に前条第1号に掲げる事項の記載があるものに限る。以下この節において同じ。）について、次条第1項の提案を募集するものとする。

（行政機関等匿名加工情報をその用に供して行う事業に関する提案）

第112条　前条の規定による募集に応じて個人情報ファイルを構成する保有個人情報を加工して作成する行政機関等匿名加工情報をその事業の用に供しようとする者は、行政機関の長等に対し、当該事業に関する提案をすることができる。

2　前項の提案は、個人情報保護委員会規則で定めるところにより、次に掲げる事項を記載した書面を行政機関の長等に提出してしなければならない。

　一　提案をする者の氏名又は名称及び住所又は居所並びに法人その他の団体にあっては、その代表者の氏名

　二　提案に係る個人情報ファイルの名称

　三　提案に係る行政機関等匿名加工情報の本人の数

　四　前号に掲げるもののほか、提案に係る行政機関等匿名加工情報の作成に用いる第116条第1項の規定による加工の方法を特定するに足りる事項

　五　提案に係る行政機関等匿名加工情報の利用の目的及び方法その他当該行政機関等匿名加工情報がその用に供される事業の内容

　六　提案に係る行政機関等匿名加工情報を前号の事業の用に供しようとする期間

　七　提案に係る行政機関等匿名加工情報の漏えいの防止その他当該行政機関等匿名加工情報の適切な管理のために講ずる措置

　八　前各号に掲げるもののほか、個人情報保護委員会規則で定める事項

3　前項の書面には、次に掲げる書面その他個人情報保護委員会規則で定める書類を添付しなければならない。

　一　第1項の提案をする者が次条各号のいずれにも該当しないことを誓約する書面

　二　前項第5号の事業が新たな産業の創出又は活力ある経済社会若しくは豊かな国民生活の実現に資するものであることを明らかにする書面

（欠格事由）

第113条　次の各号のいずれかに該当する者は、前条第1項の提案をすることができない。

　一　未成年者

二　心身の故障により前条第１項の提案に係る行政機関等匿名加工情報をその用に供して行う事業を適正に行うことができない者として個人情報保護委員会規則で定めるもの

三　破産手続開始の決定を受けて復権を得ない者

四　禁錮以上の刑に処せられ、又はこの法律の規定により刑に処せられ、その執行を終わり、又は執行を受けることがなくなった日から起算して２年を経過しない者

五　第120条の規定により行政機関等匿名加工情報の利用に関する契約を解除され、その解除の日から起算して２年を経過しない者

六　法人その他の団体であって、その役員のうちに前各号のいずれかに該当する者があるもの

（提案の審査等）

第114条　行政機関の長等は、第112条第１項の提案があったときは、当該提案が次に掲げる基準に適合するかどうかを審査しなければならない。

一　第112条第１項の提案をした者が前条各号のいずれにも該当しないこと。

二　第112条第２項第３号の提案に係る行政機関等匿名加工情報の本人の数が、行政機関等匿名加工情報の効果的な活用の観点からみて個人情報保護委員会規則で定める数以上であり、かつ、提案に係る個人情報ファイルを構成する保有個人情報の本人の数以下であること。

三　第112条第２項第３号及び第４号に掲げる事項により特定される加工の方法が第116条第１項の基準に適合するものであること。

四　第112条第２項第５号の事業が新たな産業の創出又は活力ある経済社会若しくは豊かな国民生活の実現に資するものであること。

五　第112条第２項第６号の期間が行政機関等匿名加工情報の効果的な活用の観点からみて個人情報保護委員会規則で定める期間を超えないものであること。

六　第112条第２項第５号の提案に係る行政機関等匿名加工情報の利用の目的及び方法並びに同項第７号の措置が当該行政機関等匿名加工情報の本人の権利利益を保護するために適切なものであること。

七　前各号に掲げるもののほか、個人情報保護委員会規則で定める基準に適合するものであること。

２　行政機関の長等は、前項の規定により審査した結果、第112条第１項の提案が前項各号に掲げる基準のいずれにも適合すると認めるときは、個人情報保護委員

会規則で定めるところにより、当該提案をした者に対し、次に掲げる事項を通知するものとする。

一　次条の規定により行政機関の長等との間で行政機関等匿名加工情報の利用に関する契約を締結することができる旨

二　前号に掲げるもののほか、個人情報保護委員会規則で定める事項

3　行政機関の長等は、第1項の規定により審査した結果、第112条第1項の提案が第1項各号に掲げる基準のいずれかに適合しないと認めるときは、個人情報保護委員会規則で定めるところにより、当該提案をした者に対し、理由を付して、その旨を通知するものとする。

（行政機関等匿名加工情報の利用に関する契約の締結）

第115条　前条第2項の規定による通知を受けた者は、個人情報保護委員会規則で定めるところにより、行政機関の長等との間で、行政機関等匿名加工情報の利用に関する契約を締結することができる。

（行政機関等匿名加工情報の作成等）

第116条　行政機関の長等は、行政機関等匿名加工情報を作成するときは、特定の個人を識別することができないように及びその作成に用いる保有個人情報を復元することができないようにするために必要なものとして個人情報保護委員会規則で定める基準に従い、当該保有個人情報を加工しなければならない。

2　前項の規定は、行政機関等から行政機関等匿名加工情報の作成の委託（2以上の段階にわたる委託を含む。）を受けた者が受託した業務を行う場合について準用する。

（行政機関等匿名加工情報に関する事項の個人情報ファイル簿への記載）

第117条　行政機関の長等は、行政機関等匿名加工情報を作成したときは、当該行政機関等匿名加工情報の作成に用いた保有個人情報を含む個人情報ファイルについては、個人情報ファイル簿に次に掲げる事項を記載しなければならない。この場合における当該個人情報ファイルについての第110条の規定により読み替えて適用する第75条第1項の規定の適用については、同項中「並びに第110条各号」とあるのは、「、第110条各号並びに第117条各号」とする。

一　行政機関等匿名加工情報の概要として個人情報保護委員会規則で定める事項

二　次条第1項の提案を受ける組織の名称及び所在地

三　次条第1項の提案をすることができる期間

（作成された行政機関等匿名加工情報をその用に供して行う事業に関する提案等）

第118条　前条の規定により個人情報ファイル簿に同条第1号に掲げる事項が記載された行政機関等匿名加工情報をその事業の用に供しようとする者は、行政機関の長等に対し、当該事業に関する提案をすることができる。当該行政機関等匿名加工情報について第115条の規定により行政機関等匿名加工情報の利用に関する契約を締結した者が、当該行政機関等匿名加工情報をその用に供する事業を変更しようとするときも、同様とする。

2　第112条第2項及び第3項並びに第113条から第115条までの規定は、前項の提案について準用する。この場合において、第112条第2項中「次に」とあるのは「第1号及び第4号から第8号までに」と、同項第4号中「前号に掲げるもののほか、提案」とあるのは「提案」と、「の作成に用いる第116条第1項の規定による加工の方法を特定する」とあるのは「を特定する」と、同項第8号中「前各号」とあるのは「第1号及び第4号から前号まで」と、第114条第1項中「次に」とあるのは「第1号及び第4号から第7号までに」と、同項第7号中「前各号」とあるのは「第1号及び前3号」と、同条第2項中「前項各号」とあるのは「前項第1号及び第4号から第7号まで」と、同条第3項中「第1項各号」とあるのは「第1項第1号及び第4号から第7号まで」と読み替えるものとする。

（手数料）

第119条　第115条の規定により行政機関等匿名加工情報の利用に関する契約を行政機関の長と締結する者は、政令で定めるところにより、実費を勘案して政令で定める額の手数料を納めなければならない。

2　前条第2項において準用する第115条の規定により行政機関等匿名加工情報の利用に関する契約を行政機関の長と締結する者は、政令で定めるところにより、前項の政令で定める額を参酌して政令で定める額の手数料を納めなければならない。

3　第115条の規定により行政機関等匿名加工情報の利用に関する契約を地方公共団体の機関と締結する者は、条例で定めるところにより、実費を勘案して政令で定める額を標準として条例で定める額の手数料を納めなければならない。

4　前条第2項において準用する第115条の規定により行政機関等匿名加工情報の利用に関する契約を地方公共団体の機関と締結する者は、条例で定めるところにより、前項の政令で定める額を参酌して政令で定める額を標準として条例で定める額の手数料を納めなければならない。

5　第115条の規定（前条第2項において準用する場合を含む。第8項及び次条に

おいて同じ。）により行政機関等匿名加工情報の利用に関する契約を独立行政法
人等と締結する者は、独立行政法人等の定めるところにより、利用料を納めなけ
ればならない。

6　前項の利用料の額は、実費を勘案して合理的であると認められる範囲内におい
て、独立行政法人等が定める。

7　独立行政法人等は、前2項の規定による定めを一般の閲覧に供しなければなら
ない。

8　第115条の規定により行政機関等匿名加工情報の利用に関する契約を地方独立
行政法人と締結する者は、地方独立行政法人の定めるところにより、手数料を納
めなければならない。

9　前項の手数料の額は、実費を勘案し、かつ、第3項又は第4項の条例で定める
手数料の額を参酌して、地方独立行政法人が定める。

10　地方独立行政法人は、前2項の規定による定めを一般の閲覧に供しなければな
らない。

（行政機関等匿名加工情報の利用に関する契約の解除）

第120条　行政機関の長等は、第115条の規定により行政機関等匿名加工情報の利用
に関する契約を締結した者が次の各号のいずれかに該当するときは、当該契約を
解除することができる。

一　偽りその他不正の手段により当該契約を締結したとき。

二　第113条各号（第118条第2項において準用する場合を含む。）のいずれかに
該当することとなったとき。

三　当該契約において定められた事項について重大な違反があったとき。

（識別行為の禁止等）

第121条　行政機関の長等は、行政機関等匿名加工情報を取り扱うに当たっては、
法令に基づく場合を除き、当該行政機関等匿名加工情報の作成に用いられた個人
情報に係る本人を識別するために、当該行政機関等匿名加工情報を他の情報と照
合してはならない。

2　行政機関の長等は、行政機関等匿名加工情報、第109条第4項に規定する削除
情報及び第116条第1項の規定により行った加工の方法に関する情報（以下この
条及び次条において「行政機関等匿名加工情報等」という。）の漏えいを防止す
るために必要なものとして個人情報保護委員会規則で定める基準に従い、行政機
関等匿名加工情報等の適切な管理のために必要な措置を講じなければならない。

3　前２項の規定は、行政機関等から行政機関等匿名加工情報等の取扱いの委託
（２以上の段階にわたる委託を含む。）を受けた者が受託した業務を行う場合につ
いて準用する。

（従事者の義務）

第122条　行政機関等匿名加工情報等の取扱いに従事する行政機関等の職員若しく
は職員であった者、前条第３項の委託を受けた業務に従事している者若しくは従
事していた者又は行政機関等において行政機関等匿名加工情報等の取扱いに従事
している派遣労働者若しくは従事していた派遣労働者は、その業務に関して知り
得た行政機関等匿名加工情報等の内容をみだりに他人に知らせ、又は不当な目的
に利用してはならない。

（匿名加工情報の取扱いに係る義務）

第123条　行政機関等は、匿名加工情報（行政機関等匿名加工情報を除く。以下こ
の条において同じ。）を第三者に提供するときは、法令に基づく場合を除き、個
人情報保護委員会規則で定めるところにより、あらかじめ、第三者に提供される
匿名加工情報に含まれる個人に関する情報の項目及びその提供の方法について公
表するとともに、当該第三者に対して、当該提供に係る情報が匿名加工情報であ
る旨を明示しなければならない。

2　行政機関等は、匿名加工情報を取り扱うに当たっては、法令に基づく場合を除
き、当該匿名加工情報の作成に用いられた個人情報に係る本人を識別するために、
当該個人情報から削除された記述等若しくは個人識別符号若しくは第43条第１項
の規定により行われた加工の方法に関する情報を取得し、又は当該匿名加工情報
を他の情報と照合してはならない。

3　行政機関等は、匿名加工情報の漏えいを防止するために必要なものとして個人
情報保護委員会規則で定める基準に従い、匿名加工情報の適切な管理のために必
要な措置を講じなければならない。

4　前２項の規定は、行政機関等から匿名加工情報の取扱いの委託（２以上の段階
にわたる委託を含む。）を受けた者が受託した業務を行う場合について準用する。

第６節　雑則

（適用除外等）

第124条　第４節の規定は、刑事事件若しくは少年の保護事件に係る裁判、検察官、
検察事務官若しくは司法警察職員が行う処分、刑若しくは保護処分の執行、更生
緊急保護又は恩赦に係る保有個人情報（当該裁判、処分若しくは執行を受けた者、

更生緊急保護の申出をした者又は恩赦の上申があった者に係るものに限る。）については、適用しない。

2　保有個人情報（行政機関情報公開法第５条、独立行政法人等情報公開法第５条又は情報公開条例に規定する不開示情報を専ら記録する行政文書等に記録されているものに限る。）のうち、まだ分類その他の整理が行われていないもので、同一の利用目的に係るものが著しく大量にあるためその中から特定の保有個人情報を検索することが著しく困難であるものは、第４節（第４款を除く。）の規定の適用については、行政機関等に保有されていないものとみなす。

（適用の特例）

第125条　第58条第２項各号に掲げる者が行う当該各号に定める業務における個人情報、仮名加工情報又は個人関連情報の取扱いについては、この章（第１節、第66条第２項（第４号及び第５号（同項第４号に係る部分に限る。）に係る部分に限る。）において準用する同条第１項、第75条、前２節、前条第２項及び第127条を除く。）の規定、第176条及び第180条の規定（これらの規定のうち第66条第２項第４号及び第５号（同項第４号に係る部分に限る。）に定める業務に係る部分を除く。）並びに第181条の規定は、適用しない。

2　第58条第１項各号に掲げる者による個人情報又は匿名加工情報の取扱いについては、同項第１号に掲げる者を独立行政法人等と、同項第２号に掲げる者を地方独立行政法人と、それぞれみなして、第１節、第75条、前２節、前条第２項、第127条及び次章から第８章まで（第176条、第180条及び第181条を除く。）の規定を適用する。

3　第58条第１項各号及び第２項各号に掲げる者（同項各号に定める業務を行う場合に限る。）についての第98条の規定の適用については、同条第１項第１号中「第61条第２項の規定に違反して保有されているとき、第63条の規定に違反して取り扱われているとき、第64条の規定に違反して取得されたものであるとき、又は第69条第１項及び第２項の規定に違反して利用されているとき」とあるのは「第18条若しくは第19条の規定に違反して取り扱われているとき、又は第20条の規定に違反して取得されたものであるとき」と、同項第２号中「第69条第１項及び第２項又は第71条第１項」とあるのは「第27条第１項又は第28条」とする。

（権限又は事務の委任）

第126条　行政機関の長は、政令（内閣の所轄の下に置かれる機関及び会計検査院にあっては、当該機関の命令）で定めるところにより、第２節から前節まで（第

74条及び第4節第4款を除く。）に定める権限又は事務を当該行政機関の職員に委任することができる。

（開示請求等をしようとする者に対する情報の提供等）

第127条　行政機関の長等は、開示請求、訂正請求若しくは利用停止請求又は第112条第1項若しくは第118条第1項の提案（以下この条において「開示請求等」という。）をしようとする者がそれぞれ容易かつ的確に開示請求等をすることができるよう、当該行政機関の長等の属する行政機関等が保有する保有個人情報の特定又は当該提案に資する情報の提供その他開示請求等をしようとする者の利便を考慮した適切な措置を講ずるものとする。

（行政機関等における個人情報等の取扱いに関する苦情処理）

第128条　行政機関の長等は、行政機関等における個人情報、仮名加工情報又は匿名加工情報の取扱いに関する苦情の適切かつ迅速な処理に努めなければならない。

（地方公共団体に置く審議会等への諮問）

第129条　地方公共団体の機関は、条例で定めるところにより、第3章第3節の施策を講ずる場合その他の場合において、個人情報の適正な取扱いを確保するため専門的な知見に基づく意見を聴くことが特に必要であると認めるときは、審議会その他の合議制の機関に諮問することができる。

第6章　個人情報保護委員会

第1節　設置等

（設置）

第130条　内閣府設置法第49条第3項の規定に基づいて、個人情報保護委員会（以下「委員会」という。）を置く。

2　委員会は、内閣総理大臣の所轄に属する。

（任務）

第131条　委員会は、行政機関等の事務及び事業の適正かつ円滑な運営を図り、並びに個人情報の適正かつ効果的な活用が新たな産業の創出並びに活力ある経済社会及び豊かな国民生活の実現に資するものであることその他の個人情報の有用性に配慮しつつ、個人の権利利益を保護するため、個人情報の適正な取扱いの確保を図ること（個人番号利用事務等実施者（行政手続における特定の個人を識別するための番号の利用等に関する法律（平成25年法律第27号。以下「番号利用法」という。）第12条に規定する個人番号利用事務等実施者をいう。）に対する指導及び助言その他の措置を講ずることを含む。）を任務とする。

（所掌事務）

第132条　委員会は、前条の任務を達成するため、次に掲げる事務をつかさどる。

　一　基本方針の策定及び推進に関すること。

　二　個人情報取扱事業者における個人情報の取扱い、個人情報取扱事業者及び仮名加工情報取扱事業者における仮名加工情報の取扱い、個人情報取扱事業者及び匿名加工情報取扱事業者における匿名加工情報の取扱い並びに個人関連情報取扱事業者における個人関連情報の取扱いに関する監督、行政機関等における個人情報、仮名加工情報、匿名加工情報及び個人関連情報の取扱いに関する監視並びに個人情報、仮名加工情報及び匿名加工情報の取扱いに関する苦情の申出についての必要なあっせん及びその処理を行う事業者への協力に関すること（第4号に掲げるものを除く。）。

　三　認定個人情報保護団体に関すること。

　四　特定個人情報（番号利用法第2条第8項に規定する特定個人情報をいう。）の取扱いに関する監視又は監督並びに苦情の申出についての必要なあっせん及びその処理を行う事業者への協力に関すること。

　五　特定個人情報保護評価（番号利用法第27条第1項に規定する特定個人情報保護評価をいう。）に関すること。

　六　個人情報の保護及び適正かつ効果的な活用についての広報及び啓発に関すること。

　七　前各号に掲げる事務を行うために必要な調査及び研究に関すること。

　八　所掌事務に係る国際協力に関すること。

　九　前各号に掲げるもののほか、法律（法律に基づく命令を含む。）に基づき委員会に属させられた事務

（職権行使の独立性）

第133条　委員会の委員長及び委員は、独立してその職権を行う。

（組織等）

第134条　委員会は、委員長及び委員8人をもって組織する。

2　委員のうち4人は、非常勤とする。

3　委員長及び委員は、人格が高潔で識見の高い者のうちから、両議院の同意を得て、内閣総理大臣が任命する。

4　委員長及び委員には、個人情報の保護及び適正かつ効果的な活用に関する学識経験のある者、消費者の保護に関して十分な知識と経験を有する者、情報処理技

術に関する学識経験のある者、行政分野に関する学識経験のある者、民間企業の実務に関して十分な知識と経験を有する者並びに連合組織（地方自治法第263条の3第1項の連合組織で同項の規定による届出をしたものをいう。）の推薦する者が含まれるものとする。

（任期等）

第135条　委員長及び委員の任期は、5年とする。ただし、補欠の委員長又は委員の任期は、前任者の残任期間とする。

2　委員長及び委員は、再任されることができる。

3　委員長及び委員の任期が満了したときは、当該委員長及び委員は、後任者が任命されるまで引き続きその職務を行うものとする。

4　委員長又は委員の任期が満了し、又は欠員を生じた場合において、国会の閉会又は衆議院の解散のために両議院の同意を得ることができないときは、内閣総理大臣は、前条第3項の規定にかかわらず、同項に定める資格を有する者のうちから、委員長又は委員を任命することができる。

5　前項の場合においては、任命後最初の国会において両議院の事後の承認を得なければならない。この場合において、両議院の事後の承認が得られないときは、内閣総理大臣は、直ちに、その委員長又は委員を罷免しなければならない。

（身分保障）

第136条　委員長及び委員は、次の各号のいずれかに該当する場合を除いては、在任中、その意に反して罷免されることがない。

一　破産手続開始の決定を受けたとき。

二　この法律又は番号利用法の規定に違反して刑に処せられたとき。

三　禁錮以上の刑に処せられたとき。

四　委員会により、心身の故障のため職務を執行することができないと認められたとき、又は職務上の義務違反その他委員長若しくは委員たるに適しない非行があると認められたとき。

（罷免）

第137条　内閣総理大臣は、委員長又は委員が前条各号のいずれかに該当するときは、その委員長又は委員を罷免しなければならない。

（委員長）

第138条　委員長は、委員会の会務を総理し、委員会を代表する。

2　委員会は、あらかじめ常勤の委員のうちから、委員長に事故がある場合に委員

長を代理する者を定めておかなければならない。

（会議）

第139条　委員会の会議は、委員長が招集する。

2　委員会は、委員長及び4人以上の委員の出席がなければ、会議を開き、議決をすることができない。

3　委員会の議事は、出席者の過半数でこれを決し、可否同数のときは、委員長の決するところによる。

4　第136条第4号の規定による認定をするには、前項の規定にかかわらず、本人を除く全員の一致がなければならない。

5　委員長に事故がある場合の第2項の規定の適用については、前条第2項に規定する委員長を代理する者は、委員長とみなす。

（専門委員）

第140条　委員会に、専門の事項を調査させるため、専門委員を置くことができる。

2　専門委員は、委員会の申出に基づいて内閣総理大臣が任命する。

3　専門委員は、当該専門の事項に関する調査が終了したときは、解任されるものとする。

4　専門委員は、非常勤とする。

（事務局）

第141条　委員会の事務を処理させるため、委員会に事務局を置く。

2　事務局に、事務局長その他の職員を置く。

3　事務局長は、委員長の命を受けて、局務を掌理する。

（政治運動等の禁止）

第142条　委員長及び委員は、在任中、政党その他の政治団体の役員となり、又は積極的に政治運動をしてはならない。

2　委員長及び常勤の委員は、在任中、内閣総理大臣の許可のある場合を除くほか、報酬を得て他の職務に従事し、又は営利事業を営み、その他金銭上の利益を目的とする業務を行ってはならない。

（秘密保持義務）

第143条　委員長、委員、専門委員及び事務局の職員は、職務上知ることのできた秘密を漏らし、又は盗用してはならない。その職務を退いた後も、同様とする。

（給与）

第144条　委員長及び委員の給与は、別に法律で定める。

（規則の制定）

第145条　委員会は、その所掌事務について、法律若しくは政令を実施するため、又は法律若しくは政令の特別の委任に基づいて、個人情報保護委員会規則を制定することができる。

第2節　監督及び監視

第1款　個人情報取扱事業者等の監督

（報告及び立入検査）

第146条　委員会は、第4章（第5節を除く。次条及び第151条において同じ。）の規定の施行に必要な限度において、個人情報取扱事業者、仮名加工情報取扱事業者、匿名加工情報取扱事業者又は個人関連情報取扱事業者（以下この款において「個人情報取扱事業者等」という。）その他の関係者に対し、個人情報、仮名加工情報、匿名加工情報又は個人関連情報（以下この款及び第3款において「個人情報等」という。）の取扱いに関し、必要な報告若しくは資料の提出を求め、又はその職員に、当該個人情報取扱事業者等その他の関係者の事務所その他必要な場所に立ち入らせ、個人情報等の取扱いに関し質問させ、若しくは帳簿書類その他の物件を検査させることができる。

2　前項の規定により立入検査をする職員は、その身分を示す証明書を携帯し、関係人の請求があったときは、これを提示しなければならない。

3　第1項の規定による立入検査の権限は、犯罪捜査のために認められたものと解釈してはならない。

（指導及び助言）

第147条　委員会は、第4章の規定の施行に必要な限度において、個人情報取扱事業者等に対し、個人情報等の取扱いに関し必要な指導及び助言をすることができる。

（勧告及び命令）

第148条　委員会は、個人情報取扱事業者が第18条から第20条まで、第21条（第1項、第3項及び第4項の規定を第41条第4項の規定により読み替えて適用する場合を含む。）、第23条から第26条まで、第27条（第4項を除き、第5項及び第6項の規定を第41条第6項の規定により読み替えて適用する場合を含む。）、第28条、第29条（第1項ただし書の規定を第41条第6項の規定により読み替えて適用する場合を含む。）、第30条（第2項を除き、第1項ただし書の規定を第41条第6項の規定により読み替えて適用する場合を含む。）、第32条、第33条（第1項（第5項

において準用する場合を含む。）を除く。）、第34条第2項若しくは第3項、第35
条（第1項、第3項及び第5項を除く。）、第38条第2項、第41条（第4項及び第
5項を除く。）若しくは第43条（第6項を除く。）の規定に違反した場合、個人関
連情報取扱事業者が第31条第1項、同条第2項において読み替えて準用する第28
条第3項若しくは第31条第3項において読み替えて準用する第30条第3項若しく
は第4項の規定に違反した場合、仮名加工情報取扱事業者が第42条第1項、同条
第2項において読み替えて準用する第27条第5項若しくは第6項若しくは第42条
第3項において読み替えて準用する第23条から第25条まで若しくは第41条第7項
若しくは第8項の規定に違反した場合又は匿名加工情報取扱事業者が第44条若し
くは第45条の規定に違反した場合において個人の権利利益を保護するため必要が
あると認めるときは、当該個人情報取扱事業者等に対し、当該違反行為の中止その
他違反を是正するために必要な措置をとるべき旨を勧告することができる。
2　委員会は、前項の規定による勧告を受けた個人情報取扱事業者等が正当な理由
がなくてその勧告に係る措置をとらなかった場合において個人の重大な権利利益
の侵害が切迫していると認めるときは、当該個人情報取扱事業者等に対し、その
勧告に係る措置をとるべきことを命ずることができる。
3　委員会は、前2項の規定にかかわらず、個人情報取扱事業者が第18条から第20
条まで、第23条から第26条まで、第27条第1項、第28条第1項若しくは第3項、
第41条第1項から第3項まで若しくは第6項から第8項まで若しくは第43条第1
項、第2項若しくは第5項の規定に違反した場合、個人関連情報取扱事業者が第
31条第1項若しくは同条第2項において読み替えて準用する第28条第3項の規定
に違反した場合、仮名加工情報取扱事業者が第42条第1項若しくは同条第3項に
おいて読み替えて準用する第23条から第25条まで若しくは第41条第7項若しくは
第8項の規定に違反した場合又は匿名加工情報取扱事業者が第45条の規定に違反
した場合において個人の重大な権利利益を害する事実があるため緊急に措置をと
る必要があると認めるときは、当該個人情報取扱事業者等に対し、当該違反行為
の中止その他違反を是正するために必要な措置をとるべきことを命ずることがで
きる。
4　委員会は、前2項の規定による命令をした場合において、その命令を受けた個
人情報取扱事業者等がその命令に違反したときは、その旨を公表することができ
る。
（委員会の権限の行使の制限）

第149条　委員会は、前3条の規定により個人情報取扱事業者等に対し報告若しく
　　は資料の提出の要求、立入検査、指導、助言、勧告又は命令を行うに当たっては、
　　表現の自由、学問の自由、信教の自由及び政治活動の自由を妨げてはならない。
2　前項の規定の趣旨に照らし、委員会は、個人情報取扱事業者等が第57条第1項
　　各号に掲げる者（それぞれ当該各号に定める目的で個人情報等を取り扱う場合に
　　限る。）に対して個人情報等を提供する行為については、その権限を行使しない
　　ものとする。
（権限の委任）
第150条　委員会は、緊急かつ重点的に個人情報等の適正な取扱いの確保を図る必
　　要があることその他の政令で定める事情があるため、個人情報取扱事業者等に対
　　し、第148条第1項の規定による勧告又は同条第2項若しくは第3項の規定によ
　　る命令を効果的に行う上で必要があると認めるときは、政令で定めるところによ
　　り、第26条第1項、第146条第1項、第162条において読み替えて準用する民事訴
　　訟法（平成8年法律第109号）第99条、第101条、第103条、第105条、第106条、
　　第108条及び第109条、第163条並びに第164条の規定による権限を事業所管大臣に
　　委任することができる。
2　事業所管大臣は、前項の規定により委任された権限を行使したときは、政令で
　　定めるところにより、その結果について委員会に報告するものとする。
3　事業所管大臣は、政令で定めるところにより、第1項の規定により委任された
　　権限及び前項の規定による権限について、その全部又は一部を内閣府設置法第43
　　条の地方支分部局その他の政令で定める部局又は機関の長に委任することができ
　　る。
4　内閣総理大臣は、第1項の規定により委任された権限及び第2項の規定による
　　権限（金融庁の所掌に係るものに限り、政令で定めるものを除く。）を金融庁長
　　官に委任する。
5　金融庁長官は、政令で定めるところにより、前項の規定により委任された権限
　　について、その一部を証券取引等監視委員会に委任することができる。
6　金融庁長官は、政令で定めるところにより、第4項の規定により委任された権
　　限（前項の規定により証券取引等監視委員会に委任されたものを除く。）の一部
　　を財務局長又は財務支局長に委任することができる。
7　証券取引等監視委員会は、政令で定めるところにより、第5項の規定により委
　　任された権限の一部を財務局長又は財務支局長に委任することができる。

8　前項の規定により財務局長又は財務支局長に委任された権限に係る事務に関しては、証券取引等監視委員会が財務局長又は財務支局長を指揮監督する。

9　第5項の場合において、証券取引等監視委員会が行う報告又は資料の提出の要求（第7項の規定により財務局長又は財務支局長が行う場合を含む。）についての審査請求は、証券取引等監視委員会に対してのみ行うことができる。

（事業所管大臣の請求）

第151条　事業所管大臣は、個人情報取扱事業者等に第4章の規定に違反する行為があると認めるときその他個人情報取扱事業者等による個人情報等の適正な取扱いを確保するために必要があると認めるときは、委員会に対し、この法律の規定に従い適当な措置をとるべきことを求めることができる。

（事業所管大臣）

第152条　この款の規定における事業所管大臣は、次のとおりとする。

一　個人情報取扱事業者等が行う個人情報等の取扱いのうち雇用管理に関するものについては、厚生労働大臣（船員の雇用管理に関するものについては、国土交通大臣）及び当該個人情報取扱事業者等が行う事業を所管する大臣、国家公安委員会又はカジノ管理委員会（次号において「大臣等」という。）

二　個人情報取扱事業者等が行う個人情報等の取扱いのうち前号に掲げるもの以外のものについては、当該個人情報取扱事業者等が行う事業を所管する大臣等

第2款　認定個人情報保護団体の監督

（報告の徴収）

第153条　委員会は、第4章第5節の規定の施行に必要な限度において、認定個人情報保護団体に対し、認定業務に関し報告をさせることができる。

（命令）

第154条　委員会は、第4章第5節の規定の施行に必要な限度において、認定個人情報保護団体に対し、認定業務の実施の方法の改善、個人情報保護指針の変更その他の必要な措置をとるべき旨を命ずることができる。

（認定の取消し）

第155条　委員会は、認定個人情報保護団体が次の各号のいずれかに該当するときは、その認定を取り消すことができる。

一　第48条第1号又は第3号に該当するに至ったとき。

二　第49条各号のいずれかに適合しなくなったとき。

三　第55条の規定に違反したとき。

四　前条の命令に従わないとき。

　　五　不正の手段により第47条第1項の認定又は第50条第1項の変更の認定を受け

　　　たとき。

2　委員会は、前項の規定により認定を取り消したときは、その旨を公示しなけれ

　ばならない。

第3款　行政機関等の監視

（資料の提出の要求及び実地調査）

第156条　委員会は、前章の規定の円滑な運用を確保するため必要があると認める

　　ときは、行政機関の長等（会計検査院長を除く。以下この款において同じ。）に

　　対し、行政機関等における個人情報等の取扱いに関する事務の実施状況について、

　　資料の提出及び説明を求め、又はその職員に実地調査をさせることができる。

（指導及び助言）

第157条　委員会は、前章の規定の円滑な運用を確保するため必要があると認める

　　ときは、行政機関の長等に対し、行政機関等における個人情報等の取扱いについ

　　て、必要な指導及び助言をすることができる。

（勧告）

第158条　委員会は、前章の規定の円滑な運用を確保するため必要があると認める

　　ときは、行政機関の長等に対し、行政機関等における個人情報等の取扱いについ

　　て勧告をすることができる。

（勧告に基づいてとった措置についての報告の要求）

第159条　委員会は、前条の規定により行政機関の長等に対し勧告をしたときは、

　　当該行政機関の長等に対し、その勧告に基づいてとった措置について報告を求め

　　ることができる。

（委員会の権限の行使の制限）

第160条　第149条第1項の規定の趣旨に照らし、委員会は、行政機関の長等が第57

　　条第1項各号に掲げる者（それぞれ当該各号に定める目的で個人情報等を取り扱

　　う場合に限る。）に対して個人情報等を提供する行為については、その権限を行

　　使しないものとする。

第3節　送達

（送達すべき書類）

第161条　第146条第1項の規定による報告若しくは資料の提出の要求、第148条第

　　1項の規定による勧告若しくは同条第2項若しくは第3項の規定による命令、第

153条の規定による報告の徴収、第154条の規定による命令又は第155条第 1 項の規定による取消しは、個人情報保護委員会規則で定める書類を送達して行う。

2　第148条第 2 項若しくは第 3 項若しくは第154条の規定による命令又は第155条第 1 項の規定による取消しに係る行政手続法（平成 5 年法律第88号）第15条第 1 項又は第30条の通知は、同法第15条第 1 項及び第 2 項又は第30条の書類を送達して行う。この場合において、同法第15条第 3 項（同法第31条において読み替えて準用する場合を含む。）の規定は、適用しない。

（送達に関する民事訴訟法の準用）

第162条　前条の規定による送達については、民事訴訟法第99条、第101条、第103条、第105条、第106条、第108条及び第109条の規定を準用する。この場合において、同法第99条第 1 項中「執行官」とあるのは「個人情報保護委員会の職員」と、同法第108条中「裁判長」とあり、及び同法第109条中「裁判所」とあるのは「個人情報保護委員会」と読み替えるものとする。

（公示送達）

第163条　委員会は、次に掲げる場合には、公示送達をすることができる。

一　送達を受けるべき者の住所、居所その他送達をすべき場所が知れない場合

二　外国（本邦の域外にある国又は地域をいう。以下同じ。）においてすべき送達について、前条において読み替えて準用する民事訴訟法第108条の規定によることができず、又はこれによっても送達をすることができないと認めるべき場合

三　前条において読み替えて準用する民事訴訟法第108条の規定により外国の管轄官庁に嘱託を発した後 6 月を経過してもその送達を証する書面の送付がない場合

2　公示送達は、送達をすべき書類を送達を受けるべき者にいつでも交付すべき旨を委員会の掲示場に掲示することにより行う。

3　公示送達は、前項の規定による掲示を始めた日から 2 週間を経過することによって、その効力を生ずる。

4　外国においてすべき送達についてした公示送達にあっては、前項の期間は、 6 週間とする。

（電子情報処理組織の使用）

第164条　委員会の職員が、情報通信技術を活用した行政の推進等に関する法律（平成14年法律第151号）第 3 条第 9 号に規定する処分通知等であって第161条の

規定により書類を送達して行うこととしているものに関する事務を、同法第7条第1項の規定により同法第6条第1項に規定する電子情報処理組織を使用して行ったときは、第162条において読み替えて準用する民事訴訟法第109条の規定による送達に関する事項を記載した書面の作成及び提出に代えて、当該事項を当該電子情報処理組織を使用して委員会の使用に係る電子計算機（入出力装置を含む。）に備えられたファイルに記録しなければならない。

第4節　雑則

（施行の状況の公表）

第165条　委員会は、行政機関の長等に対し、この法律の施行の状況について報告を求めることができる。

2　委員会は、毎年度、前項の報告を取りまとめ、その概要を公表するものとする。

（地方公共団体による必要な情報の提供等の求め）

第166条　地方公共団体は、地方公共団体の機関、地方独立行政法人及び事業者等による個人情報の適正な取扱いを確保するために必要があると認めるときは、委員会に対し、必要な情報の提供又は技術的な助言を求めることができる。

2　委員会は、前項の規定による求めがあったときは、必要な情報の提供又は技術的な助言を行うものとする。

（条例を定めたときの届出）

第167条　地方公共団体の長は、この法律の規定に基づき個人情報の保護に関する条例を定めたときは、遅滞なく、個人情報保護委員会規則で定めるところにより、その旨及びその内容を委員会に届け出なければならない。

2　委員会は、前項の規定による届出があったときは、当該届出に係る事項をインターネットの利用その他適切な方法により公表しなければならない。

3　前2項の規定は、第1項の規定による届出に係る事項の変更について準用する。

（国会に対する報告）

第168条　委員会は、毎年、内閣総理大臣を経由して国会に対し所掌事務の処理状況を報告するとともに、その概要を公表しなければならない。

（案内所の整備）

第169条　委員会は、この法律の円滑な運用を確保するため、総合的な案内所を整備するものとする。

（地方公共団体が処理する事務）

第170条　この法律に規定する委員の権限及び第150条第1項又は第4項の規定に

より事業所管大臣又は金融庁長官に委任された権限に属する事務は、政令で定めるところにより、地方公共団体の長その他の執行機関が行うこととすることができる。

第7章　雑則

（適用範囲）

第171条　この法律は、個人情報取扱事業者、仮名加工情報取扱事業者、匿名加工情報取扱事業者又は個人関連情報取扱事業者が、国内にある者に対する物品又は役務の提供に関連して、国内にある者を本人とする個人情報、当該個人情報として取得されることとなる個人関連情報又は当該個人情報を用いて作成された仮名加工情報若しくは匿名加工情報を、外国において取り扱う場合についても、適用する。

（外国執行当局への情報提供）

第172条　委員会は、この法律に相当する外国の法令を執行する外国の当局（以下この条において「外国執行当局」という。）に対し、その職務（この法律に規定する委員会の職務に相当するものに限る。次項において同じ。）の遂行に資すると認める情報の提供を行うことができる。

2　前項の規定による情報の提供については、当該情報が当該外国執行当局の職務の遂行以外に使用されず、かつ、次項の規定による同意がなければ外国の刑事事件の捜査（その対象たる犯罪事実が特定された後のものに限る。）又は審判（同項において「捜査等」という。）に使用されないよう適切な措置がとられなければならない。

3　委員会は、外国執行当局からの要請があったときは、次の各号のいずれかに該当する場合を除き、第1項の規定により提供した情報を当該要請に係る外国の刑事事件の捜査等に使用することについて同意をすることができる。

　一　当該要請に係る刑事事件の捜査等の対象とされている犯罪が政治犯罪であるとき、又は当該要請が政治犯罪について捜査等を行う目的で行われたものと認められるとき。

　二　当該要請に係る刑事事件の捜査等の対象とされている犯罪に係る行為が日本国内において行われたとした場合において、その行為が日本国の法令によれば罪に当たるものでないとき。

　三　日本国が行う同種の要請に応ずる旨の要請国の保証がないとき。

4　委員会は、前項の同意をする場合においては、あらかじめ、同項第1号及び第

319

2号に該当しないことについて法務大臣の確認を、同項第3号に該当しないことについて外務大臣の確認を、それぞれ受けなければならない。

（国際約束の誠実な履行等）

第173条　この法律の施行に当たっては、我が国が締結した条約その他の国際約束の誠実な履行を妨げることがないよう留意するとともに、確立された国際法規を遵守しなければならない。

（連絡及び協力）

第174条　内閣総理大臣及びこの法律の施行に関係する行政機関の長（会計検査院長を除く。）は、相互に緊密に連絡し、及び協力しなければならない。

（政令への委任）

第175条　この法律に定めるもののほか、この法律の実施のため必要な事項は、政令で定める。

第8章　罰則

第176条　行政機関等の職員若しくは職員であった者、第66条第2項各号に定める業務若しくは第73条第5項若しくは第121条第3項の委託を受けた業務に従事している者若しくは従事していた者又は行政機関等において個人情報、仮名加工情報若しくは匿名加工情報の取扱いに従事している派遣労働者若しくは従事していた派遣労働者が、正当な理由がないのに、個人の秘密に属する事項が記録された第60条第2項第1号に係る個人情報ファイル（その全部又は一部を複製し、又は加工したものを含む。）を提供したときは、2年以下の懲役又は100万円以下の罰金に処する。

第177条　第143条の規定に違反して秘密を漏らし、又は盗用した者は、2年以下の懲役又は100万円以下の罰金に処する。

第178条　第148条第2項又は第3項の規定による命令に違反した場合には、当該違反行為をした者は、1年以下の懲役又は100万円以下の罰金に処する。

第179条　個人情報取扱事業者（その者が法人（法人でない団体で代表者又は管理人の定めのあるものを含む。第184条第1項において同じ。）である場合にあっては、その役員、代表者又は管理人）若しくはその従業者又はこれらであった者が、その業務に関して取り扱った個人情報データベース等（その全部又は一部を複製し、又は加工したものを含む。）を自己若しくは第三者の不正な利益を図る目的で提供し、又は盗用したときは、1年以下の懲役又は50万円以下の罰金に処する。

第180条　第176条に規定する者が、その業務に関して知り得た保有個人情報を自己

若しくは第三者の不正な利益を図る目的で提供し、又は盗用したときは、1年以下の懲役又は50万円以下の罰金に処する。

第181条　行政機関等の職員がその職権を濫用して、専らその職務の用以外の用に供する目的で個人の秘密に属する事項が記録された文書、図画又は電磁的記録を収集したときは、1年以下の懲役又は50万円以下の罰金に処する。

第182条　次の各号のいずれかに該当する場合には、当該違反行為をした者は、50万円以下の罰金に処する。

一　第146条第1項の規定による報告若しくは資料の提出をせず、若しくは虚偽の報告をし、若しくは虚偽の資料を提出し、又は当該職員の質問に対して答弁をせず、若しくは虚偽の答弁をし、若しくは検査を拒み、妨げ、若しくは忌避したとき。

二　第153条の規定による報告をせず、又は虚偽の報告をしたとき。

第183条　第176条、第177条及び第179条から第181条までの規定は、日本国外においてこれらの条の罪を犯した者にも適用する。

第184条　法人の代表者又は法人若しくは人の代理人、使用人その他の従業者が、その法人又は人の業務に関して、次の各号に掲げる違反行為をしたときは、行為者を罰するほか、その法人に対して当該各号に定める罰金刑を、その人に対して各本条の罰金刑を科する。

一　第178条及び第179条　1億円以下の罰金刑

二　第182条　同条の罰金刑

2　法人でない団体について前項の規定の適用がある場合には、その代表者又は管理人が、その訴訟行為につき法人でない団体を代表するほか、法人を被告人又は被疑者とする場合の刑事訴訟に関する法律の規定を準用する。

第185条　次の各号のいずれかに該当する者は、10万円以下の過料に処する。

一　第30条第2項（第31条第3項において準用する場合を含む。）又は第56条の規定に違反した者

二　第51条第1項の規定による届出をせず、又は虚偽の届出をした者

三　偽りその他不正の手段により、第85条第3項に規定する開示決定に基づく保有個人情報の開示を受けた者

　　附　則

（施行期日）

第1条　この法律は、公布の日から施行する。ただし、第4章から第6章まで及び

附則第２条から第６条までの規定は、公布の日から起算して２年を超えない範囲内において政令で定める日から施行する。

〔平成15年12月政令506号により、平成17・4・1から施行〕

（本人の同意に関する経過措置）

第２条　この法律の施行前になされた本人の個人情報の取扱いに関する同意がある場合において、その同意が第15条第１項の規定により特定される利用目的以外の目的で個人情報を取り扱うことを認める旨の同意に相当するものであるときは、第16条第１項又は第２項の同意があったものとみなす。

第３条　この法律の施行前になされた本人の個人情報の取扱いに関する同意がある場合において、その同意が第23条第１項の規定による個人データの第三者への提供を認める旨の同意に相当するものであるときは、同項の同意があったものとみなす。

（通知に関する経過措置）

第４条　第23条第２項の規定により本人に通知し、又は本人が容易に知り得る状態に置かなければならない事項に相当する事項について、この法律の施行前に、本人に通知されているときは、当該通知は、同項の規定により行われたものとみなす。

第５条　第23条第５項第３号の規定により本人に通知し、又は本人が容易に知り得る状態に置かなければならない事項に相当する事項について、この法律の施行前に、本人に通知されているときは、当該通知は、同号の規定により行われたものとみなす。

（名称の使用制限に関する経過措置）

第６条　この法律の施行の際現に認定個人情報保護団体という名称又はこれに紛らわしい名称を用いている者については、第45条の規定は、同条の規定の施行後６月間は、適用しない。

（行政機関等匿名加工情報に関する経過措置）

第７条　都道府県及び地方自治法第252条の19第１項の指定都市以外の地方公共団体の機関並びに地方独立行政法人についての第110条及び第111条の規定の適用については、当分の間、第110条中「行政機関の長等は、」とあるのは「行政機関の長等は、次条の規定による募集をしようとする場合であって、」と、第111条中「ものとする」とあるのは「ことができる」とする。

　　　附　則〔平成15年5月30日法律第61号抄〕

（施行期日）

第1条　この法律は、行政機関の保有する個人情報の保護に関する法律〔平成15年
　5月法律第58号〕の施行の日〔平成17年4月1日〕から施行する。

（その他の経過措置の政令への委任）

第4条　前2条に定めるもののほか、この法律の施行に関し必要な経過措置は、政
　令で定める。

　　　　　附　　則〔平成15年7月16日法律第119号抄〕

（施行期日）

第1条　この法律は、地方独立行政法人法（平成15年法律第118号）の施行の日
　〔平成16年4月1日〕から施行する。ただし、次の各号に掲げる規定は、当該各
　号に定める日から施行する。

　一　第6条の規定　個人情報の保護に関する法律の施行の日〔平成15年5月30
　　日〕又はこの法律の施行の日のいずれか遅い日

　二〜四　〔略〕

（その他の経過措置の政令への委任）

第6条　この附則に規定するもののほか、この法律の施行に伴い必要な経過措置は、
　政令で定める。

　　　　　附　　則〔平成21年6月5日法律第49号抄〕

（施行期日）

第1条　この法律は、消費者庁及び消費者委員会設置法（平成21年法律第48号）の
　施行の日〔平成21年9月1日〕から施行する。ただし、次の各号に掲げる規定は、
　当該各号に定める日から施行する。

　一　附則第9条の規定　この法律の公布の日

　二〜六　〔略〕

（処分等に関する経過措置）

第4条　この法律の施行前にこの法律による改正前のそれぞれの法律（これに基づ
　く命令を含む。以下「旧法令」という。）の規定によりされた免許、許可、認可、
　承認、指定その他の処分又は通知その他の行為は、法令に別段の定めがあるも
　のほか、この法律の施行後は、この法律による改正後のそれぞれの法律（これに
　基づく命令を含む。以下「新法令」という。）の相当規定によりされた免許、許
　可、認可、承認、指定その他の処分又は通知その他の行為とみなす。

2　この法律の施行の際現に旧法令の規定によりされている免許の申請、届出その

他の行為は、法令に別段の定めがあるもののほか、この法律の施行後は、新法令の相当規定によりされた免許の申請、届出その他の行為とみなす。

3　この法律の施行前に旧法令の規定により報告、届出、提出その他の手続をしなければならない事項で、この法律の施行日前にその手続がされていないものについては、法令に別段の定めがあるもののほか、この法律の施行後は、これを、新法令の相当規定によりその手続がされていないものとみなして、新法令の規定を適用する。

（命令の効力に関する経過措置）

第5条　旧法令の規定により発せられた内閣府設置法第7条第3項の内閣府令又は国家行政組織法第12条第1項の省令は、法令に別段の定めがあるもののほか、この法律の施行後は、新法令の相当規定に基づいて発せられた相当の内閣府設置法第7条第3項の内閣府令又は国家行政組織法第12条第1項の省令としての効力を有するものとする。

（罰則の適用に関する経過措置）

第8条　この法律の施行前にした行為及びこの法律の附則においてなお従前の例によることとされる場合におけるこの法律の施行後にした行為に対する罰則の適用については、なお従前の例による。

（政令への委任）

第9条　附則第2条から前条までに定めるもののほか、この法律の施行に関し必要な経過措置（罰則に関する経過措置を含む。）は、政令で定める。

　　　　附　　則〔平成27年9月9日法律第65号抄〕

　　　沿革　令和2年6月12日法律第44号〔個人情報の保護に関する法律等の一部を改正する法律附則11条による改正〕

（施行期日）

第1条　この法律は、公布の日から起算して2年を超えない範囲内において政令で定める日から施行する。ただし、次の各号に掲げる規定は、当該各号に定める日から施行する。

　　　〔平成28年12月政令385号により、平成29・5・30から施行〕

一　附則第7条第2項、第10条及び第12条の規定　公布の日

二　第1条及び第4条並びに附則第5条、第6条、第7条第1項及び第3項、第8条、第9条〔中略〕の規定　平成28年1月1日

三　〔略〕

四　次条の規定　公布の日から起算して1年6月を超えない範囲内において政令で定める日

五　第3条〔中略〕の規定　番号利用法〔行政手続における特定の個人を識別するための番号の利用等に関する法律＝平成25年5月法律第27号〕附則第1条第5号に掲げる規定の施行の日〔平成29年5月30日〕

六　〔略〕

（通知等に関する経過措置）

第2条　第2条の規定による改正後の個人情報の保護に関する法律（以下「新個人情報保護法」という。）第23条第2項の規定により個人データを第三者に提供しようとする者は、この法律の施行の日（以下「施行日」という。）前においても、個人情報保護委員会規則で定めるところにより、同項第5号に掲げる事項に相当する事項について本人に通知するとともに、同項各号に掲げる事項に相当する事項について個人情報保護委員会に届け出ることができる。この場合において、当該通知及び届出は、施行日以後は、同項の規定による通知及び届出とみなす。

（外国にある第三者への提供に係る本人の同意に関する経過措置）

第3条　施行日前になされた本人の個人情報の取扱いに関する同意がある場合において、その同意が新個人情報保護法第24条の規定による個人データの外国にある第三者への提供を認める旨の同意に相当するものであるときは、同条の同意があったものとみなす。

（主務大臣がした処分等に関する経過措置）

第4条　施行日前に第2条の規定による改正前の個人情報の保護に関する法律（以下「旧個人情報保護法」という。）又はこれに基づく命令の規定により旧個人情報保護法第36条又は第49条に規定する主務大臣（以下この条において単に「主務大臣」という。）がした勧告、命令その他の処分又は通知その他の行為は、施行日以後は、新個人情報保護法又はこれに基づく命令の相当規定に基づいて、個人情報保護委員会がした勧告、命令その他の処分又は通知その他の行為とみなす。

2　この法律の施行の際現に旧個人情報保護法又はこれに基づく命令の規定により主務大臣に対してされている申請、届出その他の行為は、施行日以後は、新個人情報保護法又はこれに基づく命令の相当規定に基づいて、個人情報保護委員会に対してされた申請、届出その他の行為とみなす。

3　施行日前に旧個人情報保護法又はこれに基づく命令の規定により主務大臣に対して届出その他の手続をしなければならない事項で、施行日前にその手続がされ

ていないものについては、施行日以後は、これを、新個人情報保護法又はこれに
基づく命令の相当規定により個人情報保護委員会に対してその手続をしなければ
ならないとされた事項についてその手続がされていないものとみなして、当該相
当規定を適用する。

（委員長又は委員の任命等に関する経過措置）

第7条　附則第1条第2号に掲げる規定の施行の際現に従前の特定個人情報保護委
員会の委員長又は委員である者は、それぞれ第2号施行日に、第1条の規定によ
る改正後の個人情報の保護に関する法律（以下この条において「第2号新個人情
報保護法」という。）第54条第3項の規定により、個人情報保護委員会の委員長
又は委員として任命されたものとみなす。この場合において、その任命されたも
のとみなされる者の任期は、第2号新個人情報保護法第55条第1項の規定にかか
わらず、第2号施行日における従前の特定個人情報保護委員会の委員長又は委員
としてのそれぞれの任期の残任期間と同一の期間とする。

2　附則第1条第2号に掲げる規定の施行に伴い新たに任命されることとなる個人
情報保護委員会の委員については、第2号新個人情報保護法第54条第3項に規定
する委員の任命のために必要な行為は、第2号施行日前においても行うことがで
きる。

3　附則第1条第2号に掲げる規定の施行の際現に従前の特定個人情報保護委員会
の事務局の職員である者は、別に辞令を発せられない限り、第2号施行日に、同
一の勤務条件をもって、個人情報保護委員会の事務局の相当の職員となるものと
する。

（罰則の適用に関する経過措置）

第9条　この法律（附則第1条第2号に掲げる規定にあっては、当該規定）の施行
前にした行為及び前条の規定によりなお従前の例によることとされる場合におけ
る第2号施行日以後にした行為に対する罰則の適用については、なお従前の例に
よる。

（政令への委任）

第10条　この附則に定めるもののほか、この法律の施行に関し必要な経過措置は、
政令で定める。

（事業者等が講ずべき措置の適切かつ有効な実施を図るための指針の策定に当たっ
ての配慮）

第11条　個人情報保護委員会は、新個人情報保護法第8条に規定する事業者等が講

ずべき措置の適切かつ有効な実施を図るための指針を策定するに当たっては、この法律の施行により旧個人情報保護法第2条第3項第5号に掲げる者が新たに個人情報取扱事業者となることに鑑み、特に小規模の事業者の事業活動が円滑に行われるよう配慮するものとする。

（検討）

第12条　政府は、施行日までに、新個人情報保護法の規定の趣旨を踏まえ、行政機関の保有する個人情報の保護に関する法律第2条第1項に規定する行政機関が保有する同条第2項に規定する個人情報及び独立行政法人等の保有する個人情報の保護に関する法律（平成15年法律第59号）第2条第1項に規定する独立行政法人等が保有する同条第2項に規定する個人情報（以下この条において「行政機関等保有個人情報」と総称する。）の取扱いに関する規制の在り方について、匿名加工情報（新個人情報保護法第2条第9項に規定する匿名加工情報をいい、行政機関等匿名加工情報（行政機関等保有個人情報を加工して得られる匿名加工情報をいう。以下この項において同じ。）を含む。）の円滑かつ迅速な利用を促進する観点から、行政機関等匿名加工情報の取扱いに対する指導、助言等を統一的かつ横断的に個人情報保護委員会に行わせることを含めて検討を加え、その結果に基づいて所要の措置を講ずるものとする。

2　政府は、この法律の施行後3年を目途として、個人情報の保護に関する基本方針の策定及び推進その他の個人情報保護委員会の所掌事務について、これを実効的に行うために必要な人的体制の整備、財源の確保その他の措置の状況を勘案し、その改善について検討を加え、必要があると認めるときは、その結果に基づいて所要の措置を講ずるものとする。

3　政府は、前項に定める事項のほか、この法律の施行後3年を目途として、個人情報の保護に関する国際的動向、情報通信技術の進展、それに伴う個人情報を活用した新たな産業の創出及び発展の状況等を勘案し、新個人情報保護法の施行の状況について検討を加え、必要があると認めるときは、その結果に基づいて所要の措置を講ずるものとする。

4　政府は、附則第1条第6号に掲げる規定の施行後3年を目途として、預金保険法（昭和46年法律第34号）第2条第1項に規定する金融機関が同条第3項に規定する預金者等から、又は農水産業協同組合貯金保険法（昭和48年法律第53号）第2条第1項に規定する農水産業協同組合が同条第3項に規定する貯金者等から、適切に個人番号の提供を受ける方策及び第7条の規定による改正後の番号利用法

の施行の状況について検討を加え、必要があると認めるときは、その結果に基づいて、国民の理解を得つつ、所要の措置を講ずるものとする。

5　政府は、国の行政機関等が保有する個人情報の安全を確保する上でサイバーセキュリティ（サイバーセキュリティ基本法（平成26年法律第104号）第2条に規定するサイバーセキュリティをいう。）に関する対策の的確な策定及び実施が重要であることに鑑み、国の行政機関等における同法第13条に規定する基準に基づく対策の策定及び実施に係る体制の整備等について検討を加え、その結果に基づいて所要の措置を講ずるものとする。

6　政府は、新個人情報保護法の施行の状況、第1項の措置の実施の状況その他の状況を踏まえ、新個人情報保護法第2条第1項に規定する個人情報及び行政機関等保有個人情報の保護に関する規定を集約し、一体的に規定することを含め、個人情報の保護に関する法制の在り方について検討するものとする。

　　　　附　則〔平成28年5月27日法律第51号抄〕

（施行期日）

第1条　この法律は、公布の日から起算して1年6月を超えない範囲内において政令で定める日から施行する。〔後略〕

　　　　〔平成29年2月政令18号により、平成29・5・30から施行〕

　　　　附　則〔平成30年7月27日法律第80号抄〕

　　　　沿革　令和元年5月31日法律第16号〔情報通信技術の活用による行政手　続等に係る関係者の利便性の向上並びに行政運営の簡素化及び効率化を図るための行政手続等における情報通信の技術の利用に関する法律等の一部を改正する法律附則77条による改正〕

（施行期日）

第1条　この法律は、公布の日から起算して3年を超えない範囲内において政令で定める日から施行する。ただし、次の各号に掲げる規定は、当該各号に定める日から施行する。

　一・二　〔略〕

　三　〔前略〕附則第5条、第7条から第10条まで〔中略〕の規定　公布の日から起算して1年6月を超えない範囲内において政令で定める日

　　　　〔令和元年10月政令134号により、令和2・1・7から施行〕

　四　〔略〕

　　　　附　則〔令和元年5月31日法律第16号抄〕

（施行期日）

第1条　この法律は、公布の日から起算して9月を超えない範囲内において政令で定める日から施行する。〔後略〕

　　　　〔令和元年12月政令182号により、令和元・12・16から施行〕

　　附　則〔令和2年6月12日法律第44号抄〕

（施行期日）

第1条　この法律は、公布の日から起算して2年を超えない範囲内において政令で定める日から施行する。ただし、次の各号に掲げる規定は、当該各号に定める日から施行する。

　　　　〔令和3年3月政令55号により、令和4・4・1から施行〕

一　附則第9条から第11条までの規定　公布の日

二　第1条中個人情報の保護に関する法律第84条を削り、同法第83条を同法第84条とし、同法第82条の次に1条を加える改正規定、同法第85条の改正規定、同法第86条の改正規定及び同法第87条の改正規定、〔中略〕附則第8条の規定　公布の日から起算して6月を経過した日

三　次条及び附則第7条の規定　公布の日から起算して1年6月を超えない範囲内において政令で定める日

（通知等に関する経過措置）

第2条　第1条の規定による改正後の個人情報の保護に関する法律（以下「新個人情報保護法」という。）第23条第2項の規定により個人データを第三者に提供しようとする者は、この法律の施行の日（以下「施行日」という。）前においても、個人情報保護委員会規則で定めるところにより、同項第1号、第4号及び第8号に掲げる事項に相当する事項について、本人に通知するとともに、個人情報保護委員会に届け出ることができる。この場合において、当該通知及び届出は、施行日以後は、同項の規定による通知及び届出とみなす。

第3条　新個人情報保護法第23条第5項第3号に規定する個人データの管理について責任を有する者の住所及び法人にあっては、その代表者の氏名に相当する事項について、施行日前に、本人に通知されているときは、当該通知は、同号の規定により行われたものとみなす。

（外国にある第三者への提供に係る情報提供等に関する経過措置）

第4条　新個人情報保護法第24条第2項の規定は、個人情報取扱事業者が施行日以後に同条第1項の規定により本人の同意を得る場合について適用する。

2　新個人情報保護法第24条第3項の規定は、個人情報取扱事業者が施行日以後に個人データを同項に規定する外国にある第三者に提供した場合について適用する。

（個人関連情報の第三者提供に係る本人の同意等に関する経過措置）

第5条　施行日前になされた本人の個人関連情報の取扱いに関する同意がある場合において、その同意が新個人情報保護法第26条の2第1項の規定による個人関連情報の第三者への提供を認める旨の同意に相当するものであるときは、同項第1号の同意があったものとみなす。

2　新個人情報保護法第26条の2第2項において読み替えて準用する新個人情報保護法第24条第3項の規定は、個人関連情報取扱事業者が施行日以後に個人関連情報を同項に規定する外国にある第三者に提供した場合について適用する。

（認定個人情報保護団体の対象事業者に関する経過措置）

第6条　この法律の施行の際現に認定個人情報保護団体の構成員である個人情報取扱事業者等については、施行日において新個人情報保護法第51条第1項の同意があったものとみなして、同項の規定を適用する。

（罰則の適用に関する経過措置）

第8条　この法律（附則第1条第2号に掲げる規定にあっては、当該規定）の施行前にした行為に対する罰則の適用については、なお従前の例による。

（政令への委任）

第9条　この附則に定めるもののほか、この法律の施行に関し必要な経過措置は、政令で定める。

（検討）

第10条　政府は、この法律の施行後3年ごとに、個人情報の保護に関する国際的動向、情報通信技術の進展、それに伴う個人情報を活用した新たな産業の創出及び発展の状況等を勘案し、新個人情報保護法の施行の状況について検討を加え、必要があると認めるときは、その結果に基づいて所要の措置を講ずるものとする。

　　　附　則〔令和3年5月19日法律第37号抄〕

（施行期日）

第1条　この法律は、令和3年9月1日から施行する。ただし、次の各号に掲げる規定は、当該各号に定める日から施行する。

一　〔前略〕附則第8条第1項、第59条から第63条まで、第67条及び第71条から第73条までの規定　公布の日

二　〔略〕

　三　附則第７条第３項の規定　公布の日から起算して９月を超えない範囲内にお
　　　いて政令で定める日
　四　第17条、第35条、第44条、第50条及び第58条並びに次条、附則第３条、第５
　　　条、第６条、第７条（第３項を除く。）〔中略〕の規定　公布の日から起算して
　　　１年を超えない範囲内において、各規定につき、政令で定める日
　五　〔略〕
　六　附則第８条第２項及び第９条第３項の規定　公布の日から起算して１年６月
　　　を超えない範囲内において政令で定める日
　七　〔前略〕第51条並びに附則第９条（第３項を除く。）、第10条〔中略〕の規定
　　　公布の日から起算して２年を超えない範囲内において、各規定につき、政令で
　　　定める日
　八～十　〔略〕
（行政機関の保有する個人情報の保護に関する法律及び独立行政法人等の保有する
　個人情報の保護に関する法律の廃止に伴う経過措置）
第３条　次に掲げる者に係る前条第１号の規定による廃止前の行政機関の保有する
　　個人情報の保護に関する法律（以下この条において「旧行政機関個人情報保護
　　法」という。）第７条若しくは第44条の16又は前条第２号の規定による廃止前の
　　独立行政法人等の保有する個人情報の保護に関する法律（以下この条において
　　「旧独立行政法人等個人情報保護法」という。）第８条若しくは第44条の16の規定
　　によるその業務に関して知り得た旧行政機関個人情報保護法第２条第２項に規定
　　する個人情報（以下この条において「旧行政機関個人情報」という。）若しくは
　　旧行政機関個人情報保護法第44条の15第１項に規定する行政機関非識別加工情報
　　等（以下この条において「旧行政機関非識別加工情報等」という。）又は旧独立
　　行政法人等個人情報保護法第２条第２項に規定する個人情報（以下この条におい
　　て「旧独立行政法人等個人情報」という。）若しくは旧独立行政法人等個人情報
　　保護法第44条の15第１項に規定する独立行政法人等非識別加工情報等（以下この
　　条において「旧独立行政法人等非識別加工情報等」という。）の内容をみだりに
　　他人に知らせ、又は不当な目的に利用してはならない義務については、前条の規
　　定の施行後も、なお従前の例による。
　一　前条の規定の施行の際現に旧行政機関個人情報保護法第２条第１項に規定す
　　　る行政機関（以下この条において「旧行政機関」という。）の職員である者又
　　　は前条の規定の施行前において旧行政機関の職員であった者のうち、同条の規

定の施行前において旧行政機関個人情報又は旧行政機関非識別加工情報等の取扱いに従事していた者

二　前条の規定の施行前において旧行政機関から旧行政機関個人情報又は旧行政機関非識別加工情報等の取扱いの委託を受けた業務に従事していた者

三　前条の規定の施行の際現に旧独立行政法人等個人情報保護法第２条第１項に規定する独立行政法人等（以下この条において「旧独立行政法人等」という。）の役員若しくは職員である者又は前条の規定の施行前において旧独立行政法人等の役員若しくは職員であった者のうち、同条の規定の施行前において旧独立行政法人等個人情報又は旧独立行政法人等非識別加工情報等の取扱いに従事していた者

四　前条の規定の施行前において旧独立行政法人等から旧独立行政法人等個人情報又は旧独立行政法人等非識別加工情報等の取扱いの委託を受けた業務に従事していた者

2　前条の規定の施行の日（次項及び第７項において「附則第２条施行日」という。）前に旧行政機関個人情報保護法第12条第１項若しくは第２項、第27条第１項若しくは第２項若しくは第36条第１項若しくは第２項又は旧独立行政法人等個人情報保護法第12条第１項若しくは第２項、第27条第１項若しくは第２項若しくは第36条第１項若しくは第２項の規定による請求がされた場合における旧行政機関個人情報保護法又は旧独立行政法人等個人情報保護法に規定する保有個人情報の開示、訂正及び利用停止については、なお従前の例による。

3　附則第２条施行日前に旧行政機関個人情報保護法第44条の５第１項若しくは第44条の12第１項又は旧独立行政法人等個人情報保護法第44条の５第１項若しくは第44条の12第１項の提案がされた場合における旧行政機関個人情報保護法又は旧独立行政法人等個人情報保護法に規定する行政機関非識別加工情報又は独立行政法人等非識別加工情報の作成及び提供、提案の審査、第三者に対する意見書提出の機会の付与、利用に関する契約の締結及び解除、手数料の納付その他の手続については、なお従前の例による。

4　第50条の規定による改正後の個人情報の保護に関する法律（以下この条及び附則第７条において「第50条改正後個人情報保護法」という。）第111条の規定の適用については、旧行政機関個人情報保護法又は旧独立行政法人等個人情報保護法の規定により刑に処せられた者は第50条改正後個人情報保護法の規定により刑に処せられた者と、旧行政機関個人情報保護法第44条の14又は旧独立行政法人等個

人情報保護法第44条の14の規定により行政機関非識別加工情報又は独立行政法人等非識別加工情報の利用に関する契約を解除された者は第50条改正後個人情報保護法第118条の規定により行政機関等匿名加工情報の利用に関する契約を解除された者と、それぞれみなす。

5　第50条改正後個人情報保護法第116条第1項の規定の適用については、旧行政機関個人情報保護法第44条の11（第3項の規定によりなお従前の例によることとされる場合を含む。）の規定により個人情報ファイル簿に同条第1号に掲げる事項が記載された行政機関非識別加工情報又は旧独立行政法人等個人情報保護法第44条の11（第3項の規定によりなお従前の例によることとされる場合を含む。）の規定により個人情報ファイル簿に同条第1号に掲げる事項が記載された独立行政法人等非識別加工情報は第50条改正後個人情報保護法第115条の規定により個人情報ファイル簿に同条第1号に掲げる事項が記載された行政機関等匿名加工情報と、旧行政機関個人情報保護法第44条の9（旧行政機関個人情報保護法第44条の12第2項において準用する場合を含む。）（第3項の規定によりなお従前の例によることとされる場合を含む。）の規定により行政機関非識別加工情報の利用に関する契約を締結した者又は旧独立行政法人等個人情報保護法第44条の9（旧独立行政法人等個人情報保護法第44条の12第2項において準用する場合を含む。）（第3項の規定によりなお従前の例によることとされる場合を含む。）の規定により独立行政法人等非識別加工情報の利用に関する契約を締結した者は第50条改正後個人情報保護法第113条（第50条改正後個人情報保護法第116条第2項において準用する場合を含む。）の規定により行政機関等匿名加工情報の利用に関する契約を締結した者と、それぞれみなす。

6　第50条改正後個人情報保護法第119条第2項（同条第3項において準用する場合を含む。）の規定の適用については、旧行政機関個人情報保護法第44条の10第1項又は旧独立行政法人等個人情報保護法第44条の10第1項の規定により行った加工の方法に関する情報は、第50条改正後個人情報保護法第114条第1項の規定により行った加工の方法に関する情報とみなす。

7　附則第2条施行日前に旧行政機関個人情報保護法又は旧独立行政法人等個人情報保護法の規定により個人情報保護委員会又は総務大臣がした又はすべき処分その他の行為は、附則第2条施行日以後は、この附則に別段の定めがあるものを除き、第50条改正後個人情報保護法の相当規定に基づいて、個人情報保護委員会がした又はすべき処分その他の行為とみなす。

8　次に掲げる者が、正当な理由がないのに、前条の規定の施行前において旧行政機関が保有していた個人の秘密に属する事項が記録された旧行政機関個人情報保護法第2条第6項に規定する個人情報ファイルであって同項第1号に係るもの（その全部又は一部を複製し、又は加工したものを含む。）を前条の規定の施行後に提供したときは、2年以下の懲役又は100万円以下の罰金に処する。

一　前条の規定の施行の際現に旧行政機関の職員である者又は同条の規定の施行前において旧行政機関の職員であった者

二　第1項第2号に掲げる者

9　次に掲げる者が、正当な理由がないのに、前条の規定の施行前において旧独立行政法人等が保有していた個人の秘密に属する事項が記録された旧独立行政法人等個人情報保護法第2条第6項に規定する個人情報ファイルであって同項第1号に係るもの（その全部又は一部を複製し、又は加工したものを含む。）を前条の規定の施行後に提供したときは、2年以下の懲役又は100万円以下の罰金に処する。

一　前条の規定の施行の際現に旧独立行政法人等の役員若しくは職員である者又は同条の規定の施行前において旧独立行政法人等の役員若しくは職員であった者

二　第1項第4号に掲げる者

10　第8項各号に掲げる者が、その業務に関して知り得た前条の規定の施行前において旧行政機関が保有していた旧行政機関個人情報保護法第2条第5項に規定する保有個人情報を前条の規定の施行後に自己若しくは第三者の不正な利益を図る目的で提供し、又は盗用したときは、1年以下の懲役又は50万円以下の罰金に処する。

11　第9項各号に掲げる者が、その業務に関して知り得た前条の規定の施行前において旧独立行政法人等が保有していた旧独立行政法人等個人情報保護法第2条第5項に規定する保有個人情報を前条の規定の施行後に自己若しくは第三者の不正な利益を図る目的で提供し、又は盗用したときは、1年以下の懲役又は50万円以下の罰金に処する。

12　第8項から前項までの規定は、日本国外においてこれらの項の罪を犯した者にも適用する。

（第50条の規定の施行に伴う経過措置）

第7条　第50条の規定の施行の日（以下この条において「第50条施行日」という。）

前に別表第 2 法人等（第50条改正後個人情報保護法別表第 2 に掲げる法人、第50
条改正後個人情報保護法第58条第 2 項の規定により第50条改正後個人情報保護法
第16条第 2 項に規定する個人情報取扱事業者、同条第 5 項に規定する仮名加工情
報取扱事業者若しくは同条第 7 項に規定する個人関連情報取扱事業者とみなされ
る独立行政法人労働者健康安全機構又は同条第 8 項に規定する学術研究機関等で
ある同条第 2 項に規定する個人情報取扱事業者をいう。以下この条において同
じ。）に対しされた本人の個人情報の取扱いに関する同意がある場合において、
その同意が第50条改正後個人情報保護法第17条第 1 項の規定により特定される利
用目的以外の目的で個人情報を取り扱うことを認める旨の同意に相当するもので
あるときは、第50条施行日において第50条改正後個人情報保護法第18条第 1 項又
は第 2 項の同意があったものとみなす。

2　第50条施行日前に別表第 2 法人等に対しされた本人の個人情報の取扱いに関す
る同意がある場合において、その同意が第50条改正後個人情報保護法第27条第 1
項の規定による個人データの第三者への提供を認める旨の同意に相当するもので
あるときは、第50条施行日において同項の同意があったものとみなす。

3　第50条改正後個人情報保護法第27条第 2 項の規定により個人データを第三者に
提供しようとする別表第 2 法人等は、第50条施行日前においても、個人情報保護
委員会規則で定めるところにより、同項各号に掲げる事項に相当する事項につい
て、本人に通知するとともに、個人情報保護委員会に届け出ることができる。こ
の場合において、当該通知及び届出は、第50条施行日以後は、同項の規定による
通知及び届出とみなす。

4　第50条改正後個人情報保護法第27条第 5 項第 3 号の規定により本人に通知し、
又は本人が容易に知り得る状態に置かなければならない事項に相当する事項につ
いて、第50条施行日前に、別表第 2 法人等により本人に通知されているときは、
当該通知は、第50条施行日以後は、同号の規定による通知とみなす。

5　第50条施行日前に別表第 2 法人等に対しされた本人の個人情報の取扱いに関す
る同意がある場合において、その同意が第50条改正後個人情報保護法第28条第 1
項の規定による個人データの外国にある第三者への提供を認める旨の同意に相当
するものであるときは、第50条施行日において同項の同意があったものとみなす。

6　第50条改正後個人情報保護法第28条第 2 項の規定は、別表第 2 法人等が第50条
施行日以後に第50条改正後個人情報保護法第28条第 1 項の規定により本人の同意
を得る場合について適用する。

7　第50条改正後個人情報保護法第28条第3項の規定は、別表第2法人等が第50条施行日以後に個人データを同項に規定する外国にある第三者に提供した場合について適用する。

8　第50条施行日前に別表第2法人等に対しされた本人の個人関連情報の取扱いに関する同意がある場合において、その同意が第50条改正後個人情報保護法第31条第1項第1号の規定による個人関連情報の第三者への提供を認める旨の同意に相当するものであるときは、第50条施行日において同号の同意があったものとみなす。

9　第50条改正後個人情報保護法第31条第2項において読み替えて準用する第50条改正後個人情報保護法第28条第3項の規定は、別表第2法人等が第50条施行日以後に個人関連情報を同項に規定する外国にある第三者に提供した場合について適用する。

10　第50条施行日前に第50条改正後個人情報保護法第2条第11項に規定する行政機関等（第50条改正後個人情報保護法第58条第2項の規定により第50条改正後個人情報保護法第16条第2項に規定する個人情報取扱事業者とみなされる独立行政法人労働者健康安全機構を除く。以下この条において「行政機関等」という。）に対しされた本人の個人情報の取扱いに関する同意がある場合において、その同意が第50条改正後個人情報保護法第61条第1項の規定により特定される利用目的以外の目的のために保有個人情報を自ら利用し、又は提供することを認める旨の同意に相当するものであるときは、第50条施行日において第50条改正後個人情報保護法第69条第2項第1号の同意があったものとみなす。

11　第50条施行日前に行政機関等に対しされた本人の個人情報の取扱いに関する同意がある場合において、その同意が第50条改正後個人情報保護法第71条第1項の規定による保有個人情報の外国にある第三者への提供を認める旨の同意に相当するものであるときは、第50条施行日において同項の同意があったものとみなす。

12　第50条改正後個人情報保護法第71条第2項の規定は、行政機関等が第50条施行日以後に第50条改正後個人情報保護法第71条第1項の規定により本人の同意を得る場合について適用する。

13　第50条改正後個人情報保護法第71条第3項の規定は、行政機関等が第50条施行日以後に保有個人情報を同項に規定する外国にある第三者に提供した場合について適用する。

14　第50条施行日において現に第50条改正後個人情報保護法第2条第8項に規定す

る行政機関が保有している第50条改正後個人情報保護法第60条第2項に規定する
個人情報ファイルについての第50条改正後個人情報保護法第74条第1項の規定の
適用については、同項中「保有しようとする」とあるのは「保有している」と、
「あらかじめ」とあるのは「デジタル社会の形成を図るための関係法律の整備に
関する法律（令和3年法律第37号）第50条の規定の施行後遅滞なく」とする。
（第51条の規定の施行に伴う準備行為）
第8条　国は、第51条の規定による改正後の個人情報の保護に関する法律（以下こ
の条、次条及び附則第10条第1項において「第51条改正後個人情報保護法」とい
う。）の規定による地方公共団体の機関及び地方独立行政法人の保有する個人情
報の適正な取扱いを確保するため、地方公共団体に対して必要な資料の提出を求
めることその他の方法により地方公共団体の機関及び地方独立行政法人における
第51条改正後個人情報保護法の施行のために必要な準備行為の実施状況を把握し
た上で、必要があると認めるときは、当該準備行為について技術的な助言又は勧
告をするものとする。
2　第51条改正後個人情報保護法第167条第1項の規定による届出は、第51条の規
定の施行の日（次条において「第51条施行日」という。）前においても行うこと
ができる。
（第51条の規定の施行に伴う経過措置）
第9条　第51条施行日前に特定地方独立行政法人等（第51条改正後個人情報保護法
第58条第1項第2号に掲げる者又は同条第2項の規定により第51条改正後個人情
報保護法第16条第2項に規定する個人情報取扱事業者、同条第5項に規定する仮
名加工情報取扱事業者若しくは同条第7項に規定する個人関連情報取扱事業者と
みなされる第51条改正後個人情報保護法第58条第2項第1号に掲げる者をいう。
以下この条において同じ。）に対しされた本人の個人情報の取扱いに関する同意
がある場合において、その同意が第51条改正後個人情報保護法第17条第1項の規
定により特定される利用目的以外の目的で個人情報を取り扱うことを認める旨の
同意に相当するものであるときは、第51条施行日において第51条改正後個人情報
保護法第18条第1項又は第2項の同意があったものとみなす。
2　第51条施行日前に特定地方独立行政法人等に対しされた本人の個人情報の取扱
いに関する同意がある場合において、その同意が第51条改正後個人情報保護法第
27条第1項の規定による個人データの第三者への提供を認める旨の同意に相当す
るものであるときは、第51条施行日において同項の同意があったものとみなす。

3　第51条改正後個人情報保護法第27条第2項の規定により個人データを第三者に提供しようとする特定地方独立行政法人等は、第51条施行日前においても、個人情報保護委員会規則で定めるところにより、同項各号に掲げる事項に相当する事項について、本人に通知するとともに、個人情報保護委員会に届け出ることができる。この場合において、当該通知及び届出は、第51条施行日以後は、同項の規定による通知及び届出とみなす。

4　第51条改正後個人情報保護法第27条第5項第3号の規定により本人に通知し、又は本人が容易に知り得る状態に置かなければならない事項に相当する事項について、第51条施行日前に、特定地方独立行政法人等により本人に通知されているときは、当該通知は、第51条施行日以後は、同号の規定による通知とみなす。

5　第51条施行日前に特定地方独立行政法人等に対しされた本人の個人情報の取扱いに関する同意がある場合において、その同意が第51条改正後個人情報保護法第28条第1項の規定による個人データの外国にある第三者への提供を認める旨の同意に相当するものであるときは、第51条施行日において同項の同意があったものとみなす。

6　第51条改正後個人情報保護法第28条第2項の規定は、特定地方独立行政法人等が第51条施行日以後に第51条改正後個人情報保護法第28条第1項の規定により本人の同意を得る場合について適用する。

7　第51条改正後個人情報保護法第28条第3項の規定は、特定地方独立行政法人等が第51条施行日以後に個人データを同項に規定する外国にある第三者に提供した場合について適用する。

8　第51条施行日前に特定地方独立行政法人等に対しされた本人の個人関連情報の取扱いに関する同意がある場合において、その同意が第51条改正後個人情報保護法第31条第1項第1号の規定による個人関連情報の第三者への提供を認める旨の同意に相当するものであるときは、第51条施行日において同号の同意があったものとみなす。

9　第51条改正後個人情報保護法第31条第2項において読み替えて準用する第51条改正後個人情報保護法第28条第3項の規定は、特定地方独立行政法人等が第51条施行日以後に個人関連情報を同項に規定する外国にある第三者に提供した場合について適用する。

10　第51条施行日前に第51条改正後個人情報保護法第2条第11項第2号又は第4号に掲げる者（第51条改正後個人情報保護法第58条第2項の規定により第51条改正

後個人情報保護法第16条第2項に規定する個人情報取扱事業者とみなされる第51条改正後個人情報保護法第58条第2項第1号に掲げる者を除く。以下この条において同じ。）に対しされた本人の個人情報の取扱いに関する同意がある場合において、その同意が第51条改正後個人情報保護法第61条第1項の規定により特定される利用目的以外の目的のために保有個人情報を自ら利用し、又は提供することを認める旨の同意に相当するものであるときは、第51条施行日において第51条改正後個人情報保護法第69条第2項第1号の同意があったものとみなす。

11　第51条施行日前に第51条改正後個人情報保護法第2条第11項第2号又は第4号に掲げる者に対しされた本人の個人情報の取扱いに関する同意がある場合において、その同意が第51条改正後個人情報保護法第71条第1項の規定による保有個人情報の外国にある第三者への提供を認める旨の同意に相当するものであるときは、第51条施行日において同項の同意があったものとみなす。

12　第51条改正後個人情報保護法第71条第2項の規定は、第51条改正後個人情報保護法第2条第11項第2号又は第4号に掲げる者が第51条施行日以後に第51条改正後個人情報保護法第71条第1項の規定により本人の同意を得る場合について適用する。

13　第51条改正後個人情報保護法第71条第3項の規定は、第51条改正後個人情報保護法第2条第11項第2号又は第4号に掲げる者が第51条施行日以後に保有個人情報を第51条改正後個人情報保護法第71条第3項に規定する外国にある第三者に提供した場合について適用する。

（第51条と条例との関係）

第10条　地方公共団体の条例の規定で、第51条改正後個人情報保護法で規制する行為を処罰する旨を定めているものの当該行為に係る部分については、第51条の規定の施行と同時に、その効力を失うものとする。

2　前項の規定により条例の規定がその効力を失う場合において、当該地方公共団体が条例で別段の定めをしないときは、その失効前にした違反行為の処罰については、その失効後も、なお従前の例による。

（罰則に関する経過措置）

第71条　この法律（附則第1条各号に掲げる規定にあっては、当該規定。以下この条において同じ。）の施行前にした行為及びこの附則の規定によりなお従前の例によることとされる場合におけるこの法律の施行後にした行為に対する罰則の適用については、なお従前の例による。

（政令への委任）

第72条　この附則に定めるもののはか、この法律の施行に関し必要な経過措置（罰則に関する経過措置を含む。）は、政令で定める。

（検討）

第73条　政府は、行政機関等に係る申請、届出、処分の通知その他の手続において、個人の氏名を平仮名又は片仮名で表記したものを利用して当該個人を識別できるようにするため、個人の氏名を平仮名又は片仮名で表記したものを戸籍の記載事項とすることを含め、この法律の公布後1年以内を目途としてその具体的な方策について検討を加え、その結果に基づいて必要な措置を講ずるものとする。

別表第1　（第2条関係）

名称	根拠法
沖縄科学技術大学院大学学園	沖縄科学技術大学院大学学園法（平成21年法律第76号）
沖縄振興開発金融公庫	沖縄振興開発金融公庫法（昭和47年法律第31号）
外国人技能実習機構	外国人の技能実習の適正な実施及び技能実習生の保護に関する法律（平成28年法律第89号）
株式会社国際協力銀行	株式会社国際協力銀行法（平成23年法律第39号）
株式会社日本政策金融公庫	株式会社日本政策金融公庫法（平成19年法律第57号）
株式会社日本貿易保険	貿易保険法（昭和25年法律第67号）
原子力損害賠償・廃炉等支援機構	原子力損害賠償・廃炉等支援機構法（平成23年法律第94号）
国立大学法人	国立大学法人法（平成15年法律第112号）
大学共同利用機関法人	国立大学法人法
日本銀行	日本銀行法（平成9年法律第89号）
日本司法支援センター	総合法律支援法（平成16年法律第74号）
日本私立学校振興・共済事業団	日本私立学校振興・共済事業団法（平成9年法律第48号）
日本中央競馬会	日本中央競馬会法（昭和29年法律第205号）
日本年金機構	日本年金機構法（平成19年法律第109号）
農水産業協同組合貯金保険機構	農水産業協同組合貯金保険法（昭和48年法律第53号）

放送大学学園	放送大学学園法（平成14年法律第156号）
預金保険機構	預金保険法（昭和46年法律第34号）

別表第 2 （第 2 条、第58条関係）

名称	根拠法
沖縄科学技術大学院大学学園	沖縄科学技術大学院大学学園法
国立研究開発法人	独立行政法人通則法
国立大学法人	国立大学法人法
大学共同利用機関法人	国立大学法人法
独立行政法人国立病院機構	独立行政法人国立病院機構法（平成14年法律第191号）
独立行政法人地域医療機能推進機構	独立行政法人地域医療機能推進機構法（平成17年法律第71号）
放送大学学園	放送大学学園法

事 項 索 引

344

著者紹介

宇賀　克也（うが　かつや）

東京大学名誉教授

〔略歴〕

東京大学法学部卒業。同大学助手、助教授を経て、1994年より同大学大学院法学政治学研究科教授（同大学法学部教授・公共政策大学院教授）を経て、2019年より東京大学名誉教授。この間、ハーバードロースクール客員教授等を務める。

〔主著〕

個人情報保護関係の主なものとして、『新・個人情報保護法の逐条解説』（有斐閣、2021年近刊）、『マイナンバー法と情報セキュリティ』（有斐閣、2020年）、『個人情報保護法制』（有斐閣、2019年）、『個人情報の保護と利用』（有斐閣、2019年）、『自治体のための解説　個人情報保護制度』（第一法規、2018年）、『論点解説　個人情報保護法と取扱実務』（共著、日本法令、2017年）、『番号法の逐条解説〔第2版〕』（有斐閣、2016年）、『論点解説　マイナンバー法と企業実務』（共著、日本法令、2015年）、『情報公開・個人情報保護』（有斐閣、2013年）、『個人情報保護の理論と実務』有斐閣（2009年）、『個人情報保護の実務』（編著、第一法規、加除式）等。

宍戸　常寿（ししど　じょうじ）

東京大学大学院法学政治学研究科教授（憲法・情報法）

〔略歴〕

東京大学法学部卒業。同大学助手、東京都立大学法学部助教授、一橋大学大学院法学研究科准教授等を経て、2013年より現職。国立情報学研究所客員教授。第32次地方制度調査会委員、衆議院議員選挙区画定審議会委員、内閣官房個人情報保護制度の見直しに関する検討会構成員、総務省プラットフォームサービスに関する研究会座長等、総務省デジタル時代の地方自治のあり方に関する研究会構成員等を務める。

〔主著〕

『憲法裁判権の動態〔補訂版〕』（弘文堂、2021年）、『憲法 解釈論の応用と展開〔第2版〕』（日本評論社、2014年）、『憲法学読本〔第3版〕』（共著、有斐閣、2018年）、『憲法 I・II』（共著、日本評論社、2016年・2020年）、『デジタル・デモクラシーがやってくる！』（共著、中央公論新社、2020年）、『新・判例ハンドブック情報法』（編著、日本評論社、2018年）、『AIと社会と法』（共編著、有斐閣、2020年）、『法学入門』（共編著、有斐閣、2021年）等。

髙野　祥一（たかの　しょういち）

大阪経済法科大学法学部准教授（行政法・情報法）

〔略歴〕

早稲田大学法学部卒業、東京大学大学院法学政治学研究科卒業（修士課程）。東京都交通局、衛生局、情報連絡室、政策報道室、都市計画局、収用委員会事務局、生活文化局広報広聴部情報公開課を経て現職。情報公開制度及び個人情報保護制度については、情報公開課及び各所属局における制度担当者として、約20年の経験を有する。

〔主著〕

『自治体のための集合研修ツール　個人情報保護編』（共著、第一法規、2019年）、『完全対応　自治体職員のための番号法解説［実例編］～条例整備・特定個人情報保護評価・住民基本台帳事務～』（共著、第一法規、2015年）、『Q＆A特定個人情報保護ハンドブック　番号法に基づく条例整備から運用まで』（共著、ぎょうせい、2015年）、『情報公開制度実務便覧』（共著、ぎょうせい、1998年）等。

サービス・インフォメーション
—— 通話無料 ——
① 商品に関するご照会・お申込みのご依頼
　　　　　TEL 0120（203）694／FAX 0120（302）640
② ご住所・ご名義等各種変更のご連絡
　　　　　TEL 0120（203）696／FAX 0120（202）974
③ 請求・お支払いに関するご照会・ご要望
　　　　　TEL 0120（203）695／FAX 0120（202）973

● フリーダイヤル（TEL）の受付時間は、土・日・祝日を除く
　9：00～17：30です。
● FAX は24時間受け付けておりますので、あわせてご利用ください。

法改正に対応すべき実務がわかる！
自治体職員のための 2021年改正個人情報保護法解説

2021年11月15日　　初版第 1 刷発行
2022年 8 月15日　　初版第 3 刷発行

編著者　　宇 賀 克 也
著　者　　宍戸常寿・髙野祥一
発行者　　田 中 英 弥
発行所　　第一法規株式会社
　　　　　〒107-8560　東京都港区南青山2-11-17
　　　　　ホームページ　https://www.daiichihoki.co.jp/

2021個人情報　ISBN978-4-474-07652-5　C0032（1）